Karin Schmid
Liebe dein Leben jeden Tag

KARIN SCHMID

Liebe dein Leben jeden Tag

365 ermutigende Dates mit Gott

Copyright © 2012 by Karin Schmid

Die Deutsche Nationalbibliothek verzeichnet diese Publikation in der Deutschen
Nationalbibliografie; detaillierte bibliografische Daten sind im Internet über
https://dnb.de abrufbar.

Bibelzitate, sofern nicht anders angegeben, sind der Übersetzung *Hoffnung für
alle* entnommen. © by Biblica, Inc.®, hrsg. von Fontis. Alle Bibelübersetzungen
wurden mit freundlicher Genehmigung der Verlage verwendet.

ELB   *Revidierte Elberfelder Bibel,* © 2006 SCM R.Brockhaus, Witten.
EÜ   *Einheitsübersetzung,* © 1980 Kath. Bibelanstalt GmbH Stuttgart.
NEÜ   *Neue evangelistische Übersetzung,* © Karl-Heinz Vanheiden.
NLB   *Bibelübersetzung »Neues Leben«,* © 2006, SCM R.Brockhaus, Witten.
ZÜR   *Zürcher Bibel,* © 2007 Theologischen Verlag Zürich.

Umschlaggestaltung: Peter Karliczek, www.j-k.de
Corporate Design: spoon design, Olaf Johannson
Lektorat: Julia Dittert, Gerald Wieser, Gabriele Pässler
Satz: Grace today Verlag
Druck: CPI – Clausen & Bosse, Leck
Printed in Germany

6. Auflage 2020

© 2012 Grace today Verlag, Schotten
Hardcover: ISBN 978-3-943597-35-6, Bestellnummer 371735
E-Book: ISBN 978-3-943597-36-3, Bestellnummer 371736

www.gracetoday.de

ICH WIDME DIESES BUCH ...

... Dan. Du bist der Mann meiner Träume und mein in-
spirierendes Gegenüber. Mit deiner motivierenden, aber
doch demütigen Art beschenkst du mich jeden Tag. Du
hast mich immer wieder ermutigt und mich für neue
Dinge freigesetzt. Ich liebe dich!

... meinem Sohn Jonathan William. Du bist mein präch-
tiger Kämpfer, der seine Herausforderungen mit tiefem
Scharfsinn, detailgenauem Erinnerungsvermögen und
viel Liebe überwindet. Ich bin sehr glücklich, dass du
mein Sohn bist.

... meiner Tochter Julia Cathreen. Du bist meine aller-
liebste Prinzessin. Du bist wunderschön, liebevoll, krea-
tiv und hast eine gewinnende Art. Ich liebe dich!

... meinen Eltern Christa und Armin Müller. Ihr habt
mir den Glauben an Jesus Christus gezeigt und damit
eine wertvolle und wunderschöne Spur in meinem Leben hinterlassen. Danke!

... meinen Freunden aus den Kirchgemeinden Stuttgart
und Zürcher Oberland. Eure Liebe, Annahme, Unterstützung und Freundschaft sind großartig. Ihr seid ein
geniales Team. Gott segne euch alle überreich!

LIEBE
DEIN LEBEN
JEDEN TAG

Erfrischt und gestärkt

Das Leben ist oft schön und zeigt sich von der besten Seite. Es gibt Momente in unserem Dasein, da fühlen wir uns geliebt und zutiefst glücklich. Manchmal fühlt sich das Leben so an, als würdest du bei schönstem Sonnenschein mit einem Sportwagen zwischen San Francisco und Los Angeles an der Küste entlang fahren. Oder als würdest du wie ein Schmetterling über eine farbenfrohe Frühlingswiese fliegen. Alles läuft gut und wir fühlen uns zutiefst dankbar.

Doch dann gibt es auch die anderen Seiten des Lebens. Es gibt Zeiten, in denen uns Sorgen, Ängste und andere Schwierigkeiten plötzlich überfallen. Das Leben ist nicht immer fair und oft können wir unseren Sorgen, der Trauer oder dem Ärger nicht einfach aus dem Weg gehen. Schattenseiten gehören genauso zum Leben wie sonnige Momente.

Die entscheidende Frage ist der Umgang mit ihnen. Man könnte sich gehen lassen und die Situation einfach hinnehmen. Schlimmstenfalls verzweifelt man an dieser Situation und verliert den Glauben und die Hoffnung. Oder du versuchst mit der Hilfe Gottes, diesen Lebensabschnitt zu überstehen und zu überwinden. Nach dieser Prüfung kannst du dann gestärkt nach vorne schauen und dein Leben meistern.

Es müssen auch nicht immer riesige und dramatische Probleme sein, die einem im Alltag Schwierigkeiten bereiten. Auch eigene negative Gedanken wie Neid oder Eifersucht können uns in die Tiefe ziehen. Ebenso können uns ablehnende Worte von anderen Menschen ganz schön traurig oder enorm sauer machen. In meinem Leben habe ich erfahren, dass Gottes Kraft mich durch die schwierigsten Lebenssituationen trug, stärkte und wieder aufrichtete. Diese Bibelstelle hat mein Leben verändert und mich und meine Gedanken geprägt:

Wer Gott liebt, gleicht einer immergrünen Palme!
Wer gepflanzt ist im Hause Gottes, wird gedeihen und nicht verwelken.
Noch im hohen Alter wird er kraftvoll und frisch sein, um die Liebe Gottes bekannt zu machen.
(Psalm 92,13.15 frei übersetzt)

Wer von uns möchte nicht frisch bleiben und wie eine wunderschöne Palme verwurzelt auf dem Boden stehen? Gott gibt jedem Menschen die Möglichkeit, eine solche Palme zu werden. Ich habe entdeckt, dass viele Menschen bereits an kleinen Schwierigkeiten scheitern und dabei die Freude am Leben verlieren. Kürzlich sprach ich mit einer Mutter von drei schulpflichtigen Kindern, die an Krebs erkrankt ist. Mitten in diesen Schwierigkeiten entschied sie sich bewusst dazu, sich die Freude am Leben nicht verderben zu lassen. Bei unserem Gespräch meinte sie: »Das Leben läuft nicht immer so, wie wir es uns vorstellen. Viele Leute haben zu hohe und vor allem zu perfekte Erwartungen an das Leben.« Diese Sätze von einer Frau, die in einer herausfordernden Situation steht, haben mich berührt. Das Leben ist tatsächlich nicht immer fair. Unser Planet ist angefüllt mit Beziehungsproblemen, Krankheiten und Leid. Doch Gott gibt uns die Chance, in den schönen wie auch in den finsteren Zeiten unseres Lebens, eine saft- und kraftvolle grüne »Palme« zu werden.

Damit dies geschehen kann, braucht es nach meinen bisherigen Erfahrungen zweierlei: Erstens brauchen wir *Gottes Kraft*, die täglich in die hintersten Ecken unseres Geistes, unserer Seele und unseres Körpers fließen kann. Zweitens benötigen wir *Gelassenheit* gegenüber den Schwierigkeiten des Lebens, die uns begegnen, und diese Gelassenheit können wir mit Gottes Kraft erlangen. Und genau diese göttliche Kraft steht uns Menschen jeden Tag in ihrer vollen Großzügigkeit zur Verfügung. Ich bin davon überzeugt, dass Gott riesige Mengen an Energie für seine Erdenbürger bereithält. Wir können uns entscheiden, ob wir davon profitieren wollen oder nicht. Gott will dir seine Kraft und Gelassenheit schenken.

Kürzlich hörte ich ein Interview von einem Politiker, der einen Tag zuvor seinen Wahlkampf verloren hatte. Er meinte damals, man müsse die ganze Angelegenheit sportlich betrachten. Er sei an den Start gegangen, um zu gewinnen, aber es kam anders und er verlor. Diese Aussagen gefallen mir. Ich bin überzeugt, dass wir lernen sollten, Schwierigkeiten »sportlicher« zu betrachten. Wir können nach außen nicht immer siegreich sein. Doch gestärkte Herzen können jede Niederlage, die einen ungefragt überfällt, in einen großartigen Sieg verwandeln. Dazu benötigen wir Menschen die übernatürliche Kraft Gottes. Genau diese lebensverändernde Energie ist für jeden Menschen täglich erhältlich.

Darum ermutige ich dich mit diesem Buch, dich täglich mit Gottes Wort zu stärken. Lass beim Lesen diese göttliche Energie bewusst in dich hineinfließen! Sprich jeden Tag den vorgegebenen Vers über deinem Leben aus! Ich bin überzeugt, dass Gottes Kraft auf überraschende Weise in deinem Leben wirksam werden wird.

In unserer Wohnung gibt es verschiedene Möglichkeiten, Gottes Wort zu lesen und sich mit Gottes Wort zu stärken. Im Schlafzimmer liegt meine Bibel. In meiner Küche steht der Kalender von Joyce Meyer. Sogar im Badezimmer liegt bei uns das Losungsbuch der Herrnhuter Gemeine. Mehrmals täglich stärken sich mein Mann, ich selbst und wir beide als Ehepaar auf diese Art und Weise mit der alles übersteigenden Kraft Gottes. Dieses Buch »Liebe dein Leben jeden Tag« ist eine weitere Möglichkeit für Menschen, sich täglich zu stärken und somit zu einer immergrünen Palme zu werden. Ich bin überzeugt, dass wir Menschen nicht täglich stundenlange Andachten brauchen. Aber wir werden durch Bibelworte, die wir in unser Leben sprechen, unermesslich gestärkt und nachhaltig verändert. Joyce Meyer schreibt: »Gott lernen wir kennen, wenn wir Zeit mit ihm verbringen!«

Es ist mir ein Herzensanliegen, dir mit diesem Buch eine solche Möglichkeit zu geben. Jeder kann sich so die passende Form für seine tägliche Stärkung auswählen. Beginne damit, dir mit diesem Hilfsmittel jeden Tag Gottes Wort bewusst in dein Leben zu sprechen! Bei jedem einzelnen Bibelvers hast du die Chance, deinen Namen einzusetzen und das Wort Gottes persönlich in deine Situation hinein- und über deinem Leben auszurufen. Suche dir dafür täglich den günstigsten und besten Zeitpunkt aus, sodass du dich wirklich regelmäßig mit Gottes Wort stärkst!

Ich persönlich habe erlebt, wie diese göttliche Kraft mein Leben zum Positiven verändert hat. Wir dürfen unser Leben lieben und uns täglich etwas Gutes tun.

Weißt du, wir können versuchen, mit Geld, Ansehen oder materiellen Dingen ein erfülltes Leben zu führen. Dies wird uns jedoch nicht wirklich gelingen. Nur Gott allein kann unsere Herzen im Tiefsten wirklich glücklich machen. Darum nutze dieses Buch und lass dich jeden Tag von Gottes Wort erfrischen! Ich bin überzeugt, dass du zu einer erfrischten, gestärkten und gefestigten Person wachsen wirst, die alle Schwierigkeiten überwinden kann. Liebe dein Leben jeden Tag!

MEINE
DATES MIT GOTT

Januar

Von Pferden verfolgt

Im Kindergartenalter spielte ich oft mit meinem Bruder im Sandkasten hinter unserem Haus. Wir liebten diesen Platz und bauten die tollsten Kunstwerke. Wenn wir am Samstagnachmittag an diesem Ort verweilten, konnten wir oft ein Geräusch von Pferdegetrappel hören. Dann wussten wir, dass wenige Minuten später eine Karawane von Hochzeitskutschen an unserem Haus vorbeikommen würde und die Hochzeitsgäste Bonbons aus ihren Kutschen werfen würden. Es geschah an einem dieser Samstage, als wir wieder dieses verheißungsvolle Geräusch hörten. Sofort rannten wir den schmalen Weg zwischen den Häusern durch an die Straße, denn jeder von uns wollte die meisten Bonbons einsammeln.

Doch an diesem Tag war alles anders. Ein zügelloses Pferdegespann galoppierte ungebremst auf uns zu.

Schnell hatten wir die Gefahr erkannt und rannten, so schnell wir konnten, den Weg zwischen den Häusern wieder zurück nach hinten. Doch mit unserer erschreckten Reaktion irritierten wir die durchgebrannten Pferde, und sie verfolgten uns wie in einem Horrorfilm zwischen den Häusern hindurch in Richtung Garten. Die Kutsche schlug hin und her, von einer Hauswand zur anderen. Kreidebleich sprangen mein Bruder und ich in den Sandkasten, und die Pferde krachten mit großem Lärm fünf Meter neben uns in den Zaun. Dann war es ganz still und eine riesige Staubwolke versetzte unseren Garten in eine geisterhafte Stimmung. Mein Bruder und ich hatten einen mächtigen Schock.

Was kann dir diese Geschichte sagen? Wir Kinder erkannten die Gefahr und flüchteten an den nächsten für uns sicheren Ort, unseren Sandkasten. Genauso hast du die Chance, dich von den Gefahren deines Lebens nicht überrollen zu lassen, sondern an einen sicheren Ort, nämlich zu Gott, zu fliehen. Gott bietet dir jederzeit einen Zufluchtsort, an dem du dich sicher fühlen darfst.

1. Januar

Denn ich erinnere mich, dass du gesagt hast: »Suchet meine Nähe!« Das will ich jetzt tun und zu dir beten. Psalm 27,8

Sprich heute dieses Bibelwort in dein Leben hinein:

Denn ich DEIN NAME erinnere mich, dass du gesagt hast: »Suchet meine Nähe!«
Das will ich DEIN NAME jetzt tun und zu dir beten.

Jeder Mensch hat jederzeit die Möglichkeit, mit dem König der Könige Zeit zu verbringen und seinen Herzschlag zu erleben. Fühlst du dich manchmal auch weit weg von Gott oder kannst du seine Gegenwart einfach nicht empfinden? Gott ist kein distanzierter und kühler Gott. Er wartet täglich rund um die Uhr mit offenen Armen auf dich und er lässt dich ganz nah an sein Vaterherz.

Die einzige Voraussetzung, um Gottes Herzschlag hören zu können, ist deine Bereitschaft, Gott zu suchen. Er lässt sich 24 Stunden am Tag von dir finden. Seine Audienz ist kostenlos und Gott beachtet nicht nur eine gewisse Schicht von Menschen – er sehnt sich danach, jeden Tag mit dir als Persönlichkeit in Kontakt zu sein. Darum erzähle deinem Gott jetzt deine Freuden und deine Sorgen! Gott interessiert sich für dich und hört dir zu, denn für dich ist er immer präsent!

2. Januar

*Von allen Seiten umgibst du mich und
hältst deine schützende Hand über mir.*

Psalm 139,5

Sprich heute diesen Vers über deinem Leben aus:

Danke, Gott, dass du mich DEIN NAME *von allen Seiten
umgibst. Du hältst deine schützende Hand über mir*
DEIN NAME.

Selbst wenn dein Leben total schwierig wird, kann niemand Gott aufhalten, seine Hände liebevoll über dir auszustrecken. Fühlst du dich auch manchmal gewissen Menschen oder Umständen schutzlos ausgeliefert? Egal, in welcher Situation du dich gerade befindest, Gott hat dich nicht vergessen und er hat deine momentane Lebenslage sowie auch deine Zukunft im Blick. Er ist da und er umgibt dich. Täglich legt er eine unsichtbare Schutzhülle um dich herum.

In diesem geschützten Rahmen hast du die Chance, in der Kraft Gottes die schwierigsten Situationen des Tages zu überwinden. Selbst wenn nicht alles rund läuft, hat doch Gott das letzte Wort über all dem, was an dich herankommt. Liebe heute dein Leben, weil Gott dir von allen Seiten seinen Schutz bietet!

3. Januar

Herr, ich danke dir dafür, dass du mich so wunderbar und einzigartig gemacht hast! Großartig ist alles, was du geschaffen hast – das erkenne ich! Psalm 139,14

Sprich dieses kraftvolle Wort Gottes heute in dein Leben hinein:

Herr, ich DEIN NAME danke dir dafür, dass du mich so wunderbar und einzigartig gemacht hast! Großartig ist alles, was du Gott geschaffen hast – das erkenne ich!

Sich mit anderen Menschen zu vergleichen ist enorm anstrengend. Kompromisslos als Original zu leben, gibt uns Energie. Vielleicht haben dir Menschen gesagt, wie schlecht du bist. Oder du selbst denkst immer wieder negativ über dich und du vergleichst dich ständig mit anderen Menschen. Entdecke heute, dass du ein unendlich wertvolles Geschöpf Gottes bist! Gott produziert keine Massenprodukte, die mit einer Seriennummer versehen werden. Dich gibt es nur einmal auf dieser Erde und Gott hat einen genial zugeschnittenen Plan für dich bereit, den nur du allein ausführen kannst.

Darum lass dich nicht länger von menschlichen Stimmen kleinreden, sondern tue das, was Gott für dich vorbereitet hat! Liebe dein Leben heute, weil Gott dich wunderbar gemacht hat!

4. Januar

Alle Tage meines Lebens hast du in dein Buch geschrieben – noch bevor einer von ihnen begann! Psalm 139,16

Sprich dies heute laut über dein Leben aus:

Alle Tage von meinem DEIN NAME *Leben hast du, Gott, in dein Buch geschrieben – noch bevor einer von ihnen begann.*

Die Lebensgeschichte eines jeden Menschen ist bereits vor seiner Geburt im Tagebuch Gottes notiert. Gott kennt nicht nur den Zeitpunkt deiner Geburt. Er wusste schon vor deiner Geburt Bescheid über jeden deiner Tage und alle deine Entscheidungen deines Lebens. Egal, ob es sich dabei um schwierige oder beglückende Momente handelt, oder ob das Erlebte weit in deiner Kindheit zurückliegt und du dich kaum daran erinnern kannst: Gott ist alles bestens bekannt! Ebenso sieht er deine Zukunft bis ins Detail.

Darum halte dich an Gott fest, denn er hat den absolut sicheren Überblick über dein Leben. Er will dir an jedem Tag deines Lebens beistehen und dir den Weg für dein Leben aufzeigen. Jeder einzelne Tag ist ein Geschenk Gottes. Darum liebe dein Leben und tue dir heute etwas Gutes!

5. Januar

Schon bevor ich rede, weißt du,
was ich sagen will.
Psalm 139,4

Sprich diese geniale Zusage heute über deinem Leben aus:

Schon bevor ich DEIN NAME *rede, weißt du, Gott, was ich* DEIN NAME *sagen will.*

Je mehr du Gott deine Gedanken mitteilst, desto mehr positive Worte wirst du aussprechen. Bereust du auch manchmal deine Worte, die du gesagt hast? Gott wünscht sich Frauen und Männer, die ermutigende und positive Worte aussprechen. Heute darfst du wissen, dass Gott deine Gedanken lesen kann. Es ist ihm bestens bekannt, was dich momentan in deinen Gedanken beschäftigt und was du gerne aussprechen möchtest.

Darum teile Gott deine Gedanken mit und bitte ihn, dir zu helfen, das Richtige zu sagen. Gott will heute deinen Mund mit Weisheit segnen. Darum stelle deine Gedanken und deinen Mund unter den Schutz Gottes, damit du heute in der Kraft Gottes positive und ermutigende Worte weitergeben kannst.

6. Januar

Gott aber kann viel mehr tun, als wir jemals von ihm erbitten oder uns auch nur vorstellen können. Epheser 3,20

Sprich diesen Vers heute in dein Leben hinein:

Aber du, Gott, kannst viel mehr tun, als ich DEIN NAME *jemals von dir erbitten oder mir auch nur vorstellen kann.*

Gott ist immer noch viel größer als du denkst! Auch in deinem Leben möchte er unermesslich kraftvoll wirken. Auch in diesem neuen Jahr will Gott alle deine Vorstellungen von seinem großartigen Handeln in deinem persönlichen Leben weit übertreffen.

Darum glaube an die unermessliche Dimension der göttlichen Kraft und seine alles übersteigende Größe, die in deinem Leben wirksam werden möchte. Gott ist ein Gott der Taten, und er will in deinem Leben Positives bewirken. Gerade, wenn bestimmte Lebenssituationen menschlich gesehen unmöglich erscheinen, hält Gott immer eine noch größere Möglichkeit bereit. Darum übergib Gott das Kommando über dieses neue Jahr, und ich bin überzeugt, dass Gott dich mit seiner allmächtigen Kraft positiv überraschen wird!

7. Januar

Harre auf den Herrn! Sei mutig, und dein Herz sei stark, und harre auf den Herrn! Psalm 27,14 (ELB)

Sprich diesen Vers laut über dein Leben aus:

Ich DEIN NAME harre auf den Herrn! Ich DEIN NAME bin mutig, und mein Herz sei stark, und ich DEIN NAME harre auf den Herrn!

Menschen, die sich entscheiden, an Gott festzuhalten, können ihre großen Träume mutiger umsetzen. Denkst du auch manchmal daran, einfach alles hinzuwerfen und nicht mehr länger für das Gute zu kämpfen? Harren bedeutet so viel wie dranbleiben und nicht aufgeben. Vielleicht ärgerst du dich momentan über schwierige Dinge, die schon sehr lange dauern. Dann ermutige ich dich heute, nicht aufzugeben, sondern Gott zu vertrauen und seinen Weg zu suchen. Bleibe dran und stärke dein Herz bei Gott, damit du diese Wartezeit brillant meistern kannst! Gott wird dich dabei nicht fallen lassen, denn er sucht nach Menschen mit gestärkten Herzen.

Darum sprich diesen Vers erneut über deine Lebenssituation aus und erwarte, dass Gottes Energie heute in deinem Geist, in deiner Seele und in deinem Körper fließt.

8. Januar

Die Weisung des Herrn ist vollkommen, sie gibt neues Leben. Das Zeugnis des HERRN ist verlässlich, es macht den Einfältigen weise. Psalm 19,8 (ZÜR)

Sprich diese Zusage heute in dein Leben hinein:

Die Weisung des Herrn ist vollkommen, sie gibt mir DEIN NAME *neues Leben. Das Zeugnis des Herrn ist verlässlich und macht mich* DEIN NAME *weise.*

Menschen, die sich täglich auf Gottes kraftvolle Worte für ihr Leben verlassen, werden frisch und intelligent. Wer von uns möchte nicht frisch und knackig sein? Gott ließ die Bibel für uns Menschen aufschreiben, um uns damit eine überreiche, kraftvolle Quelle der Inspiration zur Verfügung zu stellen. Unser Alltag ist oft herausfordernd und Beziehungen kosten uns enorm viel Energie. Auch haben wir täglich eine Menge an Entscheidungen zu treffen und Spannungen auszuhalten.

Darum ermutige ich dich, bereits am frühen Morgen deine Seele zu stärken, indem du Gottes Wort in deinem Herzen empfängst. Gottes Wort bewirkt etwas Positives in dir. Bei der Bibel geht es nicht um leere oder verstaubte Worte, sondern um kraftvolle Sätze, die dich in deinem Tiefsten ermutigen und stärken.

9. Januar

*Du aber, Herr, bist groß und
erhaben für immer und ewig!*
Psalm 92,9

Sprich diese ewig gültige Wahrheit heute über dein Leben aus:

Du aber, Gott, bist auch in meinem DEIN NAME *Leben
groß und erhaben für immer und ewig.*

**Menschen können begrenzt Macht ausüben, aber Gott hat
für immer das letzte Wort!** Fragst du dich auch manchmal, warum gewisse Leute einfach so und ungebeten
ihren negativen Einfluss ausüben können? Selbst wenn
Menschen auf dieser Welt ihre Macht missbrauchen, so
hat doch Gott das ewige Sagen und letzten Endes kann
keine menschliche Herrschaft diesen Gott übertreffen.
Keine Macht ist stärker, größer oder einflussreicher als
der allmächtige Gott. Und Gott ist auch keine Eintagsfliege, die nach kurzer Zeit wieder weg ist. Gottes Autorität bleibt für immer und ewig. Genau diese Macht
möchte in deinem eigenen Leben wirksam sein.

Darum lade heute Gottes Größe in dein Leben ein
und entschließe dich, aus dieser göttlichen Kraft Entscheidungen zu treffen und in seiner Macht zu handeln!

*Die gepflanzt sind im Haus des Herrn,
werden grünen in den Vorhöfen unseres
Gottes. Psalm 92,14 (ELB)*

Nimm diese Worte heute bewusst in deinem Herzen an:

*Ich DEIN NAME bin gepflanzt im Hause des Herrn, da-
rum werde ich DEIN NAME grünen in den Vorhöfen meines Gottes.*

**Die Gemeinde soll ein Ort sein, an dem Menschen Freund-
schaft mit Gott und mit anderen Menschen erleben und
dadurch glücklich und zufrieden werden.** Fragst du dich
manchmal, was Kirche überhaupt noch bringt? Im Haus
Gottes eingepflanzt zu sein bedeutet, täglich mit Gott in
Kontakt zu sein, sein Wort zu glauben und danach zu
handeln. Das Haus Gottes ist die Gemeinde, also eine Gemeinschaft, in der du regelmäßig auftanken kannst, um
in der Beziehung zu deinem Gott immer tiefere Wurzeln zu schlagen. In der Gemeinschaft der Familie Gottes
steckt eine wunderbare Kraft, die dich aufbauen wird. Du
selbst hast ebenfalls in dieser Familie Gottes Gelegenheit,
deine Freunde und Geschwister zu ermutigen.

Darum lass dich nicht davon abhalten, Teil des Leibes
Christi zu sein und pflege regelmäßig die Beziehung zu
deiner geistlichen Familie! Ich bin überzeugt, dass dir
dies zu einem erfrischten und gestärkten geistlichen Leben verhelfen wird.

11. Januar

Noch im hohen Alter wird er [der gepflanzt ist im Haus des Herrn] Frucht tragen, immer ist er kraftvoll und frisch.

Psalm 92,15

Sprich diese wunderschöne Zusage heute über dein Leben aus:

Noch im hohen Alter werde ich DEIN NAME *im Haus des Herrn gepflanzt sein und Frucht tragen, immer werde ich* DEIN NAME *kraftvoll und frisch sein.*

Menschen, die sich täglich durch Gottes Liebe stärken lassen, entwickeln eine immer intensivere Lebensfrische.

Hast du auch schon einmal ältere Menschen gesehen, deren Körper nicht mehr so wie früher funktioniert, die aber in ihrem Geist total wach und fröhlich sind? Vielleicht stellst du manchmal bedrückt fest, wie schnell dein Leben vorübergeht. Als ich vor fünf Jahren beim Arzt war, meinte er, diese Schmerzen kämen vom zunehmenden Alter. Jeder Mensch wird mit jedem Tag älter. Aber Menschen, die in Gott und seiner Gemeinde verwurzelt bleiben, bekommen jeden Tag eine besondere Stärkung, damit sie in ihrem Geist frisch bleiben können.

Darum ziehe heute Gottes Kraft durch deine Wurzeln in dein Herz und bringe damit wohltuende Früchte hervor. Lass sich in deinem Leben Geduld, Friede, Freude und Liebe immer mehr entwickeln.

12. Januar

Wer unter dem Schutz des Höchsten
wohnt, der kann bei ihm,
dem Allmächtigen, Ruhe finden.
Psalm 91,1

Sprich heute dieses Versprechen in dein Leben hinein:

Ich DEIN NAME *wohne unter dem Schutz des Höchsten,*
darum kann ich DEIN NAME *bei dir, Gott, dem Allmäch-*
tigen, Ruhe finden.

Innere Unruhe zerstört dein Leben und deine Beziehungen, doch göttliche Ruhe bringt Entspannung und Stärke.
Fühlst du dich auch manchmal gestresst und genervt?
Gott verspricht, dir göttliche Ruhe zu schenken. Dann
kannst du gelassen und entspannt leben. Unser Dasein
fühlt sich für uns Menschen nicht immer lebenswert an
und manchmal ist es sehr schwierig. Doch mitten im
Sturm hat Gott für dich einen Ort der Ruhe, an dem du
wohnen kannst und wo du deine Füße ganz entspannt
auf den Tisch legen darfst. Die Gegenwart Gottes ist wie
eine Wellness-Oase, an der du dich von den Herausforderungen des Lebens erholen kannst.

Entspanne dich heute an diesem Ort und lass göttliche Ruhe deine Lebenssituation bestimmen. Ich bin
überzeugt, dass Gott dich in seiner Ruhe segnen wird
und dich für einen größeren Auftrag zurüsten wird.

13. Januar

Selbst wenn eine Mutter ihren
Säugling vergessen würde –
ich vergesse dich niemals! Jesaja 49,15

Sprich heute diese sensationelle Wahrheit in dein Leben hinein:

Selbst wenn meine Mutter mich als Säugling oder als
Kind vergessen hätte oder tatsächlich vergessen hat –
du, Gott, vergisst mich DEIN NAME *niemals!*

Selbst deine besten Freunde können dir in bitterer Kälte ihren Rücken zuwenden, aber Gott streckt dir immer seine liebende Hand entgegen! Fühlst du dich manchmal einsam und verlassen? Niemand interessiert sich wirklich für dich oder fragt mal nach, wie es dir denn so geht? Oder stehst du momentan vor großen Herausforderungen? Denke daran: Gott vergisst dich nicht. Selbst wenn alle deine Freunde weglaufen, lässt Gott dich nicht im Stich, denn er bleibt immer ganz nah bei dir. Wie oft vergessen wir doch, jemanden anzurufen oder jemandem eine Nachricht zu senden. Gott ist komplett anders und er lässt dich niemals im Sumpf versinken. Gott denkt jede Sekunde an dich und will mit dir in Kontakt sein!

Darum ermutige ich dich heute, diese Wertschätzung Gottes in deinem Herzen anzunehmen.

14. Januar

*Unauslöschlich habe ich deinen Namen
auf meine Handflächen geschrieben.*
Jesaja 49,16

Sprich dieses Liebeszeichen heute über dein Leben aus:

Unauslöschlich hast du, Gott, meinen Namen DEIN NAME
auf deine majestätischen Handflächen geschrieben.

**Niemand kann die Namen der Kinder Gottes auslöschen,
denn Gott trägt von jedem Himmelsbürger ein ewiges Tattoo.** Wow, wie großartig ist denn das! Gott hat deinen Namen notiert, unabänderlich, unauslöschlich. Niemand kann deinen Namen streichen und kein Mensch kann daran etwas ändern. Du bist für ewig bei Gott registriert und dies nicht etwa auf einer gewöhnlichen Liste, sondern ganz persönlich in seiner Handfläche.

Stell dir dies heute in der ganzen Bandbreite deiner Gedanken vor. Du bist für Gott enorm wichtig, denn er liebt dich mit ewiger Liebe. Der allmächtige Gott, der Himmel und Erde erschaffen hat und der die Inseln wie ein Stäubchen hochheben kann, trägt deinen Namen jeden Tag bei sich. Darum liebe dein Leben, denn du bist über alles geliebt!

15. Januar

Glücklich könnt ihr sein, wenn ihr ver-
achtet, verfolgt und verleumdet werdet,
weil ihr mir nachfolgt. Matthäus 5,11

Sprich diese Zusage heute in dein Leben hinein:

Glücklich kann ich DEIN NAME sein, wenn ich verachtet,
verfolgt und verleumdet werde, weil ich Jesus nachfolge.

**Wer Ausgrenzung erlebt, kann dabei seinen Charakter
stärken.** Kennst du Momente, in denen andere Menschen dich wegen deines Glaubens »fertigmachen«? Auf dieser Erde können dich immer wieder Menschen angreifen und dich wegen deines Glaubens oder deines Dienstes in der Gemeinde verachten oder verspotten. Auch Jesus erlebte große Ablehnung, denn er trug sein Kreuz unter dem Spott der Leute. Aber er behielt das Ziel vor Augen; er tat es, um die Menschen zu retten.

Ich ermutige dich heute, auf dein Lebensziel zu schauen. Du wurdest geschaffen, um Gott die Ehre zu geben und mit ihm in alle Ewigkeit im Himmel zu leben. Satan versucht, dir immer wieder schwierige Menschen in den Weg zu stellen, damit du freudlos, ungeduldig und kraftlos wirst. Doch du hast heute die Möglichkeit, in der Gegenwart Gottes deinen Charakter zu stärken. Liebe dein Leben, denn Gott hat neue Freude, Geduld und Kraft für dich vorbereitet!

16. Januar

Gott ist Liebe, und wer in der Liebe bleibt, bleibt in Gott und Gott bleibt in ihm. 1. Johannes 4,16

Empfange diese wohltuende Botschaft heute in deinem Herzen:

Gott ist Liebe, und wenn ich DEIN NAME *in dieser Liebe bleibe, dann bleibe ich* DEIN NAME *in Gott und Gott selbst bleibt in mir.*

Wenn du dich tausend Schritte von Gott entfernt hast, dann braucht es nur einen Schritt zurück. Vielleicht hast du dich in den letzten Jahren von Gott entfernt und du fühlst dich weit weg von Gott? Gott liebt dich jederzeit, weil er selbst die Liebe ist! Es gibt auf unserem Planeten keine wertvollere und größere Liebe als die Liebe Gottes. Der liebende Vater im Himmel ist der Grund, warum du in jeder Situation dein Leben lieben kannst.

Darum lass dich heute in die liebenden Arme Gottes fallen, indem du diesen Vers nochmals laut über dein Leben aussprichst! Gott sehnt sich danach, dass du an seinem liebenden Vaterherz bleibst und er in dir bleiben darf. Ich bin überzeugt, dass du dabei die Liebe Gottes tief in deinem Herzen spüren und erleben wirst.

17. Januar

Sogar mein Vater und meine Mutter haben mich verlassen, aber der Herr nimmt mich auf. Psalm 27,10 (ELB)

Sprich diese Zusage heute in dein Leben hinein:

Sogar mein Vater und meine Mutter ANDERE MENSCHEN *haben mich verlassen, aber der Herr nimmt mich* DEIN NAME *auf.*

Wo Menschen dich unfairerweise verlassen haben, gibt dir Gott eine besondere Entschädigung dafür. Vielleicht haben Menschen dich verlassen und dich damit tief verletzt. Wenn Eltern sich scheiden lassen, wenn Freunde einem die Freundschaft kündigen oder ein Ehepartner den anderen verlässt, dann hinterlässt dies bei den jeweiligen Verlassenen tiefe, traurige Spuren.

Doch empfange heute diese Zusage: Wenn Menschen von dir weggingen, will sich Gott in besonderem Maß liebevoll um dich kümmern. Der Herr nimmt dich auf und bietet dir Geborgenheit, Heimat und Sicherheit. Darum sprich heute mit Gott über deine tiefsten Verlassenheitsgefühle und lass dich in seine Arme fallen. Ich bin überzeugt, dass Gott dich heilen und dadurch enorm segnen wird.

18. Januar

Der Herr hört,
wenn ich zu ihm rufe.
Psalm 4,4 (ELB)

Sprich diese Zusage heute über deine Lebenssituation aus:

Der Herr hört mich DEIN NAME, wenn ich DEIN NAME zu ihm rufe.

Was auch immer du heute Gott zu erzählen hast, er ist bereit, dir aufmerksam zuzuhören. Wie oft gibt es doch Momente, in denen wir anderen Menschen nicht richtig zuhören oder in denen andere Menschen uns nicht sorgfältig zuhören? Gott ist anders. Wenn du mit Gott sprichst, dann hört er dir total aufmerksam zu. Er hat auch in der Vergangenheit jedes deiner Gebete gehört und ernst genommen. Selbst wenn Gott dir nicht immer gleich und sofort eine Antwort schenkt, ist er doch damit beschäftigt, alles in die Wege zu leiten, damit dein Leben zum Ziel kommt.

Darum möchte ich dich heute ermutigen, deinem Gott zu erzählen, was dich beschäftigt, und dich von seinen Antworten heute und auch in der Zukunft überraschen zu lassen.

19. Januar

Bittet Gott, und er wird euch geben!
Sucht, und ihr werdet finden! Klopft an,
und euch wird die Tür geöffnet!
Matthäus 7,7

Sprich diese Zusage heute in dein Leben hinein:

Ich DEIN NAME bitte Gott, und er wird mir geben! Ich DEIN
NAME suche, und werde finden! Ich DEIN NAME klopfe an,
und mir wird die Tür geöffnet.

Wer bei Gott bittet, sucht oder anklopft, der wird eine göttliche Begegnung haben. Möchtest du manchmal mehr mit Gott erleben? Heute hast du Gelegenheit, etwas von Gott zu bekommen. Dazu möchte Gott dich aber in Bewegung sehen.

Darum ermutige ich dich heute, deine Bitten vor Gott zu bringen. Vielleicht kannst du heute einmal mit deinem Ehepartner oder einem Freund gemeinsam für deine Situation, deine Gemeinde oder dein Land beten. Schreibe jetzt eine SMS und begeistere deinen Nächsten für ein gemeinsames Gebet. Europa braucht Christen und Gemeinden, die wieder beten und Gott in den Ohren liegen. Ich bin überzeugt, dass sich durch dein Gebet Türen öffnen werden, dass sich neue Wege finden lassen und du dabei auch noch ganz persönlich beschenkt werden wirst.

20. Januar

Ja, vertraut dem Herrn für immer,
denn er, unser Gott, ist ein starker
Fels für alle Zeiten.
Jesaja 26,4

Sprich diese Ermutigung heute in dein Leben hinein:

Ja, ich DEIN NAME *vertraue dem Herrn für immer, denn*
er, mein DEIN NAME *Gott, ist ein starker Fels für alle*
Zeiten.

**Jeden Tag kannst du dich entscheiden, ob du deine Le-
benssituation krampfhaft aus eigener Kraft anpacken
willst oder ob du dem ewig feststehenden Gott vertrauen
willst.** Fühlst du dich auch manchmal unsicher und angreifbar? Gott ist dein starker Fels, der dir für immer sicheren Halt und Festigkeit geben will. Nichts kann Gott
aus der Ruhe bringen und keine Angelegenheit ist für
ihn zu kompliziert.

Darum ermutige ich dich: Halte dich an Gott fest und
lass dich in seine Arme fallen. Übergib ihm die Kontrolle über deine Situation, denn Gott kann nichts erschüttern und niemand kann ihn umwerfen. Er steht fest bis
in alle Ewigkeit. Täglich ist er bereit, dein Fels zu sein
und deine Füße auf festen Grund zu stellen.

21. Januar

*Der Herr ist in seinem heiligen Tempel,
er thront im Himmel und herrscht über
alles. Er durchschaut alle Menschen und
weiß, wie sie sind. Psalm 11,4*

Sprich diese Wahrheit über dein Leben aus:

*Der Herr ist in seinem heiligen Tempel, er thront im
Himmel und herrscht über alles. Er durchschaut alle
Menschen* DEIN NAME, DEINE NÄCHSTEN, DEINE FEINDE *und
weiß, wie sie sind.*

**Menschen verlieren auf dieser Welt den Überblick, doch
Gott sieht jede Bewegung und er hat die vollständige
Kenntnis von jedem Geschehen!** Kennst du Momente, in
denen das Chaos ausbricht, weil dir alles über den Kopf
wächst? Gott kennt dich bis ins Detail. Er weiß, wie du
denkst, wie du fühlst, was du gestern alles gesagt hast
und welche Kleider du morgen tragen wirst. Genauso
kennt Gott deine Nächsten und auch deine Feinde, die
dich verletzt haben. Selbst wenn du den Durchblick verloren hast, hat Gott immer noch die sichere Kontrolle.
Er weiß, wie jeder Mensch ist und wie jedes Missver-
ständnis entstanden ist.

Darum ermutige ich dich, mit Gott in engem Kontakt
zu sein, damit er deine Überforderung in Sicherheit und
Ruhe verwandeln kann.

22. Januar

Ich sehe immer auf den Herrn.
Er steht mir zur Seite,
damit ich nicht falle.
Psalm 16,8

Sprich diese Lebenshilfe heute in deine Situation hinein:

Ich DEIN NAME *sehe immer auf den Herrn. Er steht mir* DEIN NAME *zur Seite, damit ich nicht falle.*

Je mehr du deinen Blick auf Gott ausrichtest, desto mehr kannst du erkennen, wie zuverlässig er an deiner Seite steht! Was ist heute deine größte Herausforderung? Egal, was dich heute beschäftigt, Gott steht dir zur Seite. Er geht nicht weg und überlässt dich niemals deinem Schicksal. Vielleicht hast du zurzeit Schwierigkeiten, die dich belasten oder ärgern. Das Leben ist nicht immer fair und genau in solchen Situationen stehen wir Menschen in Gefahr, falsche Entscheidungen zu treffen und Dinge zu tun, die wir eigentlich nicht vollbringen wollen.

Darum entscheide dich heute, auf Gott zu sehen, aufzustehen und dich an ihm zu orientieren. Er wird dir helfen, das Richtige zu tun, damit sich deine Schwierigkeiten zum Guten wenden können. Gott segne dich!

23. Januar

*Du zeigst mir den Weg, der zum Leben
führt. Du beschenkst mich mit Freude,
denn du bist bei mir. Psalm 16,11*

Sprich diese Zusage heute in dein Leben hinein:

Du, Gott, zeigst mir DEIN NAME *den Weg, der zum Leben
führt. Du beschenkst mich mit Freude, denn du bist
bei mir* DEIN NAME.

**Wer sich von Gott den Weg zeigen lässt, wird in der Tiefe
seines Herzens eine unglaublich große Freude entdecken.**
Fühlst du dich auch manchmal freudlos und unglücklich? Gott hat einen genialen Lebensplan für dich vorbereitet und er will dir Schritt für Schritt den Weg dorthin aufzeigen. Gott spendet immer Leben und will dich täglich erfrischen. Er hat eine perfekte und himmlische Ewigkeit für dich vorbereitet und für alle seine Kinder. Gott will dir jeden Tag eine starke, sprühende Lebensfreude schenken. Es ist seine Nähe, die dir dieses Glück beschert.

Darum ermutige ich dich heute, immer wieder mit Gott zu sprechen, indem du ihm dankbar sagst: »Du beschenkst mich mit Freude und ich werde diese Fröhlichkeit jetzt tief in meinem Herzen annehmen!«

24. Januar

Meine Schritte hielten sich in deinen Spuren, meine Tritte haben nicht gewankt. Psalm 17,5 (ELB)

Sprich diese Zusage heute in dein Leben hinein:

Meine DEIN NAME Schritte hielten sich in deinen Spuren, meine DEIN NAME Tritte haben nicht gewankt.

Wer in Gottes Spuren unterwegs ist, wird niemals untergehen! Vielleicht bist du von Gott oder von anderen Menschen enttäuscht und du würdest am liebsten weit davon weglaufen. Ich möchte dich heute ermutigen, dich nicht von anderen Menschen oder schwierigen Situationen bestimmen und aus der Bahn werfen zu lassen. Eine Eisenbahn fährt fest auf ihren Schienen und findet ihren optimalen Weg. Genauso kannst du in Gottes Spuren gehen. Selbst wenn du momentan unsicher und vorsichtig durch dein Leben gehst, will Gott deine Tritte festigen und dir Sicherheit schenken.

Lass dich durch nichts von Gottes Weg abbringen, sondern stelle dich überzeugt auf Gottes Weg. Ich bin überzeugt, dass Gott dich segnen wird.

25. Januar

Ich liebe dich Herr!
Du bist meine Kraft!
Psalm 18,2

Nimm diese Kraft heute für dich persönlich in Anspruch:

Ich DEIN NAME *liebe dich, Herr! Du bist meine* DEIN NAME *Kraft!*

Gott weiß, an welcher Stelle du heute seine Kraft benötigst, darum ist er jetzt für dich da. Fühlst du dich manchmal entkräftet und machtlos gegenüber den Anforderungen, die auf dich warten? Gottes Kraft steht seinem Bodenpersonal in besonderer Art und Weise zur Verfügung. Gott ist deine Kraft. Dabei handelt es sich um Gottes eigene, alles übersteigende, sensationelle Auferstehungskraft: den Heiligen Geist.

Stell dir vor: Du hast die Chance, den Heiligen Geist heute in dich und deine Situation hineinfließen zu lassen. Er stellt dir seine totenauferweckende Stärke zur Verfügung. Darum sprich diesen Vers noch einmal laut aus und lass dein Herz mit der Gegenwart des Heiligen Geistes erfüllen. Gott ist mit dir!

26. Januar

Gott allein gibt mir Kraft zum Kämpfen und ebnet mir meinen Weg.
Psalm 18,33

Sprich diese Zusage heute in dein Leben hinein:

Gott allein gibt mir DEIN NAME *Kraft zum Kämpfen und ebnet mir* DEIN NAME *meinen Weg.*

Da, wo dir jemand Steine in den Weg legt, will Gott selbst diese Felsbrocken aus deinem Weg räumen. Vielleicht ringst du momentan um eine Arbeitsstelle, eine Beziehung, deine Gesundheit oder was auch immer. Das Leben kann manchmal ein ganz schöner Kampf sein. Aber Gott hat für solche Situationen vorgesorgt. Damit du in deinem Leben durchhalten kannst, beschenkt Gott dich täglich mit neuer Kraft. Egal, in welcher Situation du stehst, Gottes Kraft steht heute für dich bereit.

Halte durch und gib niemals auf! Gott selbst will dir den Weg ebnen, indem er liebevoll alle Felsbrocken aus deinem Leben räumt. Darum bleibe dran, glaube an die Dimension der Kraft Gottes in deinem Leben und lass dir von Gott persönlich deinen Weg freischaufeln.

27. Januar

Sie hatten mich überfallen – was war das für ein schrecklicher Tag! Aber der Herr hielt mich fest. Psalm 18,19

Sprich diese Wahrheit in dein Leben hinein:

Sie DEINE SITUATION *hat mich überfallen – was war das für ein schrecklicher Tag! Aber der Herr hält mich* DEIN NAME *fest.*

Negative Dinge können dich ungefragt überfallen, aber selbst durch die schrecklichsten Situationen wird Gott dich erfolgreich hindurchtragen. Hast du auch schon Tage erlebt, an denen du die Nase voll hattest, weil eine Schreckensnachricht nach der anderen auf dich hereinprasselte? Ganz gleich, was dir heute begegnen mag, Gott wird dich niemals fallen lassen. Selbst wenn du nicht mehr viel von Gott spürst oder du einfach den Überblick verloren hast, hält er dich fest. Heute darfst du wissen, dass du nie tiefer als in Gottes Hände fallen kannst. Er steht bereit, um dich aufzufangen.

Darum ermutige ich dich, in der Kraft Gottes wieder aufzustehen, denn du befindest dich ja in seiner Hand. Das Leben ist zu schade, um liegen zu bleiben.

28. Januar

Der Herr half mir aus Angst und Gefahr.
Er befreite mich. So viel bin ich ihm wert!
Psalm 18,20

Sprich diese Zusage heute in dein Leben hinein:

Der Herr hilft mir DEIN NAME *aus Angst und Gefahr.*
Er befreit mich DEIN NAME. *So viel bin ich* DEIN NAME *ihm wert!*

Menschen fühlen sich zutiefst wertvoll, wenn sie jemanden kennenlernen, der sie niemals im Stich lässt. Hattest du auch schon den Eindruck, es gebe niemanden, der dich wirklich kompromisslos mag und dich auch in schwierigen Lebenslagen noch als wertvoll erachtet? Menschen können dich so schnell vergessen. Doch für Gott bist du eine unglaublich kostbare Perle! Er liebt dich über alles und er ist bereit, dir in jeder schwierigen Situation zu helfen und dich zu befreien. Gott spürt deine Ängste und er kennt auch alle Gefahren, die täglich auf dich lauern. Es ist ihm niemals egal, wie es dir geht und was dir geschieht. Gott ist bereit, dich vollständig freizumachen.

Darum ermutige ich dich heute, alle deine Ängste bei Gott abzugeben und stattdessen von ihm Sicherheit und Ruhe zu empfangen. Glaube an die Befreiungskraft Gottes, die er auch in deinem Leben sichtbar machen möchte.

29. Januar

*Du hast ihn [König David] dazu aus-
erwählt, deinen Segen für alle Zeiten
weiterzutragen. Weil du ihm nahe bist,
bleibt seine Freude ungetrübt. Psalm 21,7*

Sprich diese Zusage heute in dein Leben hinein:

Du hast mich DEIN NAME *dazu auserwählt, deinen Segen
für alle Zeiten weiterzutragen. Weil du mir* DEIN NAME
nahe bist, bleibt meine Freude ungetrübt.

**Wer nah am Herzen Gottes lebt, der wird leidenschaftlich
den Segen Gottes austeilen!** Was ist dir wirklich wichtig? Gott hat dich dazu bestimmt, seinen göttlichen Segen, den du übrigens nicht selbst produzieren musst, an
andere Menschen weiterzugeben. Du hast die Möglichkeit, auf dieser Welt starke und tiefe Spuren des Segens
zu hinterlassen. All das Kostbare, das Gott in dich hineingelegt hat, kannst du weitergeben.

Darum ermutige ich dich, Gottes Gegenwart täglich
zu suchen und diese Kraft leidenschaftlich auch zu anderen Menschen fließen zu lassen. Du hast die Möglichkeit,
deinen Arbeitsplatz, deine Gemeinde, die Erziehung deiner Kinder sowie alle deine Beziehungen zu segnen. Ich
bin überzeugt, dass du selbst gesegnet werden wirst,
wenn du Segen weitergibst, und dass sich eine unglaublich große Freude in deinem Herzen ausbreiten wird.

30. Januar

Meine Kraft verschwindet wie Wasser, das versickert, und alle meine Knochen lösen sich voneinander. Mein Herz verkrampft sich vor Angst. Nur du, Herr, kannst mir Kraft geben. Psalm 22,15.20a

Sprich diese Wahrheit heute in dein Leben hinein:

Wenn meine DEIN NAME *Kraft verschwindet wie Wasser, das versickert, und alle meine Knochen sich voneinander lösen. Wenn mein Herz sich vor Angst verkrampft, dann wirst du, Herr, mir* DEIN NAME *neue Kraft geben.*

Wenn du wie ein halb toter Fisch im ausgetrockneten Flussbett liegst, will Gott dir immer helfen, eine neue und erfrischende Wasserquelle zu finden. Fühlst dich auch manchmal ausgelaugt und körperlich am Anschlag? Es gibt immer wieder Dinge, die dir bewusst die Lebenskraft rauben wollen, damit du dich schlecht und schwach fühlen sollst. Große Belastungen können sogar die Gesundheit deines Herzens stören und gefährden, weil einfach alles zu viel wird. Aber Gott hält für dich Stärke bereit. Er ist daran interessiert, Menschen wieder stark zu machen.

Darum ermutige ich dich heute, deine Schwachheit in Gottes Hand zu legen und dein verkrampftes Herz bei ihm entspannen zu lassen, indem du von Gott persönlich Stärke und Heilung empfängst.

31. Januar

*Ich schäme mich nicht für die rettende
Botschaft. Sie ist eine Kraft Gottes, die
alle befreit, die darauf vertrauen.*

Römer 1,16

Sprich diese Aufforderung heute in dein Leben hinein:

Ich DEIN NAME *schäme mich nicht für die rettende Botschaft. Sie ist eine Kraft Gottes, die alle befreit, die darauf vertrauen.*

**Du bist nicht peinlich, sondern enorm attraktiv und kraft-
voll, wenn du offen über deinen persönlichen Glauben
an Jesus sprichst!** Denkst du auch manchmal, andere
Menschen könnten dich für altmodisch und etwas beschränkt halten, wenn du ihnen von deinem Glauben
an Gott erzählst? Stell dir vor, du kennst die genialste
Botschaft, die es auf dieser Welt gibt. Kein anderer Gott
lässt seinen Sohn sterben, weil er aus Liebe die ganze
Menschheit retten will, weil er ihnen den Himmel zu-
gänglich machen will. Du aber kennst einen Gott, der
selbst die Liebe ist. Jeder Mensch hat die Möglichkeit,
diese Rettung in seinem Herzen anzunehmen.

Darum ermutige ich dich heute, davon zu erzählen.
Vielleicht aber hast du selbst Gott noch nicht in dein
Herz aufgenommen. Dann kannst du es heute tun und
Jesus Christus durch ein einfaches Gebet in dein Leben
einladen.

Februar

Bloßgestellt im Klassenzimmer

Ich war in der achten Klasse und im Kunstunterricht nicht gerade eine Heldin. Eines Tages musste ich eine Giraffe zeichnen und dieses Kunstwerk gelang mir überraschenderweise sehr gut. Stolz zeigte ich meine Zeichnung dem Lehrer. Ungläubig schaute er mir in die Augen und meinte: »Du hast diese Zeichnung bestimmt nicht gemacht. So etwas kannst du nicht!« Vor der ganzen Klasse zerriss er das Papier und warf die Stücke mit einem schadenfrohen Lächeln in den Abfall. Voller Scham stand ich da.

Dieses negative Erlebnis prägte sich tief in mein Herz ein. Ich fühlte mich wie ein Taugenichts, der in der ganzen Welt bekannt war. Obwohl ich eine halbe Stunde später dieselbe Zeichnung erneut vorlegte, konnte ich diese negativen Gefühle nicht mehr aus meiner Seele schaffen. Ich entwickelte mich zu einem scheuen und zurückhaltenden Mädchen. Ich wurde bestimmt von Menschenfurcht und traute mich kaum mehr, vor einer Gruppe von Menschen zu sprechen. Erst Jahre später konnte ich durch die Kraft Gottes von dieser tiefen Verletzung geheilt werden.

Menschen können unglaublich negative Dinge über dein Leben aussprechen. Ich ermutige dich heute: Glaube nicht, was Menschen über dich sagen, sondern entdecke, was Gott über dich denkt. In Gottes Augen bist du wertvoll, kostbar und einzigartig geschaffen. Er legte wunderbare Talente in dich hinein. Lass dich nicht von Menschen bestimmen, sondern liebe dein Leben, weil Gott das Beste von dir denkt!

1. Februar

Der Herr zieht die Menschen, die ihn ernst nehmen, ins Vertrauen.

Psalm 25,14

Sprich diese Zusage heute in dein Leben hinein:

Der Herr zieht mich DEIN NAME, *wenn ich* DEIN NAME *ihn ernst nehme, ins Vertrauen.*

Je intensiver du Zeit mit Gott verbringst, desto mehr lässt er dich seine Geheimnisse erkennen. Sehnst du dich auch manchmal nach mehr von Gott? Gott wünscht sich eine tiefe und intime Beziehung zu dir. Er sucht nach Menschen, die ihm vertrauen und die daran glauben, dass er noch heute etwas zu sagen hat. Ebenso wünscht er sich Menschen, die in Gedanken den ganzen Tag mit ihm verbunden sind und auf seine Stimme hören. Wenn du Gott deine Zeit schenkst, wird er dir immer mehr anvertrauen. Er möchte dir Geheimnisse offenbaren und dir sein Herz zeigen.

Darum verbringe Zeit mit Gott und genieße die Gemeinschaft mit ihm. Ich bin überzeugt, dass du damit neue Dimensionen von Gott entdecken wirst. Darum sprich diesen Vers erneut über dich aus und lerne, dieses Privileg der Gemeinschaft mit Gott zu schätzen.

2. Februar

*Solange ich lebe, möchte ich
im Hause des Herrn bleiben.*

Psalm 27,4

Sprich diesen Vers in dein Leben hinein:

Solange ich DEIN NAME *lebe, möchte ich im Hause des
Herrn bleiben.*

**Wer auf der Erde mit Gott verbunden ist, der ist auch mit
dem Himmel verbunden, und dies für alle Ewigkeit.** Viele
Menschen können heute kaum mehr zur Ruhe kommen
und sind kaum fähig, für längere Zeit am selben Ort zu
bleiben. Beziehungen zerbrechen und Freundschaften
fallen auseinander. Wenn du an Gott glaubst, dann gehörst du zu seiner Familie, in der du für immer bleiben
darfst.

Entscheide dich heute, bewusst Gemeinschaft mit
Gott, Freunden, anderen Christen und mit deiner Familie zu haben und zu pflegen. Verweile täglich in der
Gegenwart Gottes, indem du einfach über ihn nachdenkst und ihm zuhörst. Du darfst heute wissen, dass
sich Treue auszeichnet! Darum bleibe dran und gib niemals auf, denn Gott hält für dich eine perfekte Zukunft
im Himmel bereit, die bereits hier und jetzt beginnen
kann.

3. Februar

Die Augen des Herrn
sind an jedem Ort.
Sprüche 15,3

Sprich diese Zusage heute in dein Leben hinein:

Gott sieht mich DEIN NAME, *denn die Augen des Herrn*
sind an jedem Ort.

Du bist dermaßen kostbar für Gott, dass er dich ständig und voller Liebe anschaut. Denkst du auch manchmal, Gott könne doch gar nicht für alle Menschen gleichzeitig da sein? Oder fühlst du dich noch nicht einmal würdig, dass Gott überhaupt nachsehen würde, wie es dir geht? Weißt du, wir Menschen denken immer viel zu klein von Gott. Unser Gehirn ist nicht fähig, Gottes Größe zu fassen. Gott ist allgegenwärtig und seine Augen können zur gleichen Zeit an jedem Ort dieser Erde dich und deine Freunde beobachten. Er sieht, was du heute alles erlebst. Nichts ist vor Gott verborgen.

Darum ermutige ich dich heute, ganz entspannt dein Leben zu lieben, denn Gottes Auge ruht ständig auf dir. Gott kann dich nicht aus seinen Augen lassen, weil er dich über alles liebt.

4. Februar

Mit ewiger Liebe
habe ich dich geliebt.
Jeremia 31,3

Sprich diese Zusage heute in dein Herz hinein und empfange diese Wahrheit:

Gott liebt mich DEIN NAME *mit ewiger Liebe.*

Menschliche Liebe kann zerbrechen und das tut immer weh. Aber Gott wird niemals aufhören, dich zu lieben. Hast du es auch schon erlebt, wenn in einer Beziehung die Liebe erkaltet ist und es dann so richtig ungemütlich wird? Wir Menschen neigen dazu, die Liebe mitunter recht schnell zu verlieren. Ehen können auseinanderbrechen, weil die Liebe einfach plötzlich verschwindet.

Aber Gott ist total anders. Seine Liebe ist einfach großartig, unübertrefflich fair, und Gott steht zu seinem Wort! Er liebt dich mit seiner perfekten Liebe, die niemals aufhören wird. Für ihn gibt es einfach keinen Grund, dich fallen zu lassen oder dir den Rücken zu kehren. Immer, bis in alle Ewigkeit, wird er dich bedingungslos lieben. Danke heute Gott für seine nie endende Liebe.

5. Februar

Jesus Christus ist und bleibt derselbe,
gestern, heute und für immer.
Hebräer 13,8

Sprich heute diese Wahrheit in deine Lebenssituation hinein:

Für mich DEIN NAME *und meine Situation ist und bleibt*
Jesus Christus derselbe, gestern, heute und für immer.

Menschen können sein wie eine Fahne im Wind, doch Gottes Markenzeichen ist Stabilität! Manchmal stehen wir Menschen plötzlich in Situationen, die uns den Boden unter den Füßen wegziehen können. Oder es geschehen schwierige Dinge in dieser Welt, die wir einfach nicht verstehen können, und diese Geschehnisse bringen unsere Emotionen zum Verzweifeln.

In all dem gilt es für dich zu erkennen, dass Jesus immer derselbe bleibt. Egal was auf dieser Welt geschieht, Gott verändert sich nicht und seine Standfestigkeit wackelt niemals. Er war damals mit Mose in der Wüste unterwegs, genauso ist er heute an deiner Seite und ebenso wird er in Zukunft für deine Kinder da sein. Gott ändert nicht plötzlich seine Meinung. Darum halte dich heute bewusst an ihm fest und lass dich von ihm neu beleben.

6. Februar

Schüttet euer Herz vor Gott aus!
Gott ist unsere Zuflucht.
Psalm 62,9

Sprich heute diese Zusage in dein Leben hinein:

Ich DEIN NAME schütte heute mein Herz vor dir aus,
Gott! Du, Gott, bist meine DEIN NAME Zuflucht.

Alles, was du aus deinem tiefsten Herzen Gott anvertraust, behandelt er mit Sicherheit vertraulich und lösungsorientiert. Vielleicht kennst du Situationen, in denen du anderen Menschen deine tiefsten Herzensanliegen erzählt hast, aber diese Erdenbürger haben sich kaum dafür interessiert oder sie haben negativ reagiert und dir vielleicht sogar die Freundschaft gekündigt. Gott ist anders! Dein ganzes Herz darfst du bei ihm vorbehaltlos auskippen. Selbst wenn der Inhalt nicht leicht zu verstehen ist, Gott läuft niemals davon. Er bleibt eine feste Zuflucht. Ein Ort der Sicherheit und der Verschwiegenheit.

Darum ermutige ich dich heute, dein ganzes Herz bei Gott auszuschütten. Liebe dein Leben, indem du deine Füße heute auf diesen sicheren Grund stellst.

7. Februar

Jede Träne hast du [Gott] gezählt, ja, alle sind in deinem Buch festgehalten. Denn das weiß ich: Du, Gott, bist auf meiner Seite! Psalm 56,9–10

Sprich diese wunderbare Zusage heute in deine Situation hinein:

Danke, Gott, dass du jede Träne von mir gezählt hast, ja, alle sind sie in deinem Buch festgehalten. Denn das weiß ich DEIN NAME: *Du, Gott, bist auf meiner Seite!*

Tränen machen dein Herz leichter, darum schreibt Gott mitfühlend alle deine Tränen in sein Tagebuch. Was macht dich heute traurig? Momente der Trauer sind schmerzhaft und fordern uns heraus. Aber stell dir vor: Seit du auf dieser Erde lebst, hat Gott jede Traurigkeit in deinem Leben bemerkt und registriert. Ihm ist es niemals egal, wie es dir geht, darum schreibt er alles über dich auf. Er führt ein perfektes Tagebuch über dein Leben. Gott fühlt mit dir mit und geht mit dir durch die leidvollen Situationen deines Lebens.

Darum darfst du heute wissen, dass Gott auf deiner Seite steht! Selbst wenn dich traurige Zeiten überfallen und dich fertig machen wollen, lass dich davon nicht in die Tiefe ziehen. Lass die Tränen heute fließen, damit dein Herz wieder leichter werden kann und Gott dich trösten darf. Liebe dein Leben, weil du einen großartigen Tröster kennst, der deine Gefühle nachempfinden kann.

8. Februar

Denn durch mich werden zahlreich deine Tage, und es mehren sich dir die Jahre des Lebens. Sprüche 9,11

Sprich diese Zusage heute in dein Leben hinein:

Denn durch dich, Gott, werden zahlreich meine DEIN NAME Tage, und es mehren sich mir DEIN NAME die Jahre meines Lebens.

Die Gemeinschaft mit Gott schafft eine verbesserte Lebensqualität. Du kannst deine Zeit verschwenden mit belanglosen Dingen dieser Welt wie Nörgeln, Kritisieren oder negativem Reden. Aber lass dich heute daran erinnern, dass Gottes Gegenwart dein Leben enorm zum Positiven verändern wird. Gott hält aufbauende Energie für dich bereit, die dich stärkt und erfrischt. Menschen, die Zeit mit Gott verbringen, werden davon profitieren und es wird ihnen danach besser gehen.

Hast du diese Wahrheit in deinem Herzen bereits angenommen? Ich ermutige dich heute, dein Leben zu lieben – tu dir was Gutes und lies Gottes Wort. Rede mit Gott über deine Alltagsfragen und lass dich jeden Tag von seinem Wort inspirieren.

9. Februar

Der Segen des Herrn, der macht reich,
und eigenes Abmühen fügt neben ihm
nichts hinzu. Sprüche 10,22

Sprich diese Wahrheit heute in dein Leben und Handeln hinein:

Der Segen des Herrn, der macht mich DEIN NAME *und*
meine Mitmenschen reich, und mein DEIN NAME *eigenes*
Abmühen fügt neben ihm nichts hinzu.

Menschliche Kraft ist begrenzt, doch Gottes Macht ist unbegrenzt! Wie oft mühen wir Menschen uns aus eigener Kraft ab und versuchen krampfhaft Dinge zu tun, die wir vielleicht gar nicht tun sollten. Gott möchte dich heute wohlwollend mit seinem großartigen Segen überschütten.

Darum ermutige ich dich, dein eigenes Tun und Handeln loszulassen. Empfange heute Gottes Plan, seinen Segen und seine Kraft für alle deine Taten. Lass dich von Gottes Geist leiten, denn er wird dir in Weisheit zeigen, welchen Weg du heute wählen kannst. Ich bin überzeugt, dass Gottes Segen durch dein Handeln in deiner Familie, an deinem Arbeitsplatz, bei deinen Freunden und in deiner Gemeinde sichtbar werden wird. Denn Gottes Stärke trägt dich weit über deine eigenen Fähigkeiten hinaus.

10. Februar

Sie gehen durch das Tränental und machen es zu einem Quellort ... sie gehen von Kraft zu Kraft. Psalm 84,7–8

Sprich diese Zusage heute in dein Leben hinein:

Ich DEIN NAME gehe durch das Tränental und ich mache es zu einem Quellort. Denn ich DEIN NAME gehe von Kraft zu Kraft.

Deine schwierigsten Lebenserfahrungen kann Gott in die kraftvollsten Segensspuren verwandeln. Denkst du manchmal schweren Herzens darüber nach, warum du all diese Schwierigkeiten erfahren musstest? Du darfst heute wissen, dass Gott keinen Moment in deinem Leben übersehen hat. Und er ist bereit, deinen Scherbenhaufen in ein großartiges und wunderschönes Kunstwerk zu verwandeln.

Ich ermutige dich heute, dich für Gottes Plan für dein Leben zu entscheiden. Bleibe nah am Herzen Gottes und ergreife Gottes Stärke und seine Heilung für deine Traurigkeit. Lass dir deine Freude nicht rauben, sondern ermögliche Gott, all diese Schmerzen in übernatürlichen Segen zu verwandeln. Du hast die Möglichkeit, deinen persönlichen Quellort zu entdecken. Mit deinen geheilten Erfahrungen wirst du andere Menschen überreichlich segnen können.

11. Februar

Ein gelassenes Herz ist
des Leibes Leben.
Sprüche 14,30 (ELB)

Sprich diese Wahrheit heute in dein Leben hinein:

Mein DEIN NAME *gelassenes Herz ist meines* DEIN NAME *Leibes Leben.*

Je mehr Gelassenheit in deinem Leben ist, desto mehr Lebensfreude wird sich breit machen. Fühlst du dich auch manchmal genervt? Können dich bereits die kleinsten unvorhergesehenen Dinge aus der Ruhe bringen? Gott möchte heute Besonnenheit in dein Leben legen. Darum ermutige ich dich heute, bewusst Gelassenheit zu empfangen – Gelassenheit für deinen Alltag mit deinem Ehemann, deinen Kindern, deinen Mitmenschen und auch deinen Freunden in der Gemeinde.

Tue dir etwas Gutes, finde deine Ruhe in Gott und plane auch bewusst Pausen und Ruhezeiten in deinen Alltag ein. Ich bin überzeugt, dass du dadurch enorm erfrischt und gestärkt wirst und dann gelassen reagieren kannst auf all das, was in deinem Alltag auf dich einprasselt. Liebe dein Leben mit göttlicher Gelassenheit; dies wird eine tiefe Freude in deinem Leben bewirken.

12. Februar

*Wer antwortet, bevor er überhaupt zu-
gehört hat, zeigt seine Dummheit und
macht sich lächerlich. Sprüche 18,13*

Sprich diese Wahrheit heute in dein Leben hinein:

*Wenn ich DEIN NAME antworte, bevor ich überhaupt zu-
gehört habe, zeige ich meine Dummheit und mache
mich lächerlich.*

**Wer anderen Menschen wirklich zuhören kann, gleicht ei-
ner wunderschönen Perle!** Kennst du diese Momente,
wo dir keiner wirklich zuhört? Du versuchst etwas zu
formulieren, aber deine Stimme wird nicht gehört oder
sogar ignoriert? Täglich möchten dir andere Menschen
und auch Gott wichtige Dinge mitteilen.

Darum ermutige ich dich, ihnen aufmerksam zuzuhören. Versuche deinem Gegenüber mehr Aufmerksamkeit zu schenken, indem du in deiner Familie, an
deinem Arbeitsplatz oder auch in deiner Nachbarschaft
mehr Zeit und Energie für das Zuhören einsetzt. Ich bin
überzeugt, dass Menschen sich dann in deiner Nähe
wohlfühlen werden, weil du ihnen durch deine Aufmerksamkeit Liebe und Respekt vermittelst. Auch Gott
wird dich mit seinem Reden beschenken, wenn du dir
Zeit nimmst, auf ihn zu hören. Liebe dein Leben, weil
Gott heute zu dir sprechen kann.

13. Februar

Ihr sollt den Herrn von ganzem Herzen lieben, mit ganzer Hingabe, mit all eurer Kraft. 5. Mose 6,5

Sprich heute diese Aufforderung in dein Leben hinein:

Ich DEIN NAME will den Herrn von ganzem Herzen lieben, mit ganzer Hingabe und mit all meiner Kraft.

Du musst Gott nicht lieben, weil du ihm etwas beweisen musst. Deine Liebe zu ihm ist lediglich deine Antwort auf seine Liebe! Wir Menschen können Gott ignorieren, ihn immer nur im Notfall anrufen oder einfach nur sonntags einen Gottesdienst besuchen. Gottes Sehnsucht nach Gemeinschaft mit dir persönlich ist viel größer als das. Er wünscht sich täglich eine intensive und herzliche Beziehungszeit mit dir.

Darum ermutige ich dich heute, Gott nicht nur einen Teilbereich deines Lebens zu geben, sondern ihn mit ganzem Herzen zu lieben. Du hast die Möglichkeit, Gott deine Liebe als Antwort auf seine Liebe zu zeigen, indem du mit ihm Zeit verbringst, deine Gedanken auf ihn ausrichtest, dein Handeln unter seine Herrschaft stellst und ihm in allen Bereichen deines Lebens dienst. Gott hat alles für dich gegeben, darum schenke dich selbst ihm zurück.

14. Februar

*Bewahrt die Worte im Herzen,
die ich euch heute sage! Prägt sie euren
Kindern ein. 5. Mose 6,6*

Sprich diese Aufforderung heute in dein Leben hinein:

*Ich DEIN NAME bewahre die Worte Gottes in meinem
Herzen! Ich DEIN NAME präge diese Worte meinen Kindern ein.*

**Der größte Schatz, den du in deinem Herzen tragen
kannst, ist das Wort Gottes!** Fühlst du dich auch manchmal kraftlos und leer? Gott stellte uns Menschen die Bibel zur Verfügung, weil sie uns Ermutigungen und Anweisungen für unser Leben gibt und weil sie auf den
hinweist, der das Wort Gottes ist.

Darum ermutige ich dich, dich täglich aus dieser
Quelle inspirieren zu lassen und diese überaus kraftvollen Worte in dein Leben hineinzusprechen. Du kannst
diese lebensverändernden Worte auch an deine Kinder
und Enkel weitergeben. Gottes Wort kommt niemals
leer zurück. Es wird positive Veränderungen bewirken,
in deinem Leben und auch im Leben deiner Mitmenschen. Vielleicht kannst du dich heute mit deiner Bibel
an einen ruhigen Ort zurückziehen und darin Gottes
Kraft entdecken. Gott segne dich!

15. Februar

Der Herr hat Gefallen an denen, die ihn fürchten, an denen, die auf seine Gnade harren. Psalm 147,11 (ELB)

Sprich diese Zusage heute in dein Leben hinein:

Der Herr hat Gefallen an mir DEIN NAME, *weil ich* DEIN NAME *ihn fürchte und auf seine Gnade harre.*

Kompromisslos an Gott zu glauben ist nicht peinlich, sondern öffnet die Tür, um Gottes Schönheit zu sehen! Vielleicht stehst du kurz davor, den Glauben an Gott aufzugeben, oder du willst die Familie Gottes verlassen, weil andere Christen dich nerven. Ich ermutige dich heute, dranzubleiben!

Gib nicht auf, denn Gott ist immer noch derselbe und er wird dir die Chance geben, seine Schönheit zu sehen. Denke dabei an Noah, der die Arche baute und kompromisslos Gott vertraute, obwohl es keinen Sinn zu haben schien. Noah blieb geduldig an seiner Arbeit dran und konnte später Gottes Handeln in gewaltiger Art und Weise sehen. Darum ermutige ich dich heute, niemals aufzugeben, damit du Gottes Schönheit und die Herrlichkeit seiner Gnade für immer erleben kannst.

16. Februar

Singt dem Herrn, alle Bewohner der Erde! Verkündet jeden Tag: Gott ist ein Gott, der rettet! 1. Chronik 16,23

Sprich diese Aufforderung in dein heutiges und zukünftiges Leben:

Ich DEIN NAME singe dem Herrn! Ich DEIN NAME verkündige jeden Tag: Gott ist ein Gott, der rettet!

Christen sollten nicht mehr länger schweigen, sondern die wichtigste Botschaft Gottes zu jedem Menschen bringen. Wir Christen drehen uns so oft um uns selbst und vergessen dabei all die Menschen, die Gott noch nicht kennen. Oder wir teilen giftige Worte aus, anstatt Gott mit unserer Stimme anzubeten. Wenn du an Jesus glaubst, bist du ein Kind Gottes, weil er dich gerettet hat. Vor dir liegt eine brillante Zukunft. Darum hast du heute Grund genug, ein Lobpreislied anzustimmen. Auch deine Freunde sollen von diesem Angebot profitieren können. Es wäre so genial, wenn deine Arbeitskollegen, deine Nachbarn und deine Freunde mit dir zusammen Gott anbeten würden.

Darum ermutige ich dich heute, nicht länger zu schweigen. Lass die Liebe des Vaters aus dir herausfließen, damit deine Mitmenschen das über alles liebende Vaterherz Gottes in seiner Tiefe entdecken können. Nimm deine Mitmenschen auch mit in deine Gemeinde. In der gemeinsamen Anbetung liegt eine besondere Kraft, die ein einzelner Christ nicht hat.

17. Februar

Fragt nach dem Herrn, und rechnet mit seiner Macht, wendet euch immer wieder an ihn! 1. Chronik 16,11

Sprich diese Aufforderung heute in dein Leben hinein:

Ich DEIN NAME frage nach dem Herrn, und ich DEIN NAME rechne mit seiner Macht. Auch wende ich DEIN NAME mich immer wieder an ihn.

Wer Gott in seinem Leben regieren lässt, darf im Alltag mit seiner majestätischen Macht rechnen. Sehnst du dich manchmal auch nach übernatürlichen Geschehnissen in deinem Leben? Gott ist nicht irgendwo weit weg von dir, sondern er wünscht sich, in enger Zusammenarbeit mit dir das Leben zu lieben. Er hat die Macht, übernatürlich in deinem persönlichen Leben zu handeln.

Darum ermutige ich dich, heute nach Gott zu fragen. Er hat Anweisungen für dich bereit, die dir helfen werden, dein Leben so zu leben, wie es dir selbst gut tun wird und wie es Gott gefällt. Ich bin überzeugt, dass Gott nach Menschen sucht, die an ihn glauben und die in der Beziehung zu ihm nicht aufgeben. Darum ergreife die Chance, Gottes Plan für dein Leben bis zum Ende auszuführen.

18. Februar

Denn Gott hat die Menschen so sehr geliebt, dass er seinen einzigen Sohn für sie hergab. Jeder, der an ihn glaubt, wird nicht zugrunde gehen, sondern das ewige Leben haben. Johannes 3,16

Sprich diese Zusage heute in dein Leben hinein:

Denn Gott hat mich DEIN NAME *so sehr geliebt, dass er seinen einzigen Sohn für mich hergab. Wenn ich* DEIN NAME *an ihn glaube, dann werde ich nicht zugrunde gehen, sondern das ewige Leben haben.*

Kein Mensch ist perfekt, aber Gott ist absolut fehlerlos.

Wegen dieses Unterschiedes konntest du nicht einfach so eine Beziehung zu dem heiligen Gott aufnehmen. Denn zwischen dir und Gott lag ein unüberwindbarer Graben. Aber Jesus Christus hat ihn durch seinen Tod am Kreuz beseitigt. Jesus hat am Kreuz den vollständigen Preis bezahlt, den wir Gott schuldig gewesen wären.

Und nun ist der Ball bei dir. Du kannst jetzt entscheiden, an Jesus Christus als deinen persönlichen Retter zu glauben. Dabei wirst du Befreiung und eine vollständige Erneuerung deines Lebens erfahren sowie eine himmlische Zukunft erben. Ich ermutige dich, heute durch ein einfaches Gebet Jesus in dein Leben aufzunehmen. Falls du dies bereits getan hast, dann erzähle ab heute deinen Mitmenschen von diesem Geschenk.

19. Februar

Glücklich sind, die Frieden stiften,
denn Gott wird sie seine Kinder nennen.
Matthäus 5,9

Sprich diese Zusage heute in dein Leben hinein:

Ich DEIN NAME bin glücklich, weil ich Frieden stifte, denn
Gott nennt mich DEIN NAME sein Kind.

Ungelöster Streit zerstört Beziehungen. Aber weil Christen mit Gott versöhnt leben, können sie immer wieder Frieden stiften. Es gibt Momente, in denen wir in einen Streit verwickelt werden. Dies ist menschlich und kommt in der besten Familie und in der besten Gemeinde vor. Es ist einfach, im Streit zu bleiben und das Gespräch zu verweigern.

Aber mit einem versöhnten Herzen kannst du sagen: »Es tut mir leid!« Genau dazu möchte ich dich heute ermutigen. Lass dich nicht von streitsüchtigen Menschen beeinflussen, sondern lebe aus deiner versöhnten Beziehung mit Gott, der dein Friedefürst ist. Gott stellt dir immer genügend Frieden und Mut zur Verfügung, damit du im entscheidenden Moment das Ruder herumwerfen kannst.

20. Februar

Der Herr ist mein Licht, er rettet mich.
Vor wem sollte ich mich noch fürchten?
Bei ihm bin ich geborgen wie in einer Burg.
Vor wem sollte ich noch zittern und zagen?

Psalm 27,1

Sprich diese Zusage heute in dein Leben hinein:

Der Herr ist mein Licht, er rettet mich. Vor wem sollte
ich DEIN NAME mich fürchten? Bei ihm bin ich geborgen
wie in einer Burg. Vor wem sollte ich DEIN NAME noch
zittern und zagen?

Menschen, die Gottes unsichtbare Schutzmauer entdecken,
können ihren Auftrag in dieser Welt effektiv ausführen.
Hast du es auch schon erlebt, dass dir vor Angst die Knie
zitterten? Gott kennt deine Ängste und darum hat er für
dich vorgesorgt. Gott selbst ist dein persönliches Licht,
das die Dunkelheit in dir wieder aufhellen wird, indem
er dir einen genialen Schutzraum zur Verfügung stellt.

Darum ermutige ich dich heute, Gottes Zufluchtsort
aufzusuchen und dich von seiner Gegenwart beschützen
zu lassen. Gott bildet eine unsichtbare Schutzmauer um
dich herum. Dahinter bist du in Sicherheit und kannst
alles tun, was du tun musst. Selbst wenn Menschen gegen dich aufstehen, wird dir diese Mauer Schutz bieten,
damit du deinen Auftrag auf dieser Welt in Autorität
und Kraft ausführen kannst.

21. Februar

Sprich diese Wahrheit heute in dein Leben hinein:

Du, Gott, gibst Freude in mein DEIN NAME *Herz!*

Gott verschenkt Freude, und zwar jeden Tag! Manchmal gibt es Zeiten im Leben, in denen dein Herz angeschlagen ist und du dich zutiefst traurig fühlst. Gott weiß das alles, denn er hat dich mit Gefühlen geschaffen. Darum möchte er dir nach jeder Trauerzeit wieder Freude schenken und genau diese Freude liegt bereits für dich bereit. Um die Freude wieder zu entdecken, braucht man nicht in erster Linie großen Reichtum oder einen Studienabschluss. Die göttliche Freude steht heute kostenlos für dich bereit.

Doch solltest du etwas wissen: Satan ist ein Meister darin, deine Freude zu rauben. Er setzt alles daran, dass die göttliche Freude, die in deinem Herzen ist, mit negativen Ereignissen oder negativen Gedanken zugeschüttet wird. Darum grabe deine Herzensfreude aus und lass dieses Glücksgefühl dein Leben bestimmen. Bitte den Heiligen Geist, die göttliche Freude in deinem Herzen zu aktivieren.

22. Februar

Eure Schönheit soll von innen kommen!
Schmückt euch mit Unvergänglichem
wie Freundlichkeit und Güte.
Das gefällt Gott. 1. Petrus 3,4

Sprich diese Aufforderung heute in dein Leben hinein:

Meine DEIN NAME *Schönheit soll von innen kommen! Ich* DEIN NAME *schmücke mich mit unvergänglichem Schmuck wie Freundlichkeit und Güte. Das gefällt Gott.*

Wirkliche Schönheit kommt nur aus einem liebevollen Herzen! Wie oft hast du in den letzten Tagen unfreundlich oder egoistisch gehandelt? Vielleicht gab es kritische Situationen im Geschäft oder nervenaufreibende Situationen in deiner Familie. Darauf verärgert zu reagieren ist menschlich, aber das macht uns nicht gerade attraktiv. Gott möchte dich in einen freundlichen und großzügigen Menschen verwandeln.

Darum entscheide dich heute, dein Herz mit Anteilnahme und Erbarmen für deine Mitmenschen zu schmücken. Stärke dich in der Kraft Gottes, damit du anderen Menschen aufgeschlossen und wohltuend begegnen kannst. In dieser Stärke wirst du auch »frostige« Situationen im Zusammenleben mit deinen Mitmenschen besser überwinden können. Ich bin überzeugt, dass Gott dich schöner machen wird, wenn du beginnst, in dein Herz zu investieren.

23. Februar

Ladet alle eure Sorgen bei Gott ab,
denn er sorgt für euch.
1. Petrus 5,7

Sprich diese Zusage heute in deine Lebenssituation hinein:

Mein Gott, ich DEIN NAME *lade heute alle meine Sorgen* DEINE PERSÖNLICHEN SORGEN *bei dir ab, denn du sorgst für mich.*

Wer seine Sorgen bei Gott abgibt, erfährt Erleichterung und gibt Gott die Möglichkeit, ein Wunder zu tun. Sorgen können dich völlig fertig machen oder dich gar verzweifeln lassen. Vielleicht drehen sich deine Gedanken ständig um deine Schwierigkeiten. Vielleicht kannst du deshalb nicht mehr gut schlafen und du fühlst dich enorm müde und mitgenommen. Aber Gott kennt deine Probleme und er möchte dir diesen schweren Rucksack abnehmen.

Lege darum deine Sorgen heute vor den Füßen Gottes ab und bitte ihn um Lösungswege für deine Schwierigkeiten. Ich bin überzeugt, dass Gott sich darum kümmern und sie exzellent lösen wird. Er wird dir auch zeigen, was du in diesem Moment zu tun hast. Gleichzeitig wird Gott alle nötigen Schritte unternehmen, damit dein Leben wieder neu gestärkt und erfrischt wird.

Wer sich am Leben freuen und gute Tage erleben will, der achte auf das, was er sagt. Keine Lüge, kein gemeines Wort soll über seine Lippen kommen. 1. Petrus 3,10

Sprich diese Zusage heute in dein Leben hinein:

Weil ich DEIN NAME mich heute am Leben freuen und einen guten Tag erleben will, darum achte ich DEIN NAME auf das, was ich DEIN NAME sage. Keine Lüge, kein gemeines Wort soll über meine Lippen kommen.

Du kannst heute entscheiden, was du alles mit deinem Mund aussprechen wirst. Gott liebt weder Lügen noch gemeine Worte. Vielleicht fragst du dich gerade, warum deine Freude aus deinem Leben verschwunden ist? Vielleicht hilft es dir, wenn du dir überlegst, welche Worte du in den letzten Tagen ausgesprochen hast. Worte haben Macht und Kraft und deine negativen Worte können dein Leben zum Schlechten beeinflussen.

Darum entscheide dich heute, Gottes Wahrheit über dich und über andere Menschen auszusprechen. Höre auf, mit deinen Worten anderen Menschen zu gefallen oder hinter dem Rücken deiner Mitmenschen negativ über sie zu reden. Vielmehr ermutige ich dich, deine Mitmenschen mit Komplimenten und aufbauenden Worten zu stärken. Wie wohl tut es dir doch, wenn jemand dich ermutigt!

25. Februar

Und wo der Geist des Herrn ist,
da ist Freiheit!
2. Korinther 3,17

Sprich diese Zusage heute in dein Leben hinein:

Der Geist des Herrn ist in meinem DEIN NAME *Leben,*
darum habe ich DEIN NAME *Freiheit!*

Und wenn es ein noch so sicheres, stabiles Kettenschloss wäre: Der Heilige Geist ist stärker und kann es aufbrechen! Vielleicht fühlst du dich gefangen von irgendwelchen Umständen, oder jemand will dich vereinnahmen und einengen. Es fühlt sich an, als wären deine Hände zusammengebunden oder als wäre dein Mund zugeklebt. Gott will dich durch seinen Heiligen Geist von Minderwertigkeit, Missbrauch, Mobbing usw. frei machen. Er ist immer daran interessiert, dich als Mensch zu befreien, damit du aufblühen, dich weiterentwickeln und leidenschaftlich dein Leben lieben kannst.

Darum gib dem Geist Gottes den größten Platz in deinem Leben und lasse ihn in deinem Leben ans Werk. Sprich heute im Namen Jesu durch den Heiligen Geist Freiheit in deine Situation und in dein Herz hinein und glaube an die gewaltige Befreiungskraft, die Gott für dich persönlich bereithält.

26. Februar

Solange uns noch Zeit bleibt, wollen wir allen Menschen Gutes tun: vor allem aber denen, die mit uns an Jesus Christus glauben. Galater 6,10

Sprich diese Aufforderung heute in dein Leben hinein:

Solange mir DEIN NAME noch Zeit bleibt, will ich DEIN NAME allen Menschen Gutes tun, vor allem aber denen, die mit mir an Jesus Christus glauben.

Je mehr Christen innerhalb und außerhalb der Gemeinde einander unterstützen, desto eher kann Erweckung ausbrechen und desto stärker wird sie sein. Dein Leben ist zu kurz, um nicht über deine Mitmenschen nachzudenken und sie nicht zu beschenken. Wie schön ist es doch, wenn dir jemand etwas Gutes tut und dich in deinem Alltag unterstützt! Auch du hast jeden Tag Gelegenheit, Menschen mit einer schönen Überraschung zu beschenken.

Lass dir für heute etwas Besonderes einfallen. Du kannst beispielsweise deinen Ehemann überraschen, deine Eltern anrufen oder deine Kinder auf besondere Art und Weise ermutigen. Halte deine Augen offen für Menschen in deiner Nachbarschaft und besonders auch in deiner Gemeinde, die heute deine Hilfe brauchen. Ich bin überzeugt, dass dein Leben dadurch gesegnet wird und eine tiefe Freude sich in deinem Herz ausbreiten wird.

27. Februar

Ertragt einander und vergebt euch gegenseitig, wenn einer Klage gegen den anderen hat; wie auch der Herr euch vergeben hat, so auch ihr!
Kolosser 3,13 (ELB)

Sprich diese herausfordernde Wahrheit heute in dein Leben hinein:

Wie Christus mir DEIN NAME *vergeben hat, so vergebe auch ich* DEIN NAME.

Sobald du Menschen vergibst, kommt Gottes Kraft wie ein segensreicher Bumerang zu dir selbst zurück. Menschen können dich tief verletzen und dir menschlich gesehen irreparablen Schaden zufügen. Doch Gott fordert dich zu einem gewaltig großen Schritt auf. Er wünscht sich nichts mehr als Menschen, die vergeben können. Vergebung bedeutet loszulassen und sich damit von den Ketten, die andere Menschen um einen legen, loszulösen.

Vielleicht haben Menschen dich verletzt. Dann schreibe diese Situationen auf ein Blatt Papier. Bring deine Klagen vor Gott, sprich aus, dass du deinen Mitmenschen vergibst, und verbrenne das Papier. Vielleicht schreibst du noch einen Brief oder rufst sie an, um Beziehungen in Ordnung zu bringen. Ich bin überzeugt, dass du daraufhin Schritt für Schritt von Gott wieder aufgerichtet werden wirst.

28. Februar

Beharrlich habe ich auf den Herrn geharrt und er hat sich zu mir geneigt und mein Schreien gehört. Psalm 40,1 (ELB)

Sprich heute diese Zusage in deine Situation hinein:

Beharrlich habe ich DEIN NAME auf den Herrn geharrt und ich werde weiterhin auf dich, Gott, harren. Denn du hast dich zu mir geneigt und mein Schreien gehört.

Wer dranbleibt und nicht aufgibt, der wird Gottes Schönheit sehen! Manchmal wäre es so bequem, einfach aufzugeben. Vielleicht betest und arbeitest du schon lange für deine kranken Kinder, für eine bessere Beziehung zu Freunden, für deinen neuen Lebenstraum oder für eine andere Arbeitsstelle. Aber es tut sich nichts und du bist müde geworden, auszuharren. Heute darfst du wissen: Gott hat jedes deiner Gebete gehört. An dieser Stelle gefällt mir die Übersetzung der Elberfelder Bibel, die das Wort »harren« benutzt.

Lass dich heute durch dieses Wort ermutigen und gib nicht auf! Bete weiterhin für deine Situation. Ich bin überzeugt, dass Gott sich bereits zu dir geneigt hat und dir konzentriert zuhört. In der heutigen Zeit können viele Menschen nicht mehr zuhören, weil sie gestresst durch den Alltag rennen. Aber Gott ist anders. Darum teile Gott deine tiefsten Herzenswünsche mit. Wende dich niemals von ihm ab, denn er ist dicht bei dir.

29. Februar

Gebt, was ihr habt, dann werdet ihr so reich beschenkt werden, dass ihr gar nicht alles aufnehmen könnt. Lukas 6,38a

Sprich diese Aufforderung heute in dein Leben hinein:

Ich DEIN NAME gebe, was ich habe, dann werde ich DEIN NAME so reich beschenkt werden, dass ich gar nicht alles aufnehmen kann.

Verschenken macht reich! Hast du auch manchmal den Eindruck, dass du irgendwie zu kurz kommst? Selbst wenn du nur wenig hast, halte nicht krampfhaft daran fest. Sei dankbar und sei bereit, es Jesus zu geben und ihn damit machen zu lassen, was er möchte. Er kann mit nur fünf Broten und zwei Fischen eine riesige Menschenmenge speisen! Wenn wir ihm geben, was wir haben, kann er damit ganze Menschenmengen segnen und wir werden am Ende sogar noch mehr haben als zuvor! Jesus fordert uns Menschen dazu auf, großzügig zu sein, weil er selbst großzügig ist. Jesus selbst lebte so: Er tat Gutes, heilte die Kranken, verbrachte seine Zeit mit den Sündern und gab den Hungrigen zu essen. Am Ende opferte Jesus selbstlos sein ganzes Leben für uns Menschen. Darum ermutige ich dich, sein Wesen anzunehmen. Lass dich nicht vom Trend der Zeit in ein egoistisches Leben drängen, sondern verändere etwas, indem du andere Menschen beschenkst.

März

Wie ich eine andere Hebamme wurde

Früher arbeitete ich als medizinische Praxisassistentin in einer Landpraxis. Dieser Job machte mir enorm Spaß, denn ich liebte die vielseitige Arbeit mit den Patienten aus allen Generationen. Doch nach ein paar Jahren verspürte ich einen inneren Wunsch, einen weiteren Beruf zu erlernen. Aus diesem Grund absolvierte ich alle Vorbereitungen für die Ausbildung zur Hebamme. Gleichzeitig spielte ich in der ersten Liga Basketball und füllte meine Freizeit mit ehrenamtlicher Mitarbeit für die Kirche.

Kurz vor Beginn der neuen Ausbildung im Krankenhaus leitete ich eine Freizeit für Kinder. In diesem Camp konnten Angehörige alkoholkranker Menschen Hilfe und Erholung finden. Ich war verantwortlich für die zehn Kinder der Teilnehmer. Ganz unerwartet traf mich mitten im Gespräch mit dem Vater eines der Kinder der Heilige Geist mitten ins Herz. Dieser Mann wollte mehr über Gottes Liebe wissen und ich war mit hilfreichen Antworten überfordert. Plötzlich sagte eine innere Stimme ganz leise zu mir: »Karin, deine Zukunft wird nicht im Krankenhaus sein, denn ich möchte dich als geistliche Hebamme einsetzen. So viele Menschen haben Fragen, darum solltest du jetzt Theologie studieren.«

Ich war sehr überrascht über diese klare Botschaft Gottes. Aber mein Herz füllte sich mit einer tiefen Gewissheit und einem vorher nie da gewesenen Frieden. So änderte ich meinen eingeschlagenen Weg, gab den Ausbildungsplatz im Krankenhaus frei und schlug den Weg der Theologie ein. Genauso möchte Gott auch mit dir sprechen. Gott hat einen genau auf dich zugeschnittenen Auftrag für dich und er möchte dich durch dein Leben führen. Gib ihm heute deine Hand.

1. März

Ich war in eine verzweifelte Lage geraten – wie jemand, der bis zum Hals in einer Grube voll Schlamm und Kot steckt! Aber er hat mich herausgezogen und auf festen Boden gestellt. Jetzt haben meine Füße wieder sicheren Halt. Psalm 40,3

Sprich diese Zusage heute in dein Leben hinein:

Aber Gott zieht mich DEIN NAME heraus und wird mich auf festen Boden stellen. Meine DEIN NAME Füße haben wieder sicheren Halt.

Gott hat immer eine neue Möglichkeit, um auch schwierigste Situationen zum Guten zu wenden. Manchmal überfallen uns negative Ereignisse, die wir nicht selbst verursacht haben. Oder es gibt Situationen, in denen wir selbst uns in eine verzweifelte Lage bringen, weil wir die falschen Entscheidungen getroffen haben. Auch gibt es Momente, in denen wir ängstlich in die Zukunft blicken, weil um uns herum unfassbare Dinge geschehen. Aber auch wenn du mitten im Sumpf steckst: Gott will dich heute herausziehen. Selbst wenn es dir den Boden unter den Füßen weggezogen hat, bietet Gott dir eine neue Möglichkeit, wieder auf Felsengrund zu kommen. Lass deine Füße heute von Gottes Kraft auf sicheren Grund stellen. Ich bin überzeugt, dass Gott dich mit sicherem Halt beschenken wird.

2. März

Hüte meine Worte wie einen wertvollen Schatz, denke jederzeit über sie nach und schreibe sie dir ins Herz! Sprüche 7,3

Sprich diese wunderbare Aufforderung in dein Leben hinein:

Ich DEIN NAME hüte Gottes Worte wie einen wertvollen Schatz, ich DEIN NAME denke jederzeit über sie nach und ich DEIN NAME schreibe sie mir ins Herz.

Je mehr Gottes Wort zu deinem Lebensstil wird, desto kraftvoller wird dein Reden und Handeln. Die Bibel ist nicht nur ein Buch zum Lesen. In ihr befinden sich wertvollste Worte, die eine enorme Kraft haben, dich aufzubauen, zu ermutigen und zu stärken. Die Bibel fordert dich auf, die Worte Gottes auf die Tafeln deines Herzens zu schreiben. Dies bedeutet, dass Gottes Geist dich leiten kann, indem er zu deinem Herzen redet. Alle deine Entscheidungen und Handlungen sollen von ihm geleitet sein. Du kannst seine Weisung leicht vergessen, weil dir vielleicht andere Dinge wichtiger sind.

Darum ermutige ich dich heute, auf Gottes Wort und auf die Führung des Heiligen Geistes in deinem Herzen achtzugeben. Das fällt dir leichter, wenn du deine Gedanken jeden Tag von der Bibel prägen lässt. Ich bin überzeugt, dass dies positive Auswirkungen auf dein tägliches Handeln haben wird.

3. März

Ich will dich lehren und dir sagen, wie du leben sollst; ich berate dich, nie verliere ich dich aus den Augen. Psalm 32,8

Sprich diese Zusage heute in dein Leben hinein:

Ich will dich DEIN NAME *lehren und dir sagen, wie du leben sollst; ich berate dich, nie verliere ich dich* DEIN NAME *aus den Augen.*

Gott ist dein bester Coach, weil er dich ständig sieht!

Durch die Bibel und sein Reden will Gott dir aufzeigen, wie du entspannt leben kannst. Gott gibt dir klare Anweisungen, die deine Lebensqualität verbessern werden. Gottes Ratschläge sind hilfreiche Anleitungen, damit du ein gesundes und freudiges Leben führen kannst. Ebenso will Gott dich ständig durch seinen Heiligen Geist leiten. Er ist in deinem Alltag, in jeder Minute für dich da.

Sei es im Geschäft, wenn wichtige Entscheidungen gefällt werden müssen, oder zu Hause bei den einfachsten Hausarbeiten: Gott will dir bei jeder Arbeit den besten Weg zeigen. Der Heilige Geist ist ein Gentleman. Er drängt sich nicht auf, wird dich aber mit leiser Stimme oder klaren Gedanken beraten. Darum höre in deinem Alltag auf diese geniale Macht.

4. März

Geh hin zur Ameise, du Fauler,
sieh ihre Wege an und werde weise!
Sprüche 6,6

Sprich diese Aufforderung heute in dein Leben hinein:

Ich DEIN NAME gehe hin zur Ameise und sehe ihre Wege
an und ich DEIN NAME werde weise!

Fleißige Menschen haben göttliche Weisheit! Christen, die etwas anpacken, wurden in der Vergangenheit leider oft in die Schublade des Leistungsdenkens gelegt und somit gnadenlos abgestempelt als Menschen, die aus eigener Kraft arbeiten. Doch Gott fordert dich heute heraus, von der Ameise zu lernen und dadurch weise zu werden. Ich möchte dich heute ermutigen, fleißig zu sein! Natürlich braucht jeder Mensch auch seine Pausen, aber lass dich nicht vom Strudel der Gleichgültigkeit oder des Wohlstands mitreißen, sondern bewege diese Welt in der Kraft Gottes.

Steh auf, lass dich von Gottes Geist leiten und tue heute das Richtige. Werde ein fleißiger Chef, ein fleißiger Arbeitnehmer, eine fleißige Mutter und auch ein fleißiger Mitarbeiter in der Gemeinde. Denn fleißige Christen werden wichtige und gute Spuren hinterlassen!

*Und geht es auch durch dunkle Täler,
fürchte ich mich nicht, denn du, Herr,
bist bei mir. Du beschützt mich mit
deinem Hirtenstab. Psalm 23,4*

Sprich diese Zusage heute in dein Leben hinein:

Und geht es auch durch dunkle Täler DEINE SITUATION*,
fürchte ich* DEIN NAME *mich nicht, denn du, Herr, bist
bei mir. Du beschützt mich* DEIN NAME *mit deinem Hirtenstab.*

**Menschen, die ihr Leben lieben, halten sich in jeder Situa-
tion an Gott fest.** Manchmal führt uns das Böse in ein
dunkles Tal. Vielleicht kannst du heute die Sonne nicht
sehen und deine Welt scheint verfinstert zu sein. Doch
selbst in solchen Lebenssituationen ist Gott bei dir und
kennt alle deine Ängste und Zweifel. Er beschützt dich
mit seinem Hirtenstab. Keine Gefahr soll dir etwas antun.

Gott wird dich sicher durch das dunkle Tal führen
und die Sonne wird wieder in dein Leben zurückkommen. Darum orientiere dich in der Not am guten Hirten. Halte dich bedingungslos an ihm fest und vertraue
seiner liebevollen Fürsorge.

6. März

*Alle sind Sünder und haben nichts aufzu-
weisen, was Gott gefallen könnte. Aber was
sich keiner verdienen kann, schenkt Gott
in seiner Güte: Er nimmt uns an, weil Jesus
Christus uns erlöst hat. Römer 3,23–24*

Sprich diese Wahrheit heute in dein Leben hinein:

*Ich DEIN NAME bin ein Sünder und habe nichts aufzuwei-
sen, was Gott gefallen könnte. Aber was sich keiner verdienen kann, schenkt Gott in seiner Güte: Er nimmt
mich DEIN NAME an, weil Jesus Christus mich erlöst hat.*

**Keine Leistung macht mich vor Gott besser, allein der freund-
liche Jesus bringt mich in die Gegenwart Gottes.** Wir wissen so oft, was andere Menschen alles falsch machen, und
beurteilen gerne die anderen. Ich war mir zum Beispiel
immer total sicher zu wissen, was mein Mann alles falsch
machte. Doch wenn ich ehrlich bin, dann entdecke ich bei
mir selbst genauso viele Fehler und bin somit keinen Deut
besser. Darum möchte ich dich ermutigen: Fange jetzt an,
von dir weg und auf Jesus zu schauen. Du kannst dich täglich wahrnehmen als jemanden, der vor Gott gerecht gesprochen ist. Selbst wenn du große Fehler gemacht hast,
hat Gott dir bereits vergeben. Richte deinen Blick nicht auf
die Fehler, sondern auf die Gerechtigkeit Gottes. Gott hat
dir am Kreuz vollständig vergeben. Darum lass dich von
Satans anklagender Stimme nicht mehr länger irritieren.

7. März

*Jubelt dem Herrn zu, ihr Völker der
Erde! Dient ihm voll Freude!*
Psalm 100,1b

Sprich diese Aufforderung heute über deinem Leben aus:

*Ich DEIN NAME juble heute dem Herrn zu! Ich DEIN NAME
diene ihm voll Freude!*

**Täglich hat Gott kleinere und größere Aufgaben für dich
vorbereitet, die nur du in dieser Form erfüllen kannst.** Du
gehörst zu Gottes Bodenpersonal auf dieser Erde. Durch
dich können heute entscheidende Dinge auf dieser Welt
geschehen und Gott wird dich dabei zutiefst mit Freude
erfüllen. Lass dich heute in der Gegenwart Gottes mit
seiner überaus großartigen Freude anstecken.

Beginne dabei im Kleinen, Gutes zu tun. Vielleicht
kannst du heute für deinen Ehemann, deine Freunde
oder deine Kinder dankbar sein und sie mit liebevollen
Taten überraschen. Ehre Gott auch für seine Gemeinde
und schenke ihr heute voller Freude deine Liebe. Vielleicht fühlst du dich noch nicht danach, du bist gerade
nicht in freudiger Stimmung. Dann lass dich von einem
Anbetungslied inspirieren und denke daran, wie viel
Gutes dir Gott bereits getan hat. Ich bin überzeugt, dass
Gott dich mit Freude segnen wird.

8. März

Ja, er vergibt mir meine ganze Schuld und heilt mich von allen meinen Krankheiten! Psalm 103,3

Sprich diese Zusage heute in dein Leben hinein:

Ja, du, Gott, vergibst mir DEIN NAME *alle meine Schuld und du heilst mich* DEIN NAME *von allen meinen Krankheiten* NAME DER KRANKHEIT*!*

Heilung und Vergebung sind die genialsten Beweise von Liebe, die es auf dieser Welt gibt. Vielleicht wurdest du in deinem Herzen tief verletzt und du fühlst dich enorm traurig und unglücklich. Oder vielleicht bist du körperlich krank. Dann darfst du heute wissen, dass Gott deine Schmerzen kennt und deine Leiden sieht.

Darum ermutige ich dich heute, persönlich mit Gott über Heilung und Vergebung zu sprechen, denn er hält beides für dich bereit. Gott sucht nach Menschen, die an seine Heilungskraft glauben. Wie und wann Gott nach deinem Gebet eingreifen wird, das steht nicht in deiner Macht. Aber ich bin überzeugt, dass jedes Gebet seine Wirkung hat und dass dein Zustand sich auf jeden Fall verbessern wird. Darum darfst du für dich persönlich Sieg und Heilung erwarten.

9. März

Jesus fragte Bartimäus: Was soll ich für dich tun? Markus 10,51

Sprich diese liebevolle Anfrage heute in dein Leben hinein:

Jesus fragt mich: Was soll ich heute für dich DEIN NAME *tun?*

Selbst wenn sich kein Mensch um dich kümmert, Jesus bietet dir täglich seine liebevolle Hilfe an! Wie geht es dir heute? Was sind deine Nöte, deine Sorgen oder deine Fragen, auf die du keine Antworten hast? Jesus kümmerte sich immer wieder um Menschen, die in Not waren. Die Menschen sagten damals zum blinden Bartimäus, der bettelnd am Wegrand saß: »Sei still!« Aber Jesus unterbrach seine Wanderung und kümmerte sich liebevoll um ihn. Dabei stülpte er dem Blinden nicht einfach eine Lösung über den Kopf oder tröstete ihn mit frommen Floskeln. Jesus stellte die Frage: »Was soll ich heute für dich tun?«

Genau diese Frage stellt Jesus heute auch dir. Er interessiert sich dafür, wie es dir geht. Er möchte wissen, wo der Schuh drückt und was dein Herz sich wünscht. Darum öffne dein Herz für Jesus. Ich ermutige dich heute, Jesus deinen ganzen Kummer zu erzählen, denn er möchte das Beste für dich tun.

10. März

Das geknickte Rohr wird er nicht zerbrechen, und den glimmenden Docht wird er nicht auslöschen. In Treue bringt er das Recht hinaus. Jesaja 42,3 (ELB)

Sprich diese Zusage heute in dein Leben hinein:

Das geknickte Rohr DEIN NAME wird er nicht zerbrechen, und den glimmenden Docht DEIN NAME wird er nicht auslöschen. In Treue bringt er mein DEIN NAME Recht hinaus.

Gerade in schwierigen Zeiten wird Gott kraftvoll und zuverlässig an deiner Seite für dich da sein. Kürzlich erzählte mir eine ältere Frau, die Probleme mit ihrem Exmann machten ihr enorm zu schaffen. All die demütigenden Angriffe auf ihre Person sowie die finanziellen Probleme, die mit der Scheidung einhergingen, brachten sie an die Grenze ihrer Kraft. Hast du auch schon solche schmerzhaften Momente erlebt? Du darfst heute wissen: Selbst wenn dein Leben schwierig ist, hat Gott immer eine ermutigende Zusage für dich. Er dreht dir niemals die Luft ab. Gott wird dich wieder aufrichten. Doch manchmal lässt sich Gott Zeit und dies verlangt dir viel Geduld ab.

Aber denke daran, dass Gott in Treue dein Recht hervorbringen wird. Darum gib niemals auf und lass dich von Gott immer wieder neu auf die Beine stellen.

11. März

Der Herr aber war mit Josef und wandte
sich ihm in Treue zu und gab ihm Gunst.
1. Mose 39,21 (ELB)

Sprich diese Zusage heute persönlich in dein Leben hinein:

Der Herr aber ist mit mir DEIN NAME *und er wendet sich*
mir DEIN NAME *in Treue zu. Darum bitte ich* DEIN NAME
um deine göttliche Gunst für mein Leben.

Menschen können deinen göttlichen Lebensplan durch-kreuzen und verlangsamen, aber letztendlich kann niemand Gott daran hindern, dich für seinen Auftrag zu befähigen und die Türen zu öffnen. Kürzlich sprach ich mit einem jungen Mann. Sein ganzes Leben lang wurde er immer wieder von Menschen klein gemacht. Obwohl er großartige Fähigkeiten besitzt, wollten Menschen ihn stoppen. Fühlst du dich auch manchmal kleingehalten und wurde vieles in deinem Leben zugeschüttet?

Ich ermutige dich heute, nicht länger auf irgendwelche Menschen zu hören, die eifersüchtig versuchen, dein Leben zu bestimmen. Lass dich von Gott durch dein Leben leiten und tue, was er dir auf dein Herz legt. Empfange täglich Gottes Gunst für dein Leben. Und gehe treu den Weg, den Gott für dich bestimmt hat, denn er hat großartige Dinge für dich vorbereitet, damit er sich durch dein Leben verherrlichen kann.

12. März

Herr, wer dich kennenlernt, der wird dir gern vertrauen. Wer sich auf dich verlässt, der ist nie verlassen. Psalm 9,11

Sprich diese Zusage heute in dein Leben hinein:

Herr, weil ich DEIN NAME dich kennenlerne, werde ich dir gern vertrauen. Weil ich DEIN NAME mich auf dich verlasse, werde ich DEIN NAME nie verlassen sein.

Je intensiver du Gott kennenlernst, desto mehr wirst du einem unglaublich fairen Gott begegnen! Fühlst du dich manchmal einsam und verlassen? Vielleicht kennst du sogar viele Menschen, aber irgendwie fühlst du dich trotzdem manchmal einsam. Du darfst heute wissen, dass Gott dich niemals alleine in der Ecke stehen lässt, denn er ist jederzeit mit dir. Er möchte die Leere des Gefühls von Einsamkeit mit seiner Liebe ausfüllen. Gott ist total zuverlässig und sein Handeln ist gerecht für alle Menschen.

Darum ermutige ich dich heute, ihm zu glauben! Erwarte, dass er dir heute beim Lesen der Bibel und im Gebet begegnet, denn er will sich dir zeigen. Ich ermutige dich, dem allmächtigen Gott in jedem Lebensbereich voll und ganz zu vertrauen, und Gott wird dich dafür belohnen.

13. März

Sei gütig und treu, und werde nicht nachlässig, sondern sporne dich immer wieder an! Sprüche 3,3

Sprich diese Aufforderung über dein Leben aus:

Ich DEIN NAME will gütig und treu sein, und ich DEIN NAME werde nicht nachlässig, sondern ich DEIN NAME sporne mich immer wieder an!

Gib dir immer wieder einen Kick, um bereitwillig für andere Menschen da zu sein. Hast du es manchmal auch satt, immer wieder für andere da zu sein? Wenn du Jesus im Neuen Testament beobachtest, kannst du sehen, dass er sich immer wieder um Menschen gekümmert hat. Sein Lebensstil ist Hilfsbereitschaft; beständig hat er anderen Menschen Gutes getan. Jesus ging treu seinen Weg ans Kreuz.

Ich ermutige dich heute, dich nicht von Bequemlichkeit, Stress, Wohlstand oder anderen Dingen davon abhalten zu lassen, anderen dein Herz zu zeigen. Gott hat viel Energie, Liebe und Kraft in dich hineingelegt, womit du anderen Menschen Gutes tun kannst. Europa braucht Christen, die der Liebe Gottes in praktischen Taten Ausdruck verleihen. Du hast die Chance, daran teilzuhaben und mit deiner Investition Veränderung zu bewirken.

14. März

Er macht mich gewandt und schnell, lässt mich laufen und springen wie ein Hirsch. Selbst auf steilen Felsen gibt er mir festen Halt. Psalm 18,34

Sprich diese Hilfe heute in dein Leben hinein:

Gott macht mich DEIN NAME gewandt und schnell, lässt mich laufen und springen wie ein Hirsch. Selbst auf steilen Felsen gibt er mir DEIN NAME festen Halt.

Lebe deinen Alltag bewusst mit Gott, denn damit kannst du stressfreier und effektiver arbeiten. Erlebst du auch manchmal Tage, an denen du mit deiner Arbeit kaum vorwärts kommst und dir das Leben enorm mühsam und anstrengend erscheint? Gott kennt diese Momente in deinem Leben und er möchte dir jeden Tag bei der Arbeit helfen.

Ich ermutige dich, dich in deinem Alltag ständig von Gottes Geist führen zu lassen. Sei es beim günstigen, klugen Einkauf oder bei Entscheidungen im Geschäft oder wenn du einen Beziehungskonflikt zu lösen hast. Gott will dir helfen, deine heutigen Aufgaben gewandt und zügig zu erledigen. Selbst wenn Probleme auftreten, gibt er dir Halt und Sicherheit. Schaue nicht darauf, wie groß deine Probleme heute sind, sondern entdecke, wie mächtig und stark dein Gott ist!

15. März

*Meinen Frieden gebe ich euch; einen
Frieden, den euch niemand auf der Welt
geben kann. Seid deshalb ohne Sorge
und Furcht! Johannes 14,27*

Sprich heute diese Zusage in dein Leben hinein:

Gott gibt mir DEIN NAME *seinen Frieden; einen Frieden,
den mir niemand auf der Welt geben kann. Deshalb
kann ich* DEIN NAME *ohne Sorge und Furcht sein!*

**Gott ist der Einzige auf dieser Welt, der mitten im Sturm
Ruhe und Gelassenheit schenken kann.** Vielleicht fühlt
sich dein Herz heute total unruhig an und deine Gedanken sind verwirrt und werden von Angst geplagt.
Manchmal können uns Lebensumstände ganz schön
nervös machen und wir fühlen uns von unseren Gefühlen gejagt und gehetzt. Aber Gott hat heute Frieden für
dich. Er kennt deine Lebenssituation, den genauen Zustand der Welt und alle deine unruhigen Gefühle.

Und genau in diese Situation hinein schenkt Gott
dir seinen wohltuenden Frieden. Es ist so wie bei einem
Wirbelsturm: Mitten in einem Tornado gibt es einen ruhigen Punkt, an dem es windstill ist. Genau an diesem
Ort darfst du sein, wenn du bei Gott Zuflucht suchst.
Darum empfange heute diesen göttlichen Frieden tief in
deinem Herzen und lass dein Leben davon bestimmen.

16. März

Sprich diese Zusage heute in dein Leben hinein:

Ich DEIN NAME *darf sicher sein: Gott ist immer bei mir* DEIN NAME*, bis das Ende dieser Welt gekommen ist!*

Egal, wie zerbrechlich unsere Welt uns erscheint, Gottes Gegenwart bleibt für immer bestehen! Fragst du dich manchmal, wo Gott eigentlich ist und warum er nicht mehr Einfluss auf diese Welt ausübt? Selbst wenn du Gott nicht sehen kannst, ist seine Gegenwart doch täglich an jedem Ort auf dieser Welt. Vielleicht befindest du dich gerade in deinem Wohnzimmer, dann sitzt Gott neben dir auf dem Sofa. Er ist bei dir. Unsichtbar legt er seinen Arm um deine Schulter und zeigt dir seine Nähe und dass er dich in allen deinen Lebensfragen versteht.

Darum zweifle nicht länger, ob Gott dich sieht und ob er dich wirklich nicht vergessen hat. Du darfst heute ganz sicher sein, dass er für immer bei dir ist und sich liebevoll um dich kümmert.

17. März

Wer die Saat mit Tränen aussät, wird
voller Freude die Ernte einbringen.
Psalm 126,5

Sprich dieses Versprechen heute in dein Leben hinein:

Wenn ich DEIN NAME *die Saat mit Tränen aussäe, dann*
werde ich DEIN NAME *voller Freude die Ernte einbringen.*

Wer großzügig und ausdauernd an andere Menschen weitergibt, wird später sichtbaren Segen entdecken können.
Vielleicht bist du müde geworden, guten Samen auf diese Welt zu streuen, weil Menschen dich schlecht behandelt haben oder weil sie deine Saat negativ beurteilt haben. Dein Herz fühlt sich deswegen traurig an, denn du bist enttäuscht und frustriert. Ich ermutige dich heute, nicht Menschen darüber bestimmen zu lassen, ob du das Gute auf dieser Welt weiterhin tust oder ob du aufgibst. Gott verspricht dir, deine Tränen in Freude zu verwandeln. Gott hat einen größeren Horizont und einen mächtigeren Weitblick als du.

Darum gib nicht auf und bleibe dran. Tue das Gute in deiner Familie, in deiner Gemeinde und an deinem Arbeitsplatz. Ich bin überzeugt, dass Gott dich dafür mit viel Freude segnen wird.

18. März

Denn Gott hat seine Engel ausgesandt,
damit sie dich schützen, wohin
du auch gehst. Psalm 91,11

Sprich dieses Versprechen heute in dein Leben hinein:

Denn Gott hat seine Engel ausgesandt, damit sie mich DEIN NAME *schützen, wohin ich* DEIN NAME *auch gehe.*

Gott hat seine Engel losgeschickt, darum darfst du heute, auf deinem Weg, mit einem Engel rechnen! Vielleicht bist du in den letzten Tagen einem Engel begegnet und du hast es gar nicht bemerkt? Auf dieser Welt sind Engel für dich unterwegs! Ich kann mich gut erinnern, dass ich einmal mit meinem Auto vor einer stehenden Autokolonne nicht mehr bremsen konnte. In diesem Moment schrie ich zu Jesus und ich sah, wie eine große Hand vor meinem Auto mein Fahrzeug im richtigen Moment zum Stoppen brachte.

Egal, wo du dich gerade auf dieser Erde befindest oder wo du hingehen musst, Gott sandte seine Engel für dich aus. Darum danke heute Gott für seine Engel und rechne mit der majestätischen Kraft der himmlischen Heerscharen in deinem Leben.

19. März

Der Herr ist mein Hirte.
Nichts wird mir fehlen.
Psalm 23,1

Sprich diese Zusage heute in dein Leben hinein:

Der Herr ist mein DEIN NAME *Hirte. Nichts wird mir* DEIN NAME *fehlen.*

Weil Gott haargenau weiß, was du brauchst, wird er dich mit allem Nötigen versorgen. Hast du auch manchmal den Eindruck, dass du zu kurz kommst und dir eine tiefe Erfüllung deines Herzens fehlt? Gott sorgt sich um dich und er stellt dir den besten Weideplatz zur Verfügung. Als Hirte kennt Gott alle deine Bedürfnisse und er weiß am besten, was du wirklich nötig hast. Dabei wird Gott dir nichts vorenthalten, was für dich wichtig wäre. Weißt du, wir Menschen denken oft, wir würden wissen, was im Leben wirklich wichtig ist. Aber Gott hat den viel größeren Überblick über diese Welt. Er steht wie ein Wächter neben dir und weiß, welcher Weideplatz für dich persönlich der allerbeste ist.

Darum ermutige ich dich, dich von deinem Hirten leiten zu lassen und ihm zu vertrauen, dass er dir mehr als genug schenken wird.

20. März

*Er sagt zu mir: »Stehe auf, meine
Freundin, meine Schöne, und komm!«*
Hohelied 2,10

Sprich heute diese Aufforderung in dein Leben hinein:

*Jesus sagt heute zu mir DEIN NAME: Stehe auf, meine
Freundin/mein Freund DEIN NAME, meine Schöne/mein
Schöner, und komm!*

Jeden Moment möchte Jesus seine Beziehung zu dir vertiefen! Sehnst du dich auch manchmal nach mehr Nähe zu Gott? Jesus hat beständig eine tiefe Sehnsucht nach dir. Aus diesem Grund lädt er dich heute ein, aufzustehen und in seine Nähe zu kommen. Du bist für Jesus nicht irgendeine Nummer oder eine unbekannte Person. Er hat das größte Interesse daran, sich mit dir zu treffen, weil er dich als seine wunderschöne Freundin oder seinen wunderschönen Freund sieht.

Darum begib dich heute in seine Nähe und erhebe dich von deinem Platz. Lass dich von Jesus verwöhnen und beginne, mit ihm zu sprechen. Sage Jesus, was dich heute freut und auch, was dich stresst. Seine Ohren sind offen für dich und er wird dich verständnisvoll in seine Arme nehmen.

21. März

Er hat uns mit seinem Geist reich beschenkt, und durch Christus haben wir Zugang zu Gottes himmlischer Welt erhalten. Epheser 1,3

Sprich diese Zusage heute in dein Leben hinein:

Er hat mich DEIN NAME mit seinem Geist reich beschenkt, und durch Christus habe ich DEIN NAME Zugang zu Gottes himmlischer Welt erhalten.

Herzen, die mit Gottes Geist gefüllt sind, haben das Privileg, mit Gott in engem Kontakt zu sein. Wie oft denken wir doch, wir wären irgendwie in Vergessenheit geraten oder fühlen uns benachteiligt. Gottes Geist ist kraftvoll und stärkt dich auf exzellente Weise. Darum ermutige ich dich heute, dich von diesem Geist durch den Tag führen zu lassen. Ständig gibt der Heilige Geist dir die besten Tipps, um allen Herausforderungen des heutigen Tages zu begegnen. Du hast die Möglichkeit, himmlische Kraft in deine Situation hineinfließen zu lassen. Dann wird diese übernatürliche Stärke dein Leben von Grund auf zum Guten verändern. Nimm dir heute Zeit, um bewusst die Stimme des Heiligen Geistes zu hören, und rechne mit Engeln auf deinem Weg. Ich bin überzeugt, dass Gott zu dir sprechen wird und dich durch deine Gedanken auf den besten Weg führen wird. Liebe dein Leben durch den Heiligen Geist!

22. März

Der Herr ist auf meiner Seite, und ich brauche mich vor nichts und niemandem zu fürchten. Was kann mir ein Mensch schon antun? Psalm 118,6

Sprich diese Hilfe heute in deine Lebenssituation hinein:

Der Herr ist auf meiner DEIN NAME Seite, und ich brauche mich vor nichts und niemandem zu fürchten. Was kann mir DEIN NAME ein Mensch schon antun?

Gott steht voll und ganz auf deiner Seite! Selbst wenn Menschen dich klein machen, dich verunsichern oder dir einfach Steine in den Weg legen. Kennst du solche Momente in deinem Leben? Gibt es Personen in deinem Umfeld, die durch ihr Verhalten oder durch ihre Worte bei dir Stress und Unwohlsein auslösen? Solche Menschen können dich ganz schön in die Enge treiben und dir das Leben schwer machen.

Ich ermutige dich heute, an die Kraft Gottes in deinem Leben zu glauben. Gott will dir den Mut schenken, um in solchen Momenten die richtigen Antworten zu finden. Ebenso spreche ich dir heute Mut zu, um dich von solchen Menschen im Namen Jesu loszulösen und dich nicht länger von negativen Menschen bestimmen zu lassen. Stelle dich bewusst hinter die göttliche Schutzmauer und weise sämtliche giftigen Pfeile ab. Gott ist mit dir!

23. März

Alles kann ich durch Christus,
der mir Kraft und Stärke gibt.
Philipper 4,13

Sprich diese Zusage heute in dein Leben hinein:

Alles kann ich DEIN NAME *durch Christus, der mir Kraft*
und Stärke gibt.

Für jede Aufgabe, die Gott für dich geplant hat, wirst du die nötige Kraft bekommen! Fühlst du dich manchmal unfähig, gewisse Dinge zu tun? Gott hat für dich den perfekten Lebensplan vorbereitet. Er hat dich mit Fähigkeiten ausgestattet, die für dich genau richtig sind. Selbst wenn du vielleicht noch nicht alle deine Talente entdeckt hast: Gott ist daran interessiert, diese Fähigkeiten freizusetzen, damit du das tun kannst, was Gott von dir möchte. Damit dies möglich wird, hat Gott alle dazu nötige Kraft bereits für dich vorbereitet. Exakt zum richtigen Zeitpunkt wird er dir eine sensationelle Stärke zuteilen. Auch wenn schwierige Lebenssituationen an dich herankommen oder du vor großen Herausforderungen stehst, steht die nötige Kraft für dich bereit.

Darum sprich diese Zusage jetzt in deine Lebenssituation hinein und lass dich mit Gottes Stärke auffüllen. Gott segne dich!

24. März

Versteck dich nicht wie eine Taube im Felsspalt! Zeig mir dein schönes Gesicht, und lass mich deine wunderbare Stimme hören. Hohelied 2,14

Sprich diese Aufforderung heute in dein Leben hinein:

Ich DEIN NAME verstecke mich nicht wie eine Taube im Felsspalt! Ich DEIN NAME zeige dir, Jesus, mein schönes Gesicht, und ich DEIN NAME lasse dich jetzt meine wunderbare Stimme hören.

Ein Mensch kann sein Herz öffnen, wenn er sich sicher fühlt. Gibt es Momente, in denen du dich vor Jesus oder vor Menschen verbirgst? Oder gibt es Dinge, für die du dich schämst oder vor denen du Angst hast? Ich ermutige dich heute, aus deinem Versteck herauszukommen und dich bei Jesus zu entspannen. Jesus fordert dich heute auf, offen und ehrlich mit ihm zu reden, denn in ihm bist du in Sicherheit. Dabei macht er dir ein großes Kompliment über deine Schönheit. Du bist in Gottes Augen ein wunderschöner Mensch, den er gerne sehen möchte.

Vielleicht hat Gott dir Träume und Visionen aufs Herz gelegt. Dann steh auf und beginne mutig, deine Stimme zu erheben. Sprich aus, was in deinem Innern schlummert, und bleibe dabei in enger Verbindung mit Jesus.

25. März

Vertraue dich dem Herrn an und sorge dich nicht um deine Zukunft! Überlass sie Gott, er wird es richtig machen.

Psalm 37,5

Sprich diese Verheißung heute in dein Leben hinein:

Ich DEIN NAME vertraue mich dem Herrn an und ich sorge mich nicht um meine Zukunft! Ich DEIN NAME überlasse meine Zukunft Gott, er wird es richtig machen.

Gott hat den besten Plan für deine Zukunft! Gott macht dabei keine Fehler, denn er ist perfekt. Vielleicht sorgst du dich momentan um deine Kinder, deine Finanzen, um eine Beziehung oder um deine Arbeitsstelle. Rede mit Gott über deine Sorge und übergib ihm diese Situation, denn er selbst wird sich darum kümmern und er wird genau das Richtige tun. Voraussetzung dafür ist, dass du Gott vollständig vertraust. Gott möchte nicht, dass du krampfhaft versuchst, deine Zukunft im Griff zu haben. Wenn du getan hast, was du menschlich gesehen tun konntest und in gewissen Situationen auch tun musstest, dann wird Gott dich segnen.

Darum vertraue in jedem Lebensbereich deinem Gott und zerbrich im Namen Jesu deine Angst vor der Zukunft. Ich bin überzeugt, dass du innerlich und äußerlich zur Ruhe kommen wirst. Gott segne dich heute!

26. März

Kann man wirklich noch mehr erwarten?
Wenn Gott für uns ist, wer kann dann
gegen uns sein? Römer 8,31

Sprich diese Wahrheit heute in dein Leben hinein:

Kann ich DEIN NAME wirklich noch mehr erwarten?
Wenn Gott für mich DEIN NAME ist, wer kann dann ge-
gen mich sein?

Selbst wenn alle Menschen gegen dich sind, ist doch Gott kompromisslos und voller Liebe für dich! Es gibt Momente, da fühlen wir uns wie auf einer verlassenen Strecke. Menschen handeln gegen uns oder Situationen haben einen negativen Einfluss auf uns. Egal, welche Lebenssituation du gerade durchmachst, Gott ist immer für dich. Seine Liebe ist dermaßen kostbar, dass sie dich niemals verurteilen würde, selbst wenn du Fehler gemacht hast oder dich nicht akzeptiert fühlst. Es gibt doch noch eine neue Chance für dich. Gott kann nicht anders als dich täglich zu lieben. Er geht mit dir an den Arbeitsplatz oder hilft dir, schwierige Entscheidungen zu treffen.

Erinnere dich heute daran, wenn du im Auto sitzt oder im Büro deine Arbeit erledigst: Was immer du heute tun wirst, du kannst Gott nicht loswerden, weil er dicht an deiner Seite ist. Liebe dein Leben, denn Gott ist für dich!

27. März

Wenn ihr mich sucht, werdet ihr mich finden. Ja, wenn ihr mich von ganzem Herzen sucht, will ich mich von euch finden lassen. Jeremia 29,13

Sprich diese Zusage heute in dein Leben hinein:

Wenn ich DEIN NAME dich suche, werde ich DEIN NAME dich finden. Ja, wenn ich DEIN NAME dich von ganzem Herzen suche, wirst du dich von mir finden lassen.

Vielleicht hat Gott heute eine wertvolle Wegweisung für dich vorbereitet, darum verpasse seine segensreiche Begegnung nicht. Gott ist jederzeit bereit, sich mit dir zu treffen. Aber er ist ein Gentleman, er drängt sich dir nicht auf. Du kannst dich freiwillig entscheiden, ob du Gott heute suchen möchtest. Wenn du dies tust, dann verspricht er dir, sich von dir finden zu lassen. Du kannst mit ihm Gemeinschaft haben, und er wird sich dir zeigen.

Darum ermutige ich dich heute, deinen Gott mit deinem ganzen Herzen zu suchen. Zeige deinem Gott jeden Lebensbereich, alle deine Gefühle, deine Sorgen und auch deine Pläne. Er wird dir dabei verständnisvoll zuhören, dich mit seinen Gedanken beraten und dir seine Hilfe anbieten. Sprich erneut das Bibelwort aus und höre genau hin, was Gott dir heute zu sagen hat.

28. März

Für mich ist nichts unmöglich!

1. Mose 18,14

Sprich diese Wahrheit über dein Leben aus:

Diese Zusage gilt auch für mich DEIN NAME: *Für Gott ist nichts unmöglich!*

Da wo du nicht mehr weiter weißt, hat Gott eine brillante Lösung für dich bereit! Was für eine enorm ermutigende und befreiende Aussage! Gott hat die Möglichkeit, jede Situation zu verändern. Selbst wenn menschlich gesehen alles verloren scheint und nichts mehr daran geändert werden kann, hat Gott eben doch die Möglichkeit, etwas unerwartet Größeres zu tun. Auch wenn dir eine leise Stimme ins Ohr flüstert: »Vergiss es!«, kann Gott doch alles zum Positiven wenden. Gott selbst hat das letzte Wort und er kann jede unserer Vorstellungen von Veränderung noch weit übertreffen. Seine Macht und Kraft sind dermaßen mächtig, dass Wunder geschehen können.

Darum halte dich heute an Gott fest. Lass dich in seine Arme fallen und vertraue, dass er deine Lebenssituation so führen wird, wie es für dich gut ist. Gott ist mit dir!

29. März

*Ich gehöre meinem Liebsten [Jesus], und
sein Herz sehnt sich nach mir.*
Hohelied 7,11

Sprich diese Sehnsucht Jesu heute in dein Leben hinein:

*Ich DEIN NAME gehöre meinem liebsten Jesus, und sein
Herz sehnt sich nach mir DEIN NAME.*

**Gott schenkt dir nicht nur eine kleine Aufmerksamkeit,
sondern liebevolle Freundschaft in seinem tiefsten Herzen!** Fragst du dich manchmal, ob Gott überhaupt an
dich denkt? Heute darfst du wissen: Jesus sehnt sich
nach dir, weil er enorm gerne mit dir zusammen ist.
Sein Herz hat tiefste Sehnsucht nach deinem Herzen.
Gott schenkt dir nicht nur einen kurzen mitleidigen
Blick. Denn Gott ist ein Gott der Herzen und er ist bereit, dir sein Innerstes zu schenken.

Dazu musst du nicht zuerst eine Leistung erbringen
oder einen gewissen geistlichen Level erreicht haben. Jesus sehnt sich einfach nach einem Zusammensein mit
dir, von Herz zu Herz. Darum ermutige ich dich heute,
dein Herz weit aufzumachen und deinem Jesus zu begegnen. Nimm dir heute etwas mehr Zeit für ihn und
lass dich an seinem Herzen verwöhnen. Seine Nähe
wird dir Ruhe und Frieden schenken.

30. März

Gott selbst hat unser und euer Leben
auf ein festes Fundament gestellt, auf
Christus, und uns mit seinem Geist erfüllt.

2. Korinther 1,21

Sprich diese Zusage heute in dein Leben hinein:

Gott selbst hat mich DEIN NAME *und mein Leben auf ein*
festes Fundament gestellt, auf Christus, und mich DEIN
NAME *mit seinem Geist erfüllt.*

Wenn du an Jesus glaubst, dann hast du einen festen Boden unter deinen Füßen, den niemand zerstören kann!

Fühlst du dich manchmal unsicher? Gott selbst will dir
Sicherheit geben. Selbst wenn dein Lebensweg vielleicht
durch ein sumpfiges Gebiet verläuft, lässt dein Vater
dich niemals in diesem Sumpf versinken. Wie eine Brücke wird Jesus dir den Weg durch das gefährliche Gebiet
weisen. Ebenso hat Gott dich mit seinem Geist erfüllt.
Der Heilige Geist ist in dir drin und will dir den Weg
zeigen und dich immer wieder beruhigen.

Ich ermutige dich heute, eine neue Dimension des
Heiligen Geistes zu entdecken, denn er lebt in dir. Lass
dich von Gottes Ruhe stärken. Ich bin überzeugt, dass
Gott dich dabei mit tiefem Frieden beschenken wird,
und du kannst dich sicher und geborgen fühlen.

31. März

Ich will dich segnen und ich will deinen Namen groß machen und du sollst ein Segen sein! 1. Mose 12,2

Sprich diese Zusage heute in dein Leben hinein:

Ich will dich DEIN NAME segnen und ich will deinen Namen groß machen und du DEIN NAME sollst ein Segen sein!

Gott segnet uns Menschen nicht, damit wir selbst es uns gut gehen lassen können, sondern um andere Menschen reich zu machen. Sehnst du dich auch manchmal nach einem erfüllten und gesegneten Leben? Genauso wie dieses Wort damals für Abraham Bedeutung hatte, so darf es auch heute in deinem Leben Kraft haben. Gott will dich segnen, darum empfange jetzt, in diesem Moment, Gottes übernatürliche Kraft für dein Leben. Auch deinen Namen will Gott groß machen, indem er deine Talente freisetzt. So hast du die Chance, in dieser Welt gehört zu werden und Gutes zu bewirken. Gott möchte, dass du eine Persönlichkeit mit einem kraft- und liebevollen Einfluss auf die Gesellschaft wirst.

Darum ermutige ich dich heute, diesen Segen an deine Mitmenschen weiterzugeben. Tue Gutes, indem du deine Mitmenschen mit Worten ermutigst, sie mit einem Geschenk überraschst oder ihnen deine praktische Hilfe anbietest.

April

Total blockiert

Vor dem Theologiestudium war mein großes Ziel, später einmal Kinderkassetten mit biblischen Geschichten zu produzieren. Ich stellte mir vor, eines Tages in irgendeinem Keller als Sprecherin eine Geschichte nach der anderen aufzunehmen. Doch wenn ich damals ehrlich gewesen wäre, dann hätte ich alle diese Geschichten liebend gerne vor vielen Menschen erzählt und mich dazu nicht in einem Keller versteckt.

Allerdings gab es hier ein Problem: Ich wurde von Menschenfurcht gequält. Eine Bühne zu betreten war für mich eine enorme Herausforderung, schon der Gedanke daran war schrecklich. Wann immer ich vor Menschen sprechen musste, bekam ich einen hochroten Kopf, und dies war mir enorm peinlich. Nachdem ich am Theologischen Seminar meine erste Andacht vorgetragen hatte, sagte eine Mitstudentin zu mir: »Wenn ich so rot werden würde wie du, würde ich nie mehr vor Menschen sprechen!«

Hätte ich damals auf diese Stimme gehört, würde ich heute nicht vor Menschen sprechen. Einige Jahre nach diesem Erlebnis hatte ich eines Nachts einen Traum. Dabei sah ich, wie eine giftige Pflanze aus meinem Mund wuchs. Die Wurzeln dieser hässlichen Pflanze klammerten sich in meinem Magen fest. Doch dann kam jemand an mein Bett und riss diese giftige Pflanze aus meinem Hals heraus. Ich spürte dabei reale, intensive Schmerzen, die noch drei Tage lang anhielten. Im Traum sah ich, wie danach neue, weiße und wunderschöne Blumen aus meinem Mund wuchsen. Gott hat mich durch seine Kraft befreit und heute liebe ich es, wenn ich vor Menschen sprechen darf.

Gott ist immer daran interessiert, eventuell vorhandene Blockaden aus deinem Leben zu entfernen. Er ist ein Gott, der dich und deine Talente freisetzen und zur vollen Entfaltung bringen möchte.

1. April

Ihr Nachkommen seines Dieners Israel, ihr Kinder und Enkel Jakobs, die er auserwählt hat, erinnert euch an seine Wunder! Denkt immer wieder an seine mächtigen Taten und an die Urteile, die er gesprochen hat! 1. Chronik 16,12–13

Sprich diese Aufforderung heute in dein Leben hinein:

Ich DEIN NAME, die/den er auserwählt hat, erinnere mich an seine Wunder! Ich denke immer wieder an seine mächtigen Taten und an die Urteile, die er gesprochen hat.

Wer sich immer wieder an Gottes mächtige Kraft erinnert, bekommt ein dankbares Herz. Seit Jahrtausenden hat Gott auf dieser Welt immer wieder seine Macht gezeigt. Er schuf die Welt, teilte das Meer, brachte seinen Sohn durch eine Jungfrau auf die Welt, weckte den Lazarus auf und vieles mehr. Auch in deinem Leben hat Gott sich mit seinem kraftvollen Handeln sichtbar werden lassen. Er schuf dich auf wunderbare Weise und begleitet dich jede Sekunde, er stellte Engel auf deinen Lebensweg, er heilte dich oder tröstete dich. Hättest du darüber ein Buch geschrieben, wäre es ganz schön dick und wunderschön! Heute hast du die Gelegenheit, dich daran zu erinnern, dafür zu danken und durch diese Erinnerung enorm gekräftigt zu werden. Denke heute speziell daran, wie überaus mächtig und stark dein Gott ist.

2. April

Lass die Reden meines Mundes und das Sinnen meines Herzens wohlgefällig vor dir sein. Herr, mein Fels und mein Erlöser.

Psalm 19,15 (ELB)

Sprich diese Bitte heute in dein Leben hinein:

Lass die Reden meines DEIN NAME Mundes und das Sinnen meines Herzens wohlgefällig vor dir sein. Herr, mein Fels und mein DEIN NAME Erlöser.

Negatives Reden macht dich krank und einsam, aber Worte der Ermutigung zeichnen dich als wertvollen Segensträger aus. Erinnere dich an all deine Worte, die du in den letzten Tagen ausgesprochen hast. Oder denke an alle Gedanken, die du für dich alleine in deinem Gehirn bewegt hast. Waren diese Reden und Gedankengänge ein Wohlgeruch für deinen Gott? Negative Gedanken können dich plötzlich überfallen und sich in deinem Leben breit machen. Aber dabei ist entscheidend, was du mit solchen Gedanken machst. Höre auf, negativen Gedanken oder negativen Worten Raum zu geben, denn dies gefällt Gott nicht und es wird dir persönlich schaden.

Ich ermutige dich, dich von negativen Gedanken und üblem Reden abzuwenden und dann nochmals an den Start zu gehen. Du hast die Möglichkeit, jeden Tag großartigen Segen und überreichliche Freude auszusprechen. Leg los!

3. April

Denn in ihm wird unser Herz sich freuen, weil wir seinem heiligen Namen vertrauen. Psalm 33,21 (ELB)

Sprich diese Zusage heute in dein Leben hinein:

Denn in ihm wird mein DEIN NAME Herz sich freuen, weil ich DEIN NAME seinem Namen vertraue.

Menschliche Freude kannst du schnell verlieren, doch Menschen, die in Gott verwurzelt sind, finden immer wieder zur Freude! Vielleicht hast du in den letzten Wochen deine Freude verloren, weil sie dir gestohlen wurde. Du fühlst dich immer wieder energielos und manchmal auch tieftraurig. Du darfst wissen, dass Gott den Geist der Freude in dich hineingelegt hat und dass diese Kraft in deinem Inneren zur Entfaltung kommen darf. Selbst in schwierigen Lebenslagen kann Gottes Freude sichtbar werden und dich enorm stärken. Voraussetzung dafür ist dein Vertrauen auf Gott.

Du musst nicht zwanghaft versuchen, Freude zu produzieren. Aber erlaube anderen Menschen auch nicht länger, dir die Freude zu rauben, sondern lasse dich heute zusammen mit deiner Traurigkeit, deiner Schwere und deiner Energielosigkeit in Gottes Arme fallen. Ich bin überzeugt, dass Gott dich mit seiner beschwingten und unbeschreiblich beglückenden Freude auftanken wird. Sprich diesen Vers erneut in dein Leben hinein.

4. April

*Die Augen des Herrn sind gerichtet auf
die Gerechten und seine Ohren auf ihr
Schreien. Psalm 34,16*

Sprich diese Zusage heute in dein Leben hinein:

Die Augen des Herrn sind auf mich DEIN NAME *als Ge-
rechte[n] gerichtet und seine Ohren auf mein Schreien.*

**Gott entgeht keine deiner Bewegungen, weil er dich stän-
dig liebevoll im Blick hat.** Fragst du dich manchmal, ob
Gott dich überhaupt sehen kann? Du darfst heute wissen, dass Gottes Augen jede Sekunde auf dich gerichtet sind. Menschen, die an Jesus glauben, sind gerecht
gesprochen und um diese Kinder Gottes kümmert sich
der allmächtige Vater in besonderer Art und Weise.

Er sieht, wo du gerade sitzt und was jetzt tief in deinem Herz los ist. Er sieht all die schönen Momente in
deinem Leben und Gott freut sich, wenn er dir zuschau-
en kann, wie du diese Dinge genießt. Ebenso sind ihm
alle schwierigen Situationen bekannt. Gottes Augen
bleiben darauf ausgerichtet. Er hört dein Seufzen, dein
Schreien und auch deine inneren Hilferufe, die vielleicht noch niemand kennt. Gott entgeht nichts und sein
Herz fühlt mit dir mit, weil seine volle Aufmerksamkeit
dir gehört.

5. April

Jesus antwortete: Ich bin der Weg, ich bin die Wahrheit, und ich bin das Leben! Ohne mich kann niemand zum Vater kommen. Johannes 14,6

Sprich diese Wahrheit heute in dein Leben hinein:

Jesus sagt mir DEIN NAME*: Ich [Jesus] bin der Weg, ich [Jesus] bin die Wahrheit, und ich [Jesus] bin das Leben! Ohne mich kann niemand, auch du* DEIN NAME *nicht, zum Vater [Gott] kommen.*

Jeder Mensch hat die Möglichkeit, an der wunderschönen und perfekten Ewigkeit im Himmel teilzuhaben. Kennst du den Weg zum Herzen Gottes? Dir steht ewige Freundschaft mit Gott zur Verfügung, und das nicht nur heute, sondern für alle Ewigkeit. Jesus starb am Kreuz, um deine Fehler zu bereinigen. Dadurch wurde der Weg zu deinem Vater im Himmel freigemacht und du darfst in einer persönlichen Beziehung zu Gott leben. Wer diese Wahrheit für sich persönlich annimmt, der wird zum Himmelsbürger des allmächtigen Gottes. Ich ermutige dich heute, für Jesus dankbar zu sein. Ohne ihn könntest du nicht zu Gott kommen. Darum genieße heute bewusst die Zeit der Freundschaft mit Gott. Falls du Gott noch nicht persönlich kennst, lass dir heute durch die Kraft Jesu diese Beziehung zu Gott eröffnen. Gott wartet auf dich, um dich in das Buch des Lebens einzutragen.

6. April

Ich will den Herrn loben und nie ver-
gessen, wie viel Gutes er mir getan hat.
Psalm 103,2

Sprich diese Aufforderung heute in dein Leben hinein:

Ich DEIN NAME *will den Herrn loben und nie vergessen,*
wie viel Gutes er mir getan hat.

Je mehr du dich dankbar an das Positive erinnerst, desto glücklicher wird dein Herz werden. Stehst du manchmal auch in der Gefahr, dich nur an das Negative zu erinnern? Dabei kreisen deine Gedanken immer wieder um das Gleiche und wollen dich damit in die Tiefe ziehen. Ich möchte dich heute ermutigen, deinen Blick auf das Positive zu richten. Denn die Zeiten, in denen du negative Gedanken vertiefst, bringen dir gar nichts. Im Gegenteil, sie machen dich noch energieloser.

Deswegen erinnere dich daran, was Gott dir alles geschenkt hat und was er schon Wertvolles für dich getan hat. Schreibe heute einen Dankesbrief an Gott oder lege eine CD ein und bete Gott mit Musik für seine Liebe an. Vielleicht schreibst du sogar ein Lied für Jesus, um deine Dankbarkeit durch deine Talente auszudrücken. Liebe dein Leben heute, weil Gott dich täglich mit viel Gutem beschenkt.

*Ich preise den Herrn, denn er hat meine
Bitten nicht verachtet und mir seine
Liebe nicht entzogen. Psalm 66,20*

Sprich diese Zusage heute in dein Leben hinein:

*Ich DEIN NAME preise den Herrn, denn er hat meine Bit-
ten nicht verachtet und mir DEIN NAME seine Liebe nicht
entzogen.*

**Mit Gott kannst du über alles reden, denn er ist weder
kompliziert noch launisch.** Kennst du Menschen in deinem Umfeld, die dir nur nach Lust und Laune zuhören
oder die dich verachten, weil du Fehler gemacht hast?
Gott ist anders. Du kannst ihn um alles bitten und er
wird sich deines Anliegens annehmen.

Auch wenn du schon grobe Fehler gemacht hast, Gott
gibt dir eine zweite Chance. Er wird dich nicht verachten und auch nicht mit dem Finger auf dich zeigen, denn
seine Liebe geht niemals aus. Er ist immer wieder bereit,
von vorne anzufangen und es gibt keine Bitte, die ihn
irgendwie überfordern würde. Selbstverständlich ent-
scheidet er, zu welchem Zeitpunkt er deine Bitte erfüllen wird. Aber er wird sich auf jeden Fall liebevoll und
erfolgreich darum kümmern. Darum ermutige ich dich
heute, Gott die Ehre zu geben und ihn groß zu machen.

8. April

Passt euch nicht dieser Welt an, sondern ändert euch, indem ihr euch von Gott völlig neu ausrichten lasst. Nur dann könnt ihr beurteilen, was Gottes Wille ist, was gut und vollkommen ist und was ihm gefällt. Römer 12,2

Sprich diese Aufforderung heute in dein Leben hinein:

Ich DEIN NAME passe mich nicht dieser Welt an, sondern ändere mich, indem ich mich von Gott völlig neu ausrichten lasse. Nur dann kann ich DEIN NAME beurteilen, was Gottes Wille ist, was gut und vollkommen ist und was ihm gefällt.

Wer seinen Blick auf Gott ausrichtet, wird die genialsten Erkenntnisse haben! Möchtest du auch wissen, welchen Weg Gott für deine Zukunft vorbereitet hat? Oder möchtest du deine Entscheidungen nach dem Herzen Gottes treffen? Gott möchte dir täglich Anweisung für ein gesegnetes Leben geben. Darum ermutige ich dich, täglich den Blickkontakt mit Gott zu suchen. Fokussiere dich auf seine Liebe. Lass dich von Gott erneuern, indem du sein Wort studierst und auf ihn hörst. Es ist so einfach, sich von den Meinungen der Menschenmassen treiben zu lassen. Gott hat aber etwas Besseres für dich vorbereitet. Er ist bereit, dir seinen Willen für dein Leben aufzuzeigen und dich auf seinem genialen Weg zu führen.

9. April

All euer Tun – euer Reden wie euer Handeln – soll zeigen, dass Jesus euer Herr ist. Weil ihr mit ihm verbunden seid, könnt ihr Gott, dem Vater, für alles danken.

Kolosser 3,17

Sprich diese Aufforderung heute über deinem Leben aus:

All mein DEIN NAME *Tun – mein Reden wie mein Handeln – soll zeigen, dass Jesus mein Herr ist. Weil ich* DEIN NAME *mit ihm verbunden bin, kann ich Gott, dem Vater, für alles danken.*

Gott selbst will durch dein Reden und Handeln ein erfrischendes und positives Zeichen auf dieser Erde setzen! Gott hat dich geschaffen, um auf dieser Erde in Bewegung zu sein und Worte der Ermutigung zu verbreiten. Er sehnt sich nach Christen, durch die er wirken kann. Wie oft wurden aktive Christen schon als unter Leistungszwang stehend abgestempelt und so die Ausbreitung des Reiches Gottes gehindert? Gott ist jede Sekunde aktiv und wirkt Gutes. Ich ermutige dich heute, mit all deinem Tun und mit deinen Worten Gott groß zu machen. Vielleicht kannst du dazu heute deine Nachbarn mit einer Einladung überraschen, für deine Familie beten oder für deine Eltern den Einkauf erledigen. Bleibe dabei in intensiver Verbindung mit Gott und sei dankbar für all das, was Gott dir geschenkt hat.

10. April

Aber du, Herr, nimmst mich in Schutz.
Du stellst meine Ehre wieder her und
verhilfst mir zu meinem Recht. Psalm 3,4

Sprich diese Zusage heute über deinem Leben aus:

Aber du, Herr, nimmst mich DEIN NAME in Schutz.
Du stellst meine Ehre wieder her und verhilfst mir
DEIN NAME zu meinem Recht.

Wer an Gott glaubt, hat das Privileg, in Gottes sicherer Schutzzone zu leben. Es gibt Momente, in denen wir anderen Menschen scheinbar schutzlos ausgeliefert sind und unser Name verächtlich gemacht wird. Doch Gott hat seine eigene Schutzzone, in die er dich hineinnehmen möchte. Selbst wenn nach außen hin alles verloren erscheint, hat Gott nochmals völlig neue Möglichkeiten, dir zu deinem Recht zu verhelfen. Er holt dich dort ab, wo du gerade stehst, und bringt dich in seinen sicheren Schutzraum. Darin darfst du verweilen, darfst du selbst sein, weinen, Erholung finden und Gottes Liebe besonders nah erleben.

Darum ermutige ich dich: Lass dich von Gott entführen, denn bei ihm findest du alles, was du benötigst. Auch wenn es dich enorm viel Geduld kostet, wird sich dieser Weg letztendlich doch als kostbar erweisen. Bleibe dran!

11. April

Glücklich ist, wer Freude hat [an den Weisungen] des Herrn und darüber nachdenkt – Tag und Nacht. Psalm 1,2

Sprich diese Zusage heute in dein Leben hinein:

Ich DEIN NAME bin glücklich, weil ich DEIN NAME über Gottes Reden nachdenke – Tag und Nacht.

Gott hat einen Plan für dich und nach seinem Plan wird er dich glücklich machen. Gott weiß, wie schnell die Freude aus unserem Leben verschwinden kann. Darum schuf er eine Möglichkeit für dich, damit du dich täglich mit seiner Freude füllen lassen kannst. Du hast die Möglichkeit, jeden Tag Gottes Wort zu lesen, darüber nachzusinnen und es in deinem persönlichen Alltag kraftvoll einzusetzen. Diese Freude ist für dich täglich verfügbar.

Darum ermutige ich dich, jeden Tag dein Leben zu lieben und dazu Gottes Wort in seiner vollen, reichen Kraft in deine Situation hineinfließen zu lassen. Denke im Alltag immer wieder über das Gelesene nach und lass dich von diesen unübertrefflichen und kostbaren Wahrheiten leiten und bestimmen. Ich bin überzeugt, dass dies positive und außergewöhnliche Auswirkungen auf dein Leben haben wird.

12. April

Der Herr sorgt für alle, die nach seinem Wort leben. Doch wer sich ihm trotzig verschließt, der läuft in sein Verderben.

Psalm 1,6

Sprich diese Wahrheit heute in dein Leben hinein:

Der Herr sorgt für mich, wenn ich DEIN NAME *nach seinem Wort lebe. Doch wenn ich* DEIN NAME *ohne ihn leben möchte, dann laufe ich* DEIN NAME *ins Verderben.*

Gott möchte dich jeden Tag mit seinem Segen und mit den besten Anweisungen für dein Leben versorgen. Er bietet dir für dein alltägliches Leben seine Hilfe, seine Fürsorge und seine Unterstützung an. Öffne dein Herz für Gottes Anweisungen und lass sein Wort in dir Fleisch werden, indem du es glaubst und es tust. Gottes Anweisungen sind für dich vielleicht manchmal herausfordernd, aber der Heilige Geist wird sie in deinem Leben in Kraft setzen, wenn du es zulässt.

Aus diesem Grund ermutige ich dich heute, dein Herz für seine Weisungen zu öffnen. Halte dich an seine Weisungen; lasse es zu, dass der Heilige Geist in dir sowohl das Wollen als auch das Vollbringen bewirkt. Lerne von Jesus, beschäftige dich damit, wie er damals gelebt hat. Bleibe in der Gemeinschaft mit Gott und rede mit ihm über alles, was dich gerade beschäftigt. Höre niemals auf, dich täglich für Gottes Wort zu öffnen. Gott ist mit dir!

13. April

Dann sagte er zu ihnen: »Geht hinaus in die ganze Welt und verkündet allen Menschen die rettende Botschaft.«
Markus 16,15

Sprich diese Aufforderung heute in dein Leben hinein:

Jesus sagt heute zu mir DEIN NAME: *Geh hinaus in die ganze Welt und verkünde allen Menschen die rettende Botschaft.*

Du gehörst zum Bodenpersonal des allmächtigen Gottes und hast das Privileg, die rettende Botschaft von Jesus auf dieser Erde zu erzählen. Sehnst du dich auch nach Erweckung? Natürlich spricht Gott auch durch seine wunderschöne Schöpfung oder er spricht manchmal direkt in die Herzen der Menschen. Jedoch will Gott hauptsächlich durch dich und alle anderen Christen auf dieser Welt seine Liebe austeilen.

Darum ermutige ich dich heute, die gewohnten, ausgetretenen Wege zu verlassen. Bringe Gottes Liebe durch deine liebevollen Taten und deine ermutigenden Worte an deinen Arbeitsplatz, in deine Nachbarschaft und zu deinen Freunden. Tue Gutes oder lade deine Mitmenschen in deine Gemeinde ein. Denke dabei immer daran, dass du die rettende Botschaft und die allerwichtigste Nachricht zu bieten hast. Ich bin überzeugt, dass Gott deine mutigen Schritte mit seinem Segen honoriert.

14. April

Doch alle, die dir vertrauen, werden sich freuen und dich loben, denn bei dir sind sie geborgen. Wer dich liebt, wird jubeln vor Freude. Psalm 5,12

Sprich dieses Bekenntnis heute aus:

Ich DEIN NAME, vertraue dir und freue mich.
Ich DEIN NAME lobe dich, denn ich bin bei dir geborgen.
Ich DEIN NAME liebe dich, darum jubel ich vor Freude.

Je mehr du das sichere Versteck bei Gott entdeckst, desto stärker und nachhaltiger wird sich die Freude in deinem Herzen ausbreiten! Du hast die Möglichkeit, glücklich und fröhlich zu sein. Es ist so einfach, happy zu sein, wenn du gerade frisch verliebt bist oder eine Million Euro gewonnen hast. Aber Gott möchte dir in jeder Lebenssituation erfüllende Freude schenken. Auch dann, wenn Menschen dich geärgert haben oder wenn die Umstände dir über den Kopf zu wachsen drohen. Gott will dich wieder herausholen. Vertraue ihm! Darum ermutige ich dich heute, in jeder Lebenslage an Gott festzuhalten. Auch wenn Dinge geschehen sind, die du nicht verstehen kannst. Gott hat einen sicheren und geschützten Platz für dich vorbereitet. Und genau an diesem Ort sind Freude und Friede wieder möglich. Lass dir heute von Gott deine Freude wiedergeben und genieße das Glück bei ihm.

15. April

Wenn es mich reizt, Böses zu tun, dann bewahre mich und hilf mir, dass ich mich von den Übeltätern nicht mitreißen lasse.

Psalm 141,4

Sprich diese Bitte heute in dein Leben hinein:

Wenn es mich DEIN NAME reizt, Böses zu tun, dann bewahre mich DEIN NAME, und hilf mir DEIN NAME, dass ich mich von den Übeltätern nicht mitreißen lasse.

Gott will dir täglich ein Stückchen Weiterentwicklung schenken, damit du auf dieser Welt das Gute tun kannst. Bist du manchmal versucht, etwas zu tun, das dir und deinen Mitmenschen gar nicht gut tut? Wie schnell sind wir in Gefahr, negativ über Freunde zu reden, andere Menschen fertig zu machen, die Kinder anzuschreien oder im Berufsleben Entscheidungen auf Kosten anderer zu treffen. Jesus selbst tat auf dieser Erde ausnahmslos das Gute. Es ist Gottes Absicht, dass auch du einen liebevollen Umgang mit deinen Mitmenschen pflegen kannst, sei es in deiner Familie, an deinem Arbeitsplatz oder in deiner Nachbarschaft. Darum will Gott dich davor bewahren, Böses zu tun. Entscheide dich heute bewusst dazu, dich nicht von anderen Menschen zum Negativen beeinflussen zu lassen, sondern erinnere dich an den Lebensstil Jesu. Gott will dich heute für das Gute zurüsten. Darum sprich erneut den obigen Vers in dein Leben hinein.

16. April

Du bist Gott im Himmel, du bist Herr über alle Könige der Erde. In deiner Hand sind Macht und Stärke. Niemand kann gegen dich bestehen! 2. Chronik 20,6

Sprich diese Wahrheit heute in dein Leben hinein:

Du bist mein DEIN NAME *Gott im Himmel, du bist Herr über alle Könige der Erde. In deiner Hand sind Macht und Stärke. Niemand kann gegen dich bestehen!*

Es gibt auf dieser Erde keine höhere Macht als den dreieinigen Gott. Niemand hat größere Kraft oder Stärke als dein Vater im Himmel. Vielleicht fühlst du dich gegenüber gewissen Menschen oder Situationen manchmal klein und machtlos. Erkenne heute neu die unendlich große Kraft Gottes. Kein König ist mächtiger als dein persönlicher Gott. Er hat die allumfassende Macht in seiner Hand.

Darum ermutige ich dich, heute in enger Zusammenarbeit mit diesem mächtigsten König aller Könige deinen Tag zu meistern. Gott ist heute deine Kraft, um deine Ängste zu besiegen und richtige Entscheidungen zu treffen. Selbst deine Gegner müssen vor der Kraft Gottes weichen. Sprich erneut den obigen Vers in deine Lebenssituation hinein.

Bald wird das Ende dieser Welt kommen.
Deshalb seid wachsam und nüchtern,
werdet nicht müde zu beten.

1. Petrus 4,7

Sprich diese Aufforderung heute in dein Leben hinein:

Bald wird das Ende dieser Welt kommen. Deshalb
will ich DEIN NAME *wachsam und nüchtern sein. Ebenso*
will ich DEIN NAME *nicht müde werden zu beten.*

**Am Ende eines jeden Menschenlebens zählt nur noch ei-
nes: die Beziehung zu Gott.** Was wäre, wenn Jesus jetzt
auf diese Welt zurückkommen würde? Alles, was in der
Bibel aufgeschrieben wurde, ist Wahrheit. Jesus wird
wieder auf diese Erde zurückkommen. Gott allein kennt
den genauen Zeitpunkt. Jesus sagt, das sei das ewige Leben, dass wir den Vater und den Sohn kennen (Johannes
17,3). Darum halte an Gott fest, bleib dran. Du kannst
dich auf dieser Erde beschäftigen, womit du willst, vielleicht vor allem mit Reichtum, Ausbildung, Sport oder
Urlaub. Aber am Ende bleiben nur noch Gott und du.
Das Ausschlaggebende ist deine Gemeinschaft mit ihm.

Aus diesem Grund ermutige ich dich heute, nah am
Vaterherz Gottes zu bleiben. Räume mit ihm gemeinsam dein Leben auf und ordne deine Beziehungen. Ergreife heute die Chance und tue, was Gott dir schon lange aufs Herz gelegt hat.

18. April

*Der Herr sprach zu Jeremia: Siehe, ich
lege meine Worte in deinen Mund.*

Jeremia 1,9

Sprich diese Zusage heute in dein Leben hinein:

*Der Herr spricht zu mir: Siehe, ich lege meine Worte
in deinen* DEIN NAME *Mund.*

**Gott selbst möchte dir helfen und dir zeigen, wie und wo
du etwas sagen darfst – und was.** Dein Vater im Himmel
ist daran interessiert, dich zu coachen, auch was dein
Reden betrifft. Mit deinen Worten kannst du Menschen
verletzen oder aber ermutigen. Vielleicht musst du heute
ein schwieriges Gespräch führen, oder du ertappst dich
dabei, dass aus deinem Mund negative Worte kommen,
obwohl du das eigentlich gar nicht möchtest.

Ich ermutige dich heute, deine Gedanken und deinen
Mund unter den Schutz Gottes zu stellen und dein Reden zu segnen. Lass Gott dir die Worte in deinen Mund
legen und lasse dich vom Heiligen Geist leiten, in welchen Momenten es besser ist zu schweigen. Entscheide
dich, heute positiv zu reden und lass dich nicht von negativen Gedanken abhalten, die Wahrheit zu verbreiten.
Gott ist mit dir!

Ich habe dich schon gekannt, ehe ich dich im Mutterleib bildete, und ehe du geboren wurdest, habe ich dich erwählt.

Jeremia 1,5

Sprich diese Zusage über deinem Leben aus:

Ich habe dich DEIN NAME *schon gekannt, ehe ich dich im Mutterleib bildete und ehe du geboren wurdest, habe ich dich* DEIN NAME *erwählt.*

Gottes majestätische Größe übertrifft alle deine Vorstellungen von Kennen und Wissen. Fragst du dich manchmal, ob Gott dich überhaupt kennt? Bereits vor deiner Zeugung wusste Gott, dass du heute in diesem Buch lesen wirst und auch, welche Kleider du gerade trägst. Gott ist nicht ein schwächlicher, alter Mann mit Bart, sondern er kennt dich schon immer und ist mit seiner alles übergreifenden Gegenwart bei dir.

Du bist von Gott erwählt und hast auf dieser Welt einen exakt auf dich zugeschnittenen Auftrag auszuführen. Gott hat einen Plan speziell für dich. Gott hat dich ausgewählt, egal aus welcher Familie du kommst – und es spielt auch keine Rolle, was in deinem Leben schon alles passiert ist. Gott kennt dich und will mit dir zusammen die Welt zum Guten verändern. Darum ermutige ich dich, dich von Gott gebrauchen zu lassen und dieser Welt das zu schenken, was Gott durch dich tun will!

20. April

Glücklich sind die Trauernden,
denn sie werden Trost finden.
Matthäus 5,4

Sprich diese Zusage heute über dein Leben aus:

Glücklich bin ich DEIN NAME in traurigen Zeiten, denn
ich DEIN NAME werde bei dir, Gott, Trost finden.

Wenn du gerade Traurigkeit erlebst, möchte dich Gott voller Mitleid in seine Arme nehmen. Gott verspricht dir Trost! Was auch immer dich momentan traurig macht, Gott hält großzügig ein wohltuendes »Balsam«-Taschentuch für dich bereit. Das ist nicht einfach nur ein billiges Trostpflaster oder eine leere Vertröstung. Gott selbst wird dich echten, tief gehenden Trost finden lassen. Wie eine Mutter ihr Kind, so will Gott dich heute trösten.

Ich ermutige dich, heute an deinen lieben Vater im Himmel einen Brief zu schreiben, einen Brief mit all deinem Kummer und Leid. Notiere alle deine belastenden Gefühle und auch alle deine schweren Gedanken. Gott hat volles Verständnis für deine Traurigkeit. Bitte Gott, dich jetzt zu trösten und in seine Arme zu schließen. Ihm liegt alles daran, deine Tränen liebevoll abzuwischen und auf übernatürliche Weise deine Trauer in Freude zu verwandeln.

21. April

*Der Herr wird nicht zulassen, dass du
fällst; er, der Beschützer Israels, schläft
und schlummert nicht. Psalm 121,4*

Sprich diese Zusage heute in dein Leben hinein:

*Der Herr wird nicht zulassen, dass ich DEIN NAME falle;
er, mein Beschützer, schläft und schlummert nicht.*

**Selbst wenn du mitten im Sturm stehst, kannst du doch
nie tiefer als in Gottes Hand fallen.** Vielleicht fragst du
dich momentan, wo Gott denn ist und warum er nicht
endlich einmal eingreift? Ich kann verstehen, wenn solche Fragen dir den Lebensatem nehmen, das Leben rauben wollen. Gott bleibt immer derselbe und nichts kann
ihn aus der Ruhe bringen.

Darum ermutige ich dich heute, dein ganzes Vertrauen auf Gott zu setzen. Dein Vater im Himmel ist
hellwach und hat alles, was auf dieser Erde geschieht,
vollständig unter Kontrolle. Selbst wenn du grobe Fehler gemacht hast oder wenn um dich herum die Welt
unterzugehen droht, wirst du doch niemals wirklich
untergehen. Glaube an den Schutz Gottes über dir und
lasse niemals zu, dass die Umstände deines Lebens dich
beherrschen.

22. April

Nur bei Gott komme ich zur Ruhe;
er allein gibt mir Hoffnung.
Psalm 62,6

Sprich diese Zusage heute in dein Leben hinein:

Nur bei Gott komme ich DEIN NAME *zur Ruhe; er allein*
gibt mir DEIN NAME *Hoffnung.*

Bei Gott findest du jeden Tag Ruhe und Hoffnung! Gibt es
Dinge, die dich heute unruhig machen oder Situationen,
die dir sogar hoffnungslos erscheinen? Wenn Unruhe
dein Leben bestimmt, dann wirkt sich dies sehr negativ auf deine Beziehungen und auf dein Wohlbefinden
aus. Dies kann sich durch Unsicherheit, Müdigkeit oder
Nervosität zeigen. Gott möchte deine Unruhe in Aus-
geglichenheit verwandeln.

Darum ermutige ich dich heute, deine Unruhe bei
Gott abzugeben und dich mit göttlicher Ruhe und Kraft
auffüllen zu lassen. Bei Gott wirst du niemals als hoff-
nungsloser Fall abgestempelt. Ständig kannst du bei
Gott Hoffnung finden. Er ist bereit, dich mit einer tiefen
Ruhe und Sicherheit zu versorgen. Sprich den oben an-
geführten Vers erneut in deine Lebenssituation hinein.
Gott segne dich!

23. April

Seht doch, wie groß die Liebe ist, die der Vater uns schenkt! Denn wir dürfen uns nicht nur seine Kinder nennen, sondern wir sind es wirklich. 1. Johannes 3,1

Sprich diese Zusage heute in dein Leben hinein:

Siehe, wie groß die Liebe ist, die der Vater dir DEIN NAME *schenkt! Denn du darfst dich nicht nur sein Kind nennen, sondern du* DEIN NAME *bist es wirklich.*

Du bist ein geliebtes Kind Gottes und hast somit für alle Ewigkeit Anteil an seinem Erbe. Voraussetzung dafür ist, dass du die Liebe Gottes in dein Herz lässt. Danach bist du für ewig in seinem Familienstammbuch eingetragen und niemand kann dich aus dieser Chronik auslöschen. Kann es sein, dass du manchmal total vergisst, wie unendlich großzügig Gott dich liebt? Manchmal erscheinen uns Dinge auf dieser Erde enorm wichtig oder wir fühlen uns ungeliebt und wertlos. Doch dein Vater im Himmel sandte seinen geliebten Sohn Jesus für dich auf diese Erde. Jesus starb am Kreuz und hat dich damit vollständig errettet.

Denke heute in besonderem Maß an diese väterliche Liebe und lass diese Heilsgewissheit in dich hineinfließen. Ich ermutige dich, heute einem Menschen diese Liebesbotschaft zu erzählen. Gott stärke dich dazu.

24. April

Von Anfang an habt ihr gehört:
Wir sollen einander lieben.
1. *Johannes 3,11*

Sprich diese Aufforderung heute in dein Leben hinein:

Von Anfang an habe ich DEIN NAME *gehört: Wir sollen einander lieben.*

Wer andere Menschen liebt, erfüllt den Willen Gottes!
Vielleicht lebst du mit einem Mitmenschen bewusst im Streit oder es fällt dir schwer, deine Nächsten zu lieben, weil sie sich nicht gerade vorbildhaft verhalten. Gott fordert dich auf, möglichst mit allen Menschen in Frieden zu leben. Das bedeutet, immer wieder auf die Menschen zuzugehen, Probleme zu lösen, Vergebung auszusprechen und wieder einen Neubeginn zu wagen.

Vielleicht spürst du, dass du heute jemanden anrufen solltest oder einen Brief schreiben könntest, um die Herzen der Menschen zu erreichen, mit denen du noch in Unfrieden lebst. Wenn deine Gegner auf dein Liebesangebot nicht eingehen wollen, dann ist dies nicht mehr länger dein Problem. Aber ich ermutige dich heute, das zu tun, was in deiner Macht steht.

25. April

*Niemand hat Gott jemals gesehen. Wenn
wir einander lieben, bleibt Gott in uns,
und seine Liebe ist in uns vollendet.*

1. Johannes 4,12

Sprich diese Zusage heute in dein Leben hinein:

Wenn wir einander lieben, bleibt Gott in mir DEIN
NAME, *und seine Liebe ist in mir vollendet.*

Je mehr du andere Menschen liebst, desto mehr demonstrierst du Gottes Liebe auf dieser Welt. Wünschst du dir manchmal, mehr von Gottes Liebe zu sehen? Wir Menschen können auf dieser Erde Gott nicht mit unseren Augen sehen, denn er ist unsichtbar. Aber Gott wird erkennbar, wenn Menschen sich lieben. Da, wo du andere Menschen umarmst, ihnen gute Worte zusprichst oder einen Liebesdienst erweist, zeigst du die Liebe Gottes.

Darum ermutige ich dich, andere Menschen mit göttlicher Liebe zu lieben, denn dadurch hinterlässt du sichtbare Spuren auf dieser Welt. Gott ist bereit, dir seine Liebe zur Verfügung zu stellen, die er auch für alle deine Mitmenschen hat. Ebenso wünscht er sich deine klare Entscheidung, seine göttliche Liebe zu deinen Mitmenschen zu bringen. Darum möchte ich dich heute dazu motivieren, dein Herz für Gottes Liebe zu öffnen und aus dieser übernatürlichen Kraft heraus deinen Mitmenschen Respekt und Liebe zu erweisen.

Für alles auf der Welt hat Gott schon vorher die rechte Zeit bestimmt. In das Herz des Menschen hat er den Wunsch gelegt, nach dem zu fragen, was ewig ist. Prediger 3,11

Sprich diese Wahrheit heute in dein Leben hinein:

Für alles auf der Welt und somit auch für mich DEIN NAME hat Gott schon vorher die rechte Zeit bestimmt. In das Herz des Menschen hat er den Wunsch gelegt, nach dem zu fragen, was ewig ist.

Alles was in deinem Leben geschieht, lässt Gott exakt zum richtigen Zeitpunkt geschehen. Denkst du auch manchmal, dass du irgendwie zur falschen Zeit am falschen Ort bist? Oder gar im falschen Jahrhundert zur Welt gekommen bist? Dem ist nicht so! Gott hat für dich die haargenau richtige Zeit festgelegt, um auf dieser Erde zu leben. Deine Lebenszeit auf dieser Erde steht in Gottes Händen und er macht dabei keine Fehler! Er hat für dich einen einmaligen und perfekten Lebensplan vorbereitet, denn du hast auf dieser Erde eine Mission zu erfüllen.

Jetzt ist die beste Zeit für dich, um auf dieser Erde zu leben. Gott lässt dich dabei nicht allein; er will dir mehr und mehr von sich und seinem Reich offenbaren. Ich ermutige dich, dein Heute und Jetzt zu genießen und das zu tun, was Gott für dich vorbereitet hat. Ich bin überzeugt, dass Gott dich dabei segnen wird.

27. April

Jesus hörte das und sagte zu dem Vater:
»Verzweifle nicht! Vertrau mir ganz und
gar, und deine Tochter wird gerettet!«
Lukas 8,50

Sprich diese Zusage heute in dein Leben hinein:

Jesus hört mich und sagt heute zu mir: DEIN NAME *ver-*
zweifle nicht! Vertraue mir ganz und gar und du DEIN
NAME *wirst aus der Not errettet.*

Menschen, die an Gott glauben, müssen niemals verzweifeln, denn sie halten an Gott fest und der wird ihre Situation zum Guten wenden. Kennst du das auch, wenn man sich ganz verzweifelt fühlt? Es gibt doch Momente, in denen wir scheinbar machtlos und hilflos vor den Umständen unseres Lebens stehen. Solche Augenblicke sind zum Verzweifeln; sie beeinträchtigen unseren Alltag und unser Lebensgefühl. Aber Gott lässt schwierige Situationen in unserem Leben niemals zu, um uns fertig zu machen.

Darum ermutige ich dich heute, deine Verzweiflung vor deinen verständnisvollen Gott zu bringen. Dabei ist es völlig egal, ob es sich um Kleines oder Großes handelt. Vielleicht wird Gottes Eingreifen nicht deinen Vorstellungen entsprechen, aber lass dich von Gott überraschen, welchen guten Lebensweg er für dich bereithält. Ich bin gewiss: Gott will dich segnen.

28. April

Bleibt nicht bei der Vergangenheit stehen! Schaut nach vorne, denn ich will etwas Neues tun! Jesaja 43,18–19

Sprich diese Aufforderung in dein Leben hinein:

DEIN NAME, *bleibe nicht bei der Vergangenheit stehen!*
DEIN NAME, *schaue nach vorne, denn ich will etwas Neues tun!*

Wer ständig zurückschaut, bleibt stehen, wer jedoch nach vorne blickt, wird Gottes großartige Kraft erleben! Vielleicht hast du so manches erlebt, das für dich nicht einfach ist. Deine Gedanken drehen sich jeden Tag um diese alten Geschichten und nehmen dich dadurch gefangen. Auch haben diese Erlebnisse Auswirkungen auf deinen Alltag oder auf deine Beziehungen.

Ich ermutige dich heute, zu glauben, dass Gott auch in deinem Leben etwas Neues schaffen kann. Egal, was passiert ist, Gott ist dermaßen kraftvoll und liebevoll, dass er die schwierigsten Beziehungen, Probleme oder Umstände völlig erneuern kann. Gott gibt dir immer wieder eine neue Chance und lässt dich nochmals von vorne beginnen. Höre auf, rückwärts zu schauen, sondern richte deinen Blick auf Gott und erlaube ihm, Neues zu schaffen. Ich bin überzeugt, dass dieses Neue für dich zum Segen wird.

29. April

Das Gebet eines gerechten Menschen hat
große Macht und kann viel bewirken.
Jakobus 5,16b

Sprich diese Zusage heute in dein Leben hinein:

Mein DEIN NAME *Gebet hat große Kraft und kann viel*
bewirken, denn ich bin gerecht gemacht.

Jeder Christ hat die gleiche Möglichkeit, kraftvoll zu beten! Fragst du dich manchmal, ob Gott deine Gebete überhaupt hört? Vielleicht betest du schon länger für eine gewisse Sache und du siehst einfach noch keine Resultate. Ich ermutige dich heute, dir neu über deine Gerechtigkeit vor Gott bewusst zu werden. Du hast jederzeit Zutritt zum Thron Gottes. Frage deinen Vater im Himmel, wie er diese Situation sieht. Bitte ihn, dass sich *sein* Wille erfüllt, dann hat dein persönliches Gebet enorm große Kraft und es wird positive Auswirkungen hervorbringen!

Du darfst wissen, dass Gott jedes deiner Gebete hört. Ich bestärke dich heute, Gott nach seinem Willen zu fragen und in seinem Namen und seiner Kraft Situationen zu verändern.

30. April

Er wird dich behüten wie eine Henne,
die ihre Küken unter die Flügel nimmt.
Seine Treue schützt dich wie ein starker
Schild. Psalm 91,4

Sprich diese Zusage heute in dein Leben hinein:

Er wird mich DEIN NAME *behüten wie eine Henne, die*
ihre Küken unter die Flügel nimmt. Seine Treue
schützt mich DEIN NAME *wie ein starker Schild.*

Gott hört niemals auf, dir den Schutz zu geben, den du brauchst! Vielleicht fühlst du dich manchmal anderen Menschen oder Situationen wie ausgeliefert. Dann überfällt dich ein Gefühl von Ohnmacht, Angst oder Stress. Ich ermutige dich heute, für dich persönlich den Schutz Gottes in Anspruch zu nehmen. Er ist bereit, dir unter seinen Flügeln Schutz, Wärme und Geborgenheit zu schenken. Auch wenn du angegriffen wirst, ist Gottes Schutzmauer doch viel stärker als alles, was von außen kommt.

Stelle dich und deine Familie heute bewusst unter Gottes Schutz und lasse dich nicht länger von Menschen oder Situationen fertigmachen. Bleibe dann nah an Gottes Herz und lass ihn gegen deine Angreifer kämpfen. Gott stellt sich immer auf die Seite der Seinen, wenn sie Schutz brauchen.

Mai

Sex ganz neu erleben

Mein Mann Dan verliebte sich zum ersten Mal in mich, als wir beide elf Jahre alt waren. Später erzählte er mir, dass er bereits damals für mich betete und daran glaubte, dass wir irgendwann ein Paar sein werden. Unsere Mütter waren gleichzeitig schwanger gewesen und wir wuchsen in derselben Kirchengemeinde auf. Gemeinsam gingen wir zur Jungschar, und später besuchten wir gemeinsam viele Gottesdienste in einer Gemeinde auf dem Land.

Doch Dan interessierte mich damals noch nicht. Ich war beschäftigt mit meinem Engagement in der Jungschar. Dan gehörte nicht zu meinem engeren Freundeskreis, denn er war kein ehrenamtlicher Mitarbeiter der Jungschar. Erst mit 20 Jahren verliebte ich mich in den Dirigenten des Jugendchores – und der war Dan. Wir heirateten und wurden ein glückliches Ehepaar.

Doch schon bald musste ich feststellen, dass Frauen und Männer völlig unterschiedliche Bedürfnisse haben. Dan hatte ein viel größeres Verlangen nach Sex als ich. Aus diesem Grund teilten wir unser Sexualleben in verschiedene Modi auf und fanden so Erfüllung für uns beide. Als Frau wünsche ich mir nämlich, dass Dan sich stundenlang Zeit nimmt, um unser Intimleben zu pflegen, denn nur so kann ich wirklich zutiefst Erfüllung finden.

Aus diesem Grund gibt es in unserem Eheleben »Snack« und »Dinner«. Manchmal schenken wir uns nur einen kurzen Snack und ich muss in diesem Moment eben damit leben, dass nicht alle meine Bedürfnisse erfüllt werden. Aber dann kommt wieder die Zeit, in der wir beide gemeinsam »Dinner« genießen. Dann ist das stundenlange Verwöhnen, wie es im Hohelied erotisch und bis ins Detail beschrieben wird, für uns beide ein erfüllendes Erlebnis.

Wir lernten, einen guten Weg zu finden für unsere Kommunikation und auch für unsere Sexualität, die ein Geschenk Gottes ist. Ich ermutige Ehepaare, Zeit, Gespräche und Kreativität dafür zu investieren. Zu viele Ehen scheitern, weil diese Themen zu lange ignoriert werden. Gott jedoch möchte jede Ehe mit einem erfüllten Sexualleben segnen.

1. Mai

Christus ist für sie gestorben, ja noch mehr: Er ist vom Tod auferweckt worden und hat seinen Platz an Gottes rechter Seite eingenommen. Römer 8,34

Sprich diese Wahrheit heute in dein Leben hinein:

Christus ist für mich DEIN NAME *gestorben, ja noch mehr: Er ist vom Tod auferweckt worden und hat seinen Platz an Gottes rechter Seite eingenommen.*

Keiner kann Größeres für dich tun als das, was Jesus für dich getan hat. Manchmal habe ich stark den Eindruck, dass wir Christen oft vergessen, was Jesus uns tatsächlich geschenkt hat. Jesus überlässt dich nicht einfach deinem Schicksal, sondern er durchlebte speziell für dich eine sehr schwierige Zeit. Jesus wurde ausgelacht, geschlagen, fertiggemacht und letztendlich brutal ans Kreuz geschlagen, damit du ewiges Leben haben kannst. Die Menschen, die diese Rettungstat in ihrem Herzen annehmen, heißen Kinder Gottes und ihr Erbe besteht darin, für ewig in der Gemeinschaft mit Gott zu leben.

Ich ermutige dich heute, dafür dankbar zu sein und anderen Menschen davon zu erzählen. Alle Menschen sollen dieses Wunder der Errettung auch in ihrem eigenen Leben erfahren.

2. Mai

*Der Dieb kommt, um zu stehlen, zu
schlachten und zu vernichten. Ich aber
bringe Leben und dies im Überfluss.*

Johannes 10,10

Sprich diese Wahrheit heute in dein Leben hinein:

Der Dieb kommt, um mich DEIN NAME *zu bestehlen, zu
schlachten und zu vernichten. Jesus aber bringt mir*
DEIN NAME *Leben und dies im Überfluss.*

**Lass dir das Gute in deinem Leben nicht mehr länger rau-
ben, sondern empfange täglich persönlich deine kostbaren Geschenke von Gott.** Gott hat immer noch viel mehr
für dich vorbereitet, als du erwarten kannst. Bei Satan
ist das genau entgegengesetzt: Er will dir wertvolle Dinge wegnehmen, deine Beziehungen zerstören und er
setzt alles daran, damit Menschen gegeneinander Krieg
führen. Darum ermutige ich dich heute, dich im Namen
Jesu unter den Schutz Gottes zu stellen. Durchkreuze
im Gebet die negativen Pläne Satans. Danach lass dich
von Gottes Liebe erfüllen und erfasse das kostbare Leben, das er dir täglich geben will. Erinnere dich dabei
daran, dass Gott keine Sparpläne hat. Er will auf groß-
zügige Weise sein göttliches Leben in deine Beziehungen hineinfließen lassen und er will dein Hab und Gut
beschützen. Darum lasse dir heute von Gott persönlich
das erfüllte Leben servieren.

3. Mai

Selbst wenn alle meine Kräfte schwinden und ich umkomme, so bist du doch, Gott, allezeit meine Stärke – ja, du bist alles, was ich habe! Psalm 73,26

Sprich diese Zusage heute in dein Leben hinein:

Selbst wenn alle meine Kräfte schwinden und ich DEIN NAME umkomme, so bist du doch, Gott, allezeit meine Stärke – ja, du bist alles, was ich DEIN NAME habe!

Selbst wenn deine körperliche Kraft schwindet, so hast du eine ewig anhaltende Stärke in deinem Herz! Vielleicht fühlst du dich momentan kraftlos, weil du eine intensive Zeit hinter dir hast oder weil du älter geworden bist und deine körperliche oder auch psychische Kraft abnimmt. Ich kann mich gut erinnern, wie ich vor Jahren bei einem kleineren Eingriff am Herzen auf dem Operationstisch lag. Meine körperliche Kraft war weg, doch Gottes Stärke war spürbar und kraftvoll in meinem Herzen da. Nichts und niemand können dir deinen Gott, der in deinem Herzen wohnt, wegnehmen.

Ich ermutige dich heute, dir dieser ewigen Kraft in deinem Herzen bewusst zu werden, damit du in dieser Stärke durch deinen Alltag schreiten kannst. Gott ist für alle Ewigkeit mit dir!

4. Mai

*Ja, die Weisheit schenkt Glück und Sicher-
heit; sie allein gibt ein erfülltes Leben und
wer an ihr festhält, ist glücklich.*
Sprüche 3,17–18

Sprich diese Zusage heute in dein Leben hinein:

Ja, die Weisheit schenkt mir DEIN NAME *Glück und Sicherheit; sie allein gibt mir erfülltes Leben und ich*
DEIN NAME *halte mich an ihr fest, denn dies macht mich
glücklich.*

**Wer auch im Kleinen treu ist und tut, was Gott ihm sagt,
wird ein tief erfülltes und glückliches Herz bekommen.**
Wer möchte nicht glücklich werden und in Sicherheit
ein erfülltes Leben genießen können? Weisheit bedeutet,
im richtigen Moment das Richtige zu tun. Den Schlüssel dafür hält Gott für dich bereit; du hast jeden Tag die
Möglichkeit, von der Weisheit zu profitieren, die Gott
bereitgestellt hat.

Darum ermutige ich dich heute, täglich diese übernatürlich wirkende Weisheit abzuholen und an ihr festzuhalten. Gott, der Allwissende, will dir täglich Tipps
fürs Leben geben. Lass dich von Gott coachen und be-
reichere dich täglich mit seiner Weisheit. Gott hält für
alle deine Lebensfragen Lösungen bereit. Gottes Kraft
will in deinem Leben sichtbar werden. Lass seine Weisheit dein Leben bestimmen und werde glücklich!

5. Mai

Endloses Hoffen macht das Herz krank;
ein erfüllter Wunsch schenkt neue
Lebensfreude. Sprüche 13,12

Sprich diese Zusage heute in dein Leben hinein:

Ein erfüllter Wunsch schenkt neue Lebensfreude.

Wenn du Sorgen aus deinem Herzen verbannst, kann der frei gewordene Platz mit der Freude Gottes aufgefüllt werden. Fühlst du dich auch manchmal freudlos, weil dein Herz schwer beladen ist? Endloses Hoffen kann ein Grund für Müdigkeit und Energielosigkeit sein, ja, es kann sogar krank machen. Gott will dich täglich mit neuer Lebensfreude und Energie ausrüsten. Es ist für dich von Vorteil, wenn du alle deine Sorgen bei Gott und vielleicht auch bei einem vertrauten Mitmenschen aussprechen kannst.

Vielleicht ist gerade heute der Tag, an dem du alles offenlegen kannst, denn die meisten Probleme lösen sich nicht von alleine. Ich ermutige dich, lange Verschwiegenes ans Licht zu bringen und damit frei zu werden von dem, was dich bedrückt. Damit erlaubst du Gott, sich um deine Sorgen zu kümmern, und noch mehr: Er wird dir einen neuen Weg großer, gewaltiger Freude aufzeigen.

Lasst ab und erkennt, dass ich Gott bin.

Psalm 46,11a (ELB)

6. Mai

Sprich diese Aufforderung in dein Leben hinein:

DEIN NAME *lass ab und erkenne, wer Gott ist.*

Krampfhaftes Festhalten macht müde, doch Loslassen in Gottes Hände schenkt Freiheit. Kennst du das, hast du auch schon krampfhaft versucht, an etwas festzuhalten? Dabei hast du vielleicht ganz vergessen, dich daran zu erinnern, dass Gott allmächtig ist und dass er einfach den souveränen Überblick über jede Lebenssituation hat.

Ich ermutige dich heute, loszulassen, weil Gott selbst sich um deine Angelegenheiten kümmern möchte. Wenn du getan hast, was du tun konntest und vielleicht auch tun musstest, dann darf der Moment kommen, indem du loslässt. Das heißt: In diesem Augenblick überlässt du deinem Gott die Verantwortung. Ich bin überzeugt, dass seine Macht in deinem Leben mächtig wirken wird, und viele werden es sehen. Du wirst sehen, dass Gott am Werk ist. Wenn Gott das Kommando hat, wird in deinem Leben Großartiges geschehen.

7. Mai

Was ich dir jetzt rate, ist wichtiger als alles andere: Achte auf deine Gedanken und Gefühle, denn sie beeinflussen dein ganzes Leben! Sprüche 4,23

Sprich diesen Rat heute in dein Leben hinein:

Was ich dir DEIN NAME jetzt rate, ist wichtiger als alles andere: DEIN NAME achte auf deine Gedanken und Gefühle, denn sie beeinflussen dein ganzes Leben.

Pass auf dein Herz auf, denn es bestimmt deine Zukunft!

Du hast die Chance, dein Leben positiv zu beeinflussen. Dabei ist es wichtig, wie du mit deinem Herzen umgehst. Vergisst du manchmal auch, auf deine Gedanken und Gefühle zu achten? Vielleicht wird dein Herz momentan von deinen Umständen oder von deinen Mitmenschen negativ beeinflusst.

Ich ermutige dich heute, im Namen Jesu die negativen Gedanken zu durchbrechen, die sich in deinem Kopf eingenistet haben. Bitte Gott, dass er dich zurüstet mit Gedanken des Friedens, der Freude und der Hoffnung. Gleichzeitig kannst du deine Gefühle von Gott heilen und stärken lassen. Wenn du auf dein Herz achtest, wird es gestärkt – und deine Beziehungen zu deinen Mitmenschen werden sich verbessern.

8. Mai

Aber ihr werdet den Heiligen Geist emp-
fangen und durch seine Kraft meine
Zeugen sein in Jerusalem und Judäa, in
Samarien und auf der ganzen Erde.
Apostelgeschichte 1,8

Sprich diese Zusage heute in dein Herz hinein:

Aber ich DEIN NAME *werde den Heiligen Geist empfan-*
gen, und durch seine Kraft werde ich DEIN NAME *sein*
Zeuge sein in DEIN WOHNORT, DEIN LAND, DEIN KONTINENT.

Du hast die Möglichkeit, deinen Mitmenschen in gewaltiger Kraft die brillante Botschaft von Jesus zu bringen!
Vielleicht denkst du manchmal, du hättest nicht viel zu sagen. Doch da täuschst du dich gewaltig! Gott hat genau dich als seinen Zeugen für dein Land beauftragt. Es ist an der Zeit, dass wir Christen heute mit unseren Worten aussprechen und mit unseren guten Taten zeigen, wer Jesus Christus ist. Darum ermutige ich dich heute, an andere Menschen zu denken und Gottes Liebe in deiner Stadt auszuteilen. Gott wird dir die nötige Kraft und die richtigen Worte dafür schenken, denn der Heilige Geist lebt in dir. Vertraue dieser Kraft, die in dir lebt. Er weiß, wie er die Menschen um dich herum erreichen kann, wie es ihnen geht und was sie gerade brauchen. Dieser Geist ist eine alles übersteigende Kraft mit einer enorm wirkungsvollen Ausstrahlung.

9. Mai

*Herr, du gibst Frieden dem, der sich fest
an dich hält und dir allein vertraut!*

Jesaja 26,3

Sprich diese Zusage heute in dein Leben hinein:

*Herr, du gibst mir DEIN NAME Frieden, denn ich DEIN NAME
halte mich fest an dich und vertraue dir allein!*

**Menschen, die in Gedanken oft bei Gott verweilen und
sich ständig an ihm festhalten, können ihren Alltag stressfreier bewältigen.** Fühlst du dich manchmal auch genervt und vielleicht eher so, als wäre dein Tag zwar leer,
aber doch anstrengend? Alle deine Herausforderungen
an deinem Arbeitsplatz, in deiner Familie oder auch in
deinem Wohnort strapazieren dich und kosten Energie.
Manchmal kommen zusätzlich noch unvorhergesehene,
nervige Situationen, die dir deinen inneren Frieden rauben wollen.

Darum ermutige ich dich heute, bereits am Morgen
deine Gedanken auf Gott auszurichten und seinen Frieden in dich hineinfließen zu lassen. Nimm dir einen
Moment Zeit, um Gott zu sagen, dass du dich bewusst
an ihm festhalten wirst, egal was auf dich zukommt. Ich
bin überzeugt, dass Gott dich mit Ruhe segnen wird.

10. Mai

Glaubt nur nicht, ihr könntet euch über
Gott lustig machen. Ihr werdet genau
das ernten, was ihr gesät habt.
Galater 6,7

Sprich heute diese Konsequenz in dein Leben hinein:

Ich DEIN NAME *glaube nicht, dass ich mich über Gott*
lustig machen könnte. Ich DEIN NAME *werde genau das*
ernten, was ich gesät habe.

All das Gute, das du heute großzügig säst, wirst du später einmal reichlich ernten können. Manchmal ist es echt anstrengend, guten Samen auszustreuen. Anderen Menschen Gutes zu tun oder Gottes Wort zu verbreiten, das kostet Energie, Opferbereitschaft und Zeit.

Ich ermutige dich, heute großzügig und unmissverständlich in deiner Familie, deiner Nachbarschaft und in deiner Gemeinde Gutes zu tun. Gott hat dich dazu berufen, denn du bist sein Partner auf dieser Welt. Vielleicht musst du dazu erst einmal deine Prioritäten überdenken und dir mehr Zeit für das Säen nehmen und dafür zum Beispiel das Fernsehen reduzieren. Du hast Zeit zur Verfügung. Nutze diese kostbaren Momente, in denen du einen guten Samen der Liebe Gottes in deine Mitmenschen säen kannst.

11. Mai

Ladet alle eure Sorgen bei Gott ab,
denn er sorgt für euch.
1. Petrus 5,7

Sprich diese Wahrheit heute in dein Leben hinein:

Ich DEIN NAME *lade meine Sorgen bei Gott ab, denn er*
sorgt für mich DEIN NAME.

Je schneller du deine Sorgen bei Gott abgibst, desto
mehr Zeit kannst du in Freiheit genießen. Kennst du
das, dass deine Sorgen dich niederdrücken und du
dich schwer beladen fühlst? Vielleicht fühlst du dich
sogar manchmal wie in einem tiefen schwarzen Loch?
Sorgen können quälen, bedrücken oder manchmal fast
zerdrücken. Doch Jesus will unsere Sorgen tragen und
verarbeiten.

Darum ermutige ich dich heute, dein Sorgen zu beenden, denn es bringt dir gar nichts. Übergib deine Sorgen
Gott und lass ihn sich um dein Sorgenpaket kümmern.
Gott tut das für dich und er hat Lösungen für deine Probleme, auf die du selbst niemals kommen würdest. Erwarte heute von Gott die besten Lösungen für deine
Probleme; das wird dich in die Freiheit führen.

12. Mai

Der Herr wird seinem Volk Macht verleihen, er wird es segnen und ihm Frieden schenken. Psalm 29,11

Sprich diese Zusage heute in dein Leben hinein:

Der Herr wird mir DEIN NAME *und den Menschen, die an Jesus glauben, Macht verleihen, er wird mich* DEIN NAME *segnen und mir* DEIN NAME *Frieden schenken.*

Damit du in großartiger Stärke dein Leben meistern kannst, bietet Gott dir täglich seine Unterstützung an. Fühlst du dich manchmal kraftlos oder unruhig? Vielleicht fühlst du dich gerade heute unfähig und unbrauchbar, weil du vor einer herausfordernden Situation stehst. Gott hält eine überaus kraftvolle Stärke für dich bereit und er möchte dich damit ausrüsten. Dabei handelt es sich um ein genau auf dich zugeschnittenes Paket, in dem du die Kraft und Ruhe findest, die du benötigst. Darum ermutige ich dich heute, dich von Gott stärken zu lassen.

Sprich erneut den oben angeführten Vers in deine Lebenssituation hinein. Ich bin überzeugt, dass Gott dich mit unerwartetem Segen überrascht und deine Unruhe in Frieden und Geduld verwandeln wird. Ebenso wird deine Schwachheit in übernatürliche Stärke umgewandelt werden. Gott segne dich!

13. Mai

Ich will das Verwundete verbinden und
das Schwache stärken. Hesekiel 34,16

Sprich diese Zusage heute in dein Leben hinein:

Gott will meine DEIN NAME *Verletzungen verbinden und*
mich, wo ich DEIN NAME *schwach bin, wieder stärken.*

Gott kümmert sich ganzheitlich um die Verletzungen der
Menschen, denn er spürt und erkennt den Schmerz in der
Tiefe ihrer Herzen. Vielleicht wurdest du von anderen
Menschen verletzt und deine Seele fühlt sich schwer
beschädigt an. Wenn Erdenbürger einander Schmerzen zufügen, dann hinterlässt dies meist sehr negative
Spuren. Doch Gott kennt jede deiner Verletzungen bis
in die Tiefe. Gott bleibt nichts verborgen und er will
sich deiner Wunden annehmen. Er hat dich erschaffen,
darum weiß er ganz genau, wie du funktionierst, und
genau darum ist Gott dein bester Arzt.

Ich ermutige dich heute, deine Verletzungen von Gott
selbst verbinden zu lassen und dich dann neu mit Gottes Stärke erfüllen zu lassen. Dein liebender Vater im
Himmel wird es niemals zulassen, dass du in deinem
Schmerz ersticken musst. Gott will dich liebevoll berühren, aufrichten und kräftigen.

14. Mai

Herr, in der Frühe wirst du meine
Stimme hören. Psalm 5,4

Sprich heute diese Ankündigung als Aufforderung an dich selbst in dein Leben hinein:

Herr, in der Frühe wirst du meine DEIN NAME *Stimme hören.*

Rede nicht erst mit Gott, wenn du im hektischen Alltag in Schwierigkeiten geraten bist, denn Gottes Coaching ist bereits am frühen Morgen für dich da. Diese Erkenntnis hat mein persönliches Leben von Grund auf zum Guten verändert. Geht es dir manchmal auch so, dass bereits am frühen Morgen negative Gedanken versuchen, dich einzunehmen und deinen friedlichen Alltag zu stören?

Ich ermutige dich, täglich, bereits am Morgen beim Aufwachen, Gott zu begrüßen und deine Gedanken auf ihn auszurichten. Sprich am besten noch unter der Bettdecke zum Beispiel diese Worte aus: »Danke, Gott, dass du jetzt hier bist. Alles, was ich heute tun werde, steht unter deinem Schutz. Segne diesen Tag und gib mir jetzt die Kraft, fröhlich aufzustehen.« Ich bin überzeugt, dass dieses kurze Gebet deinen Tag überreich positiv beeinflussen wird, weil du deinen Mitmenschen und den Situationen des Tages gestärkt begegnen wirst.

15. Mai

Wir dürfen uns darauf verlassen, dass Gott unser Beten erhört, wenn wir ihn um etwas bitten, was seinem Willen entspricht. 1. Johannes 5,14

Sprich heute diesen Vers über dein Leben aus:

Ich DEIN NAME darf mich darauf verlassen, dass mein Beten erhört, wenn ich DEIN NAME ihn um etwas bitte, was seinem Willen entspricht.

Gott kümmert sich liebevoll und zuverlässig um deine Herzenswünsche! Welche Bedürfnisse hast du heute? Welche Herzenswünsche hast du vielleicht schon aufgegeben, weil du keine Erfüllung finden konntest? Stell dir vor: Gott hat alle deine Gebete gehört. Gott ist nicht taub, sondern zeigt Interesse an deinen geheimen Träumen.

Darum lass dich ermutigen, mit Gott im Gespräch zu bleiben. Er verspricht dir, alles zu erfüllen, was seinem Willen entspricht. Er ist vollkommen verlässlich. Gott kennt den besten Zeitpunkt für alles, was in deinem Leben geschehen soll. Du kannst nichts dazutun oder wegnehmen. Es liegt alles in Gottes Hand. Darum vertraue auf Gott. Bitte ihn, sich um deine Bedürfnisse zu kümmern. Ich bin überzeugt, dass er dich mit seiner Liebe überraschen wird.

*Aber David stärkte sich in dem Herrn,
seinem Gott. 1. Samuel 30,6*

Sprich dies als Aufforderung heute in dein Leben hinein:

Ich DEIN NAME *stärke mich in dem Herrn, meinem Gott.*

Gott hat für jeden Menschen jede Menge Energie bereit!
Fühlst du dich manchmal energielos und beinahe ausgebrannt? Es gibt Tage, da fordert uns der Alltag so
sehr heraus, dass wir enorm gestresst und genervt sind.
Wenn in solchen Momenten noch unvorhergesehene
Dinge passieren, droht unsere Kraft vollständig zusam-
menzubrechen.

Ich ermutige dich heute, deine Lebenskraft nur bei
Gott zu suchen und sie von ihm persönlich zu empfangen. Gott hält mehr als genug Energie für dich bereit. Darum entscheide dich täglich bewusst, diese unbeschreiblich großartige Kraft anzuzapfen. Lass dich
durch nichts entmutigen, sondern lass dich gerade in
Schwierigkeiten übernatürlich mit göttlicher Stärke
aufbauen.

17. Mai

Wer den Armen unterdrückt,
verhöhnt dessen Schöpfer. Wer dem
Hilflosen beisteht, der ehrt Gott.
Sprüche 14,31

Sprich heute diese Aussage als Aufforderung in dein Leben hinein:

Wenn ich DEIN NAME *dem Hilflosen beistehe, dann ehre*
ich DEIN NAME *Gott.*

Aufmerksam und liebevoll hilflosen Menschen zu helfen, ist eine Möglichkeit, Gott zu ehren. Gott ist es nicht egal, wie du mit Menschen umgehst, die am Rand stehen. Manchmal begegnen dir Menschen, die anders funktionieren als du. Oder du triffst auf Leute, die mit ihrer Lebenssituation überfordert sind. Andere Erdenbürger sind gezwungen, mit Einschränkungen zu leben, weil sie krank oder behindert sind. Das Leben ist nicht immer nur Party und manchmal gibt es Momente, da erwartet Gott von dir eine intensive Leistung an arme Menschen. Es ist so einfach, schlechter gestellte Menschen mit Worten oder Handlungen kleinzumachen oder zu ignorieren.

Ich ermutige dich, das zu ändern, denn damit hast du Gott zuwidergehandelt. Überwinde heute deine Bequemlichkeit und nimm dich an diesem Tag bewusst eines notleidenden Menschen an.

18. Mai

Was du vorhast, wird dir nicht durch die Macht eines Heeres und nicht durch menschliche Kraft gelingen: Nein, mein Geist wird es bewirken! Sacharja 4,6

Sprich diese Zusage heute in dein Leben hinein:

Was ich DEIN NAME *vorhabe, wird Gottes Geist in mir bewirken!*

Größeren Erfolg haben die Werke, die von Gottes Geist durchtränkt sind. Gott möchte durch dich auf dieser Welt etwas Großartiges tun und er ist bereit, dich mit allem zu segnen und auszurüsten, was du dazu brauchst. Es ist nicht falsch, mutig Werke zu tun. Die Bibel sagt sogar, dass Glaube ohne Werke tot ist. Leider verurteilen viele Christen jede Form von Leistung als etwas Negatives und beurteilen oder verklagen damit ihre Mitchristen. Ich ermutige dich heute, nicht mehr länger an diese Lüge zu glauben, sondern *mutig* Dinge zu tun. Aber vergiss nicht: Was auch immer du tust, hat erst dann eine wirklich großartige Wirkung, wenn du es in der Kraft des allmächtigen Gottes vollbringst. Denn sein Geist will durch dich wirken und Werke tun, die Leben bringen. Bitte heute Gott um Gunst und um seinen Segen für alle deine Herausforderungen.

19. Mai

Bewältigt eure Aufgaben mit Fleiß und werdet nicht nachlässig. Lasst euch ganz von Gottes Geist durchdringen und dient Gott, dem Herrn. Römer 12,11

Sprich diese Aufforderung heute in dein Leben hinein:

Ich DEIN NAME bewältige meine Aufgaben mit Fleiß und werde nicht nachlässig. Ich DEIN NAME lasse mich ganz von Gottes Geist durchdringen und ich DEIN NAME diene Gott, dem Herrn.

Die tägliche Stärkung mit dem Heiligen Geist bewirkt Herzlichkeit und Ausdauer. Wie oft gibt es doch Momente, in denen wir am liebsten bei alltäglichen Arbeiten aufgeben würden, weil wir nicht motiviert sind oder weil uns schlicht und einfach die Geduld und die Kraft fehlen. Gott gab seinen Geist in uns hinein, damit wir täglich durch ihn gestärkt werden können. Gott erwartet doch nicht einfach, dass du fleißig für ihn arbeitest und am Ende total erledigt und ausgebrannt auf der Matte liegst. Darum ermutige ich dich heute: Lass dich täglich von Gottes Geist stärken, damit Gottes Kraft tief in deinen Geist, deine Seele und deinen Körper fließen kann. Dann wirst du in göttlicher Stärke weitermachen und das tun können, was Gott für dich geplant hat.

20. Mai

Aus seinem Reichtum wird euch Gott,
dem ich gehöre, durch Jesus Christus
alles geben, was ihr zum Leben braucht.
Philipper 4,19

Sprich diese Zusage heute in dein Leben hinein:

Aus seinem Reichtum wird mir DEIN NAME *Gott, dem*
ich DEIN NAME *gehöre, durch Jesus Christus alles geben,*
was ich DEIN NAME *zum Leben brauche.*

Gott hat einen unendlich großen Reichtum und kann dir täglich all das geben, was du gerade brauchst. Hast du manchmal auch den Eindruck, benachteiligt zu sein und einfach zu wenig zu bekommen? Ich ermutige dich heute, einen Moment innezuhalten und daran zu denken, womit Menschen in ärmeren Ländern auskommen müssen. Genießt du im Gegensatz zu ihnen nicht ein Luxusleben?

Werde dankbar für all das, was du hast, und schimpfe nicht mehr länger darüber, dass dir dies und das fehlt. Gott hat dich bereits beschenkt! Denke dabei nicht nur an materiellen Besitz, sondern besonders an das größte Geschenk namens Jesus. In ihm hast du Liebe, Frieden, Hoffnung und vieles mehr bekommen. Dieser Gott bleibt dir stets treu, und er wird dich auch in Zukunft immer im richtigen Moment mit allem Nötigen versorgen.

21. Mai

Und jeder ohne Ausnahme soll zur Ehre Gottes des Vaters bekennen: Jesus Christus ist der Herr! Philipper 2,11

Sprich diese Aufforderung heute in dein Leben hinein:

Auch ich DEIN NAME bekenne jeden Tag zur Ehre Gottes des Vaters: Jesus Christus ist der Herr!

Mit deinen positiven Worten, die du selbst über Jesus aussprichst, ehrst du Gott. Täglich kannst du mit deinen Worten in dieser Welt positive oder negative Spuren hinterlassen. Vielleicht ertappst du dich oft dabei, wie du negative Worte aussprichst und damit andere Menschen verletzt.

Ich ermutige dich heute, von Jesus zu sprechen. Erinnere dich daran, wie viel Gutes Jesus dir schon geschenkt hat, und erzähle dann davon weiter. Teile anderen Menschen mit, wie Jesus auf dieser Erde den Menschen Liebe erwiesen hat, indem er sie heilte und für sie da war. Ich bin überzeugt, dass in deinem Umfeld Menschen leben, denen du heute die rettende Botschaft von Jesus erzählen kannst. Erdenbürger, die Jesus in ihr Herz aufnehmen, werden in Ewigkeit gerettet sein. Du hast heute die Möglichkeit, davon zu erzählen und damit Gott die Ehre zu geben. Wage es!

22. Mai

Die Hand unseres Gottes ist zum Guten
über allen, die ihn suchen!
Esra 8,22a

Sprich diese Zusage heute in dein Leben hinein:

Die Hand meines Gottes ist zum Guten über mir DEIN
NAME, *weil ich* DEIN NAME *ihn suche.*

Wo du Zeit mit Gott verbringst, da wird er dich liebevoll beschenken! Manche Menschen denken, Gott habe sie in ihrer schwierigen Lebenssituation verlassen. Doch dem ist nicht so. Gott verlässt dich niemals. Menschen, die auch in schwierigen Situationen Gott suchen, werden seine Liebe und seine Gegenwart in besonderer Art und Weise spüren und erfahren.

Darum ermutige ich dich heute: Entscheide dich, in jeder Lebenssituation an Gott festzuhalten. Glaube an die liebende Hand deines Gottes, die jede Situation zum Guten wenden kann und die stets in Treue für dich da ist. Falls du vor Gott weggelaufen bist, dann denke daran: Es ist nur ein Schritt zu ihm zurück. Er wartet auf dich und will dich überraschen – wahrscheinlich auf eine Weise, die du dir nicht vorgestellt hättest. Lass dich heute durch nichts davon abhalten, mit Gott zu reden.

23. Mai

*Jesus hatte Mitleid mit dem Mann.
Deshalb streckte er die Hand aus, be-
rührte ihn und sagte: »Ich will es tun!
Sei gesund!« Markus 1,41*

Sprich diese Zusage heute in dein Leben hinein:

Jesus hat Mitleid mit mir DEIN NAME. *Deshalb streckt er
mir* DEIN NAME *die Hand aus, berührt mich und sagt:
Ich will dich* DEIN NAME *gesund machen.*

**Jesus möchte, ja er will, leidende und kranke Menschen
mitfühlend und heilend anrühren.** Fühlst du dich momentan angeschlagen oder leidest du an einer Krankheit? Jesus weiß darum und er leidet mit dir mit. Ihm ist
bestens bekannt, welche Schmerzen du ertragen musstest und was du schon alles durchzumachen hattest.
Sein Ziel ist es, Menschen gesund zu machen, denn dazu
kam er auf diese Erde.

Darum ermutige ich dich, dich heute von Jesus selbst
berühren zu lassen, damit du an Geist, Seele und Leib
heil werden kannst. Gib Jesus deine Hand und bitte ihn,
dich zu heilen. Jedes Gebet wird Besserung mit sich
bringen, denn jedes Gebet bewirkt etwas Positives, ob
wir es nun wahrnehmen können oder nicht.

24. Mai

Ja, Gott, der Herr, macht mich stark;
er beflügelt meine Schritte, wie eine
Gazelle kann ich über die Berge springen.
Habakuk 3,19

Sprich diese Ermutigung heute in dein Leben hinein:

Ja, Gott der Herr, macht mich DEIN NAME *stark; er be-*
flügelt meine Schritte, wie eine Gazelle kann ich DEIN
NAME *über die Berge springen.*

**Wann immer du vor einem Sorgenberg stehst, hat Gott
exakt die richtige Kraft für dich bereit, damit du deine
Schwierigkeiten überwinden kannst.** Jeder Mensch auf
dieser Welt hat seine eigenen Herausforderungen und
Schwierigkeiten. Gott gibt uns nicht einfach Pauschal-
anweisungen für unser Leben, sondern er hält für jeden
von uns individuell die nötige Kraft bereit.

Darum ermutige ich dich, dich heute von Gott in eine
Gazelle verwandeln zu lassen. Lass heute bewusst Gottes Stärke in dich hineinfließen, damit deine Beine mit
Leichtigkeit deinen Weg weitergehen können. Du hast
die Chance, heute exakt die für deine Herausforderung
nötige Kraft zu empfangen. Nimm sie wahr! Sprich mit
Gott über deine Schwierigkeiten bei der Arbeit, in der
Kindererziehung oder in deinen Beziehungen. Selbst
wenn die Situation ausweglos scheint, hat Gott doch immer eine neue Möglichkeit, dir Energie zu geben.

25. Mai

Mit Gott werden wir große Taten vollbringen; er wird unsere Feinde zertreten!
Psalm 60,14

Sprich diese Zusage heute in dein Leben hinein:

Mit Gott werde ich DEIN NAME *große Taten vollbringen; er wird meine Feinde zertreten!*

Lass dich durch nichts aufhalten, denn Gott ist jeden Tag bereit, durch dich großartige Dinge zu tun! Es gibt immer wieder Momente im Leben, in denen sich Gegner auf unseren Lebensweg stellen und wollen uns davon abhalten, den Menschen all das Gute zu tun, das Gott eigentlich für uns geplant hat. Vielleicht greifst du dich sogar selbst an und lässt es zu, dass Gedanken von Unfähigkeit oder Unbrauchbarkeit dein Leben bestimmen.

Darum ermutige ich dich heute: Erkenne deine Kontrahenten und durchkreuze ihre Pläne in der Kraft Gottes, indem du im Gebet ihre Pläne zerschmetterst. Gott ist bereit, durch dich etwas Großartiges auf dieser Welt zu tun. Lass dieses wunderschöne Werk nicht an dir vorbeiziehen, sondern lass dir heute von Gott zeigen, wozu er dich bestimmt hat. In seinem Plan für dich kannst du dich bewegen und täglich danach handeln. Gott wird dich segnen!

26. Mai

Denn ich bin der Herr, dein Gott. Ich nehme dich an deiner rechten Hand und sage: Hab keine Angst! Ich helfe dir.

Jesaja 41,13

Sprich diese Zusage heute in dein Leben hinein:

Gott nimmt mich DEIN NAME an meiner rechten Hand und sagt zu mir: DEIN NAME, hab keine Angst! Ich helfe dir.

Ständig versuchen Ängste, dir den Lebensatem abzudrehen, aber Gott sieht deine Unruhe und will sie durch Mut ersetzen und er will dir helfen, dass du dich sicher fühlen kannst. Die Angst überfällt uns manchmal von einem Moment auf den anderen und will uns in die Enge treiben, uns total fertigmachen und uns die ganze Lebensfreude rauben. Gott erwartet in solchen Momenten nicht, dass du diese Situation aus eigener Kraft in den Griff bekommst. Er streckt dir verständnisvoll seine Hand entgegen und bietet dir seine Hilfe an.

Darum ermutige ich dich heute, deinem Gott von jeder geheimen Angst zu erzählen, die in deinem Herzen steckt. Auch wenn der Rucksack noch so schwer ist: Stelle diese Last bei Gott ab und lass dich von ihm an der Hand nehmen. Ich bin überzeugt, dass Gott dich entlasten wird. Er wird dich mit Leichtigkeit beschenken und dir helfen, in seiner majestätischen Kraft deine Unruhe zu überwinden.

27. Mai

Ein Berg von Hindernissen wird
sich vor dir auftürmen, aber ich
räume sie aus dem Weg.
Sacharja 4,7a

Sprich diese Zusage heute in dein Leben hinein:

Ein Berg von Hindernissen türmt sich vor mir DEIN
NAME *auf, aber der Herr räumt sie aus dem Weg.*

Da, wo dir Steine den sicheren Durchgang versperren wollen, wird Gott selbst diese Hindernisse aus dem Weg räumen. Kennst du diese Tage, an denen du denkst, irgendwie seien alle gegen dich? Oder du kommst mit allen deinen Aufgaben kaum voran? Manchmal kann unser Lebensweg ganz schön durch Hindernisse versperrt sein. Vielleicht erwachst du schon mit Gedanken an all das Negative, das dich an diesem Tag erwartet.

Lass nicht zu, dass solche Gedanken dir den Tag verderben, sondern bitte Gott um Hilfe. Er will deine persönlichen Hindernisse wegräumen, Ordnung in deinen Tag bringen und dafür sorgen, dass du mit Leichtigkeit durch den Tag kommst. Darum gib ihm die Chance, deinen Weg freizumachen. Gott ist für dich – und er ist dir jederzeit einen Schritt voraus!

28. Mai

Der Herr aber hält sein Versprechen: Er lässt euch nicht im Stich, denn er hat gerade euch zu seinem Volk erwählt.

1. Samuel 12,22

Sprich diese Zusage heute in dein Leben hinein:

Der Herr hält sein Versprechen: Er lässt mich DEIN NAME *nicht im Stich, denn er hat mich* DEIN NAME *zu seinem Kind gemacht.*

Wer zur Familie Gottes gehört, der wird niemals ausgeschlossen oder fallen gelassen werden! Fragst du dich gelegentlich, ob Gott wirklich immer zu dir steht? Vielleicht fühlst du dich manchmal nicht gut genug dafür oder du hast einfach nicht das Gefühl, dass du zu hundert Prozent von Gott geliebt bist. Ich ermutige dich heute, Gottes Treue zu entdecken. Menschen können untreu sein und damit andere Menschen verletzen. Aber Gott steht immer zu seinem Wort und wird dich niemals im Stich lassen, weil er selbst die Treue ist. Er kann nicht anders als dich zu lieben, denn er hat dich ausgewählt. Du bist sein Kind und niemand kann dir diese Erbschaft wegnehmen. Darum kannst du dein Leben lieben, weil Gott täglich an deiner Seite ist und dich nie mehr verlassen wird. Sprich den oben stehenden Vers erneut in dein Leben hinein und genieße heute Gottes Nähe. Er ist ganz dicht an deiner Seite.

29. Mai

Der Himmel soll sich freuen und die Erde in Jubel ausbrechen! Sagt den Völkern: Der Herr allein ist König!
1. Chronik 16,31

Sprich diese Aufforderung heute über der Erde aus:

Der Himmel soll sich freuen und die Erde in Jubel ausbrechen! Ich DEIN NAME *sage den Völkern: Der Herr allein ist König!*

Nicht nur einzelne Menschen, sondern ganze Völker sollen durch dich zum Glauben an Gott finden! Denke heute mal kurz an das Volk in deinem Land. Gott hat jeden einzelnen Menschen in deinem Land einzigartig gemacht, und er liebt sie alle bedingungslos. Du hast die Chance, diesen Menschen zu sagen, dass Gott allein König ist.

Stell dir vor, einflussreiche Leiter dieses Volkes wie Politiker, Geschäftsleute und führende Persönlichkeiten würden zu Gott umkehren – damit könnten sie ein ganzes Land zum Positiven verändern! Stell dir vor, im Regierungsgebäude würde konsequent mit göttlicher Weisheit und in Gottes Kraft regiert werden! Stell dir vor, schwierigste wirtschaftliche Fragen könnten durch die Kraft des Heiligen Geistes erfolgreich beantwortet werden! Ich ermutige dich heute, dafür zu beten und an die Umkehr deines Volkes zu glauben.

30. Mai

Jedem Einzelnen von uns aber hat Christus besondere Gaben geschenkt, so wie er sie in seiner Gnade jedem zugedacht hat.

Epheser 4,7

Sprich diese Zusage heute in dein Leben hinein:

Auch mir DEIN NAME *hat Christus besondere Talente geschenkt, so wie er sie in seiner Gnade mir* DEIN NAME *zugedacht hat.*

Das perfekte Potenzial liegt bereits in dir drin, packe dieses Geschenk nun aus! Fragst du dich auch manchmal, in welchem Bereich du begabt bist und was Gott überhaupt mit dir vorhaben könnte? Gott hat schon die Talente in dich hineingelegt, die genau zu dir passen – und in genau der richtigen Schattierung und dem richtigen Maß. Vielleicht wurden diese Fähigkeiten durch negative Erlebnisse zugeschüttet, weil beispielsweise Menschen zu dir sagten: »Du kannst das nicht!«

Ich ermutige dich, heute deine vergrabenen Talente wieder auszugraben und anderen Menschen nicht länger zu erlauben, dich und dein Handeln zu bestimmen. Gott hat für dein Leben einen speziellen, ausgeklügelten Plan und kein Mensch hat das Recht, diesen Weg zu durchkreuzen. Du bist in besonderer Art und Weise von Gott zubereitet worden und du samt deinen Talenten sollst aufblühen und Frucht bringen.

31. Mai

Versammle mir das Volk, dass ich sie
meine Worte hören lasse, die sie lernen
sollen, um mich zu fürchten all die Tage,
so lange sie auf dem Erdboden leben.
5. Mose 4,10

Sprich diese Aufforderung heute in dein Leben hinein:

Ich DEIN NAME versamme mich mit anderen Menschen,
damit ich Gottes Wort höre. Denn ich DEIN NAME will
Gottes Wort lernen.

Die Gemeinde hat den Auftrag, den Menschen Gott als erhabenen König und liebenden Vater näherzubringen. Sehnst du dich auch manchmal nach mehr Erkenntnis über Gott? Du hast die Chance, dich mit anderen Christen in der Gemeinde zu treffen und dort Gottes Wort zu hören. Da, wo sich Christen im Namen Jesu versammeln, liegt eine besondere Stärkung auf ihrer Gemeinschaft, weil Gott selbst unter ihnen ist. Darum ermutige ich dich, regelmäßig eine Gruppe von Christen zu besuchen und mit ihnen Gemeinschaft zu leben, dich also zu einer Gemeinde zu halten. Wir brauchen einander, um einander zu ermutigen, um uns gegenseitig in Liebe aufzubauen und um in die ganze Fülle hineinwachsen zu können, die Christus in sich trägt. Je besser du Gott durch sein Wort kennenlernst, wirst du Gottes großartige Liebe immer mehr entdecken und in der Ehrfurcht Gottes wachsen.

Juni

Unter den Augen
weggeschnappt

Drei Monate lebten wir als Familie in den USA, um unseren Horizont zu erweitern. In jener Zeit besuchten wir verschiedene Sehenswürdigkeiten und auch einige Kirchen. Wir hatten das Privileg, die Gemeinden von Joel und Victoria Osteen in Houston, Bill Hybels in Chicago und Rick Warren in Los Angeles zu besuchen. Alle diese Gemeinden schenkten uns eine unglaubliche Erweiterung unseres Horizonts in unserem Dienst als Pastoren. Die Weite des Landes faszinierte uns und half uns, aus unserem kleinkarierten Denken auszubrechen.

Eines Tages besuchten wir das Sea World in San Diego. In diesem Freizeitpark gab es eine großartige Orca-wal-Show sowie die Möglichkeit, Delfine zu füttern. Ich war total begeistert und wollte unbedingt ein Erinnerungsfoto von unseren Kindern machen, wie sie gerade einen Delfin fütterten. Für diese Aktion wollte ich für fünf Dollar einen Teller mit drei kleinen Fischen kaufen. Dan, mein Mann, erhob Einspruch: »Sag mal, wir kaufen doch nicht drei klitzekleine Fische für fünf Dollar!« Hartnäckig, wie ich manchmal sein kann, konnte ich ihn jedoch von meinem Vorhaben überzeugen und so standen wir mit zwei kleinen Kindern, Videokamera, Fotoapparat und dem Teller mit den drei klitzekleinen Fischen bereit.

Es war keine leichte Übung, denn die Fotos sollten gut werden, keines der Kinder sollte in den Pool fallen und der Delfin sollte auch noch zur richtigen Zeit vorbeikommen. Langsam, aber sicher kam der Delfin näher. Wir waren bereit! Doch kurz bevor der Delfin uns nahe genug gekommen war, stürzte plötzlich ein großer Vogel herab und schnappte die drei kleinen Fische weg!

Unsere Tochter Julia blickte erschrocken auf den Teller und weinte laut. Den Blick meines Mannes kann man kann sich gut vorstellen. Doch er ging zurück zur Fischverkäuferin und wollte sie davon überzeugen, uns drei Ersatzfische zu schenken. Das war nicht allzu schwierig, denn die Dame war verständnisvoll und zuvorkommend. Genauso ist Gott: Wenn wir etwas verbocken, dann gibt Gott uns immer wieder eine neue Chance. Denn seine Gnade ist jeden Tag neu!

Er gebe dir nach deinem Herzen
und alle deine Pläne erfülle er!
Psalm 20,5

1. Juni

Sprich diese Zusage heute in dein Leben hinein:

Er gebe mir DEIN NAME *nach meinem Herzen und alle*
meine Pläne erfülle er!

Gott sind deine Herzenswünsche bestens bekannt, darum empfange von ihm alles Nötige, damit deine Pläne gelingen. Gott ist ein Gott der Herzen. Es ist ihm nicht egal, welche Leidenschaft in deinem Innern steckt. Gott will dir die Türen öffnen, die er für dich vorbereitet hat, und dich übernatürlich ausrüsten und stärken, damit du das tun kannst, was er für dein Leben geplant hat. Die Voraussetzung dafür ist, dass dein Herzenswunsch mit Gottes Plan für dein Leben übereinstimmt. Keine Sorge: Gott wird dir niemals einen Lebensweg überstülpen, der nicht zu dir passt oder einen Auftrag geben, den du nicht erfüllen könntest.

Ich ermutige dich, heute im engen Gespräch mit Gott zu sein und dir Schritt für Schritt seinen vollkommenen Weg für dich persönlich zeigen zu lassen. Lass deine Lebensträume nicht von anderen Menschen oder Umständen ersticken, sondern lass dich von Gott führen, damit er deine Bestimmung segnen kann.

2. Juni

*Rufe zu mir, dann will ich dir antworten
und dir große und geheimnisvolle Dinge
zeigen, von denen du nichts weißt.*

Jeremia 33,3

Sprich diese Zusage heute in dein Leben hinein:

DEIN NAME *rufe zu mir, dann will ich dir antworten und
dir* DEIN NAME *große und geheimnisvolle Dinge zeigen,
von denen du* DEIN NAME *nichts weißt.*

**Je mehr Zeit du mit Gott verbringst, desto mehr Einblick
in die Tiefe seines majestätischen Herzens wird er dir geben!** Wie oft vergessen selbst wir Christen Gott und beginnen erst wieder an ihn zu denken, wenn wir in Not
sind. Gott möchte täglich mit dir in engem Kontakt stehen und dir den Zugang zu den wertvollsten Schätzen
öffnen, die Gott in seinem Herzen trägt. Du hast die
Chance, göttliche Gedanken zu erfassen, die jegliche
menschliche Intelligenz weit übersteigen.

Darum ermutige ich dich heute, auf Gott zu hören,
sein Wort zu lesen und seine Stimme zu erkennen. Ich
bin überzeugt, dass Gott dir antworten wird und dass
sein Heiliger Geist dir Offenbarungen für dich und für
andere Menschen schenken wird, die du noch nie gehört hast. Du kannst bei Gott wertvolle Geheimnisse
abholen und damit in dieser Welt übernatürliche und
großartige Dinge bewirken.

3. Juni

Siehe, ich will ihr Genesung und Heilung bringen und sie heilen, und ich will ihnen eine Fülle von Frieden und Treue offenbaren. Jeremia 33,6

Sprich dieses Versprechen heute in deine Lebenssituation hinein:

Gott will mir DEIN NAME Genesung und Heilung bringen und mich DEIN NAME heilen, und Gott will mir eine Fülle von Frieden und Treue offenbaren.

Weil allein Gott in die verborgenen Winkel des menschlichen Herzens sieht, kann nur er in der Tiefe und vollständig wohltun und heilen. Wenn andere Menschen uns Verletzungen zufügen, schmerzt das zutiefst und es hinterlässt in uns ein Gefühl der Einsamkeit und Ablehnung. Doch Gott sieht jeden Kratzer, den andere Menschen lieblos an dir hinterlassen, und möchte dir Heilung bringen. Wo auch immer du dich gerade befindest, Gott hat alles gesehen und er bietet dir seine wohltuende Heilungskraft an.

Vielleicht kannst du nicht einmal genau beschreiben, was in deinem Inneren tatsächlich beschädigt wurde, aber Gott weiß es haargenau und er will dich exakt an dieser Stelle liebevoll berühren und tief gehend und vollständig gesund machen. Übergib auch deine verborgenen Wunden in Gottes Hand und lass diese mit seinem göttlichem Frieden behandeln.

4. Juni

Freut euch vielmehr darüber, dass eure
Namen im Himmel aufgeschrieben sind!
Lukas 10,20

Sprich diese Zusage heute in dein Leben hinein:

Ich DEIN NAME freue mich vielmehr darüber, dass mein
Name DEIN NAME im Himmel aufgeschrieben ist.

Wenn du Jesus Christus in deinem Herzen angenommen hast, dann ist dein Name unauslöschlich im Himmel eingraviert! Zweifelst du manchmal und fragst dich, ob Gott dich wirklich registriert hat und ob du tatsächlich einen Platz im Himmel hast? Heute darfst du wissen: Menschen, die Jesus Christus in ihrem Herzen annehmen, sind Kinder Gottes und ihr Name ist im Buch des Lebens eingetragen.

Darum ermutige ich dich heute, im Namen Jesu deine Zweifel an dieser Tatsache abzulegen. Freue dich stattdessen darüber, dass dein Name im Himmel bekannt und notiert ist. Lass dir von Satan keine Lügen einreden. Bei Gott bist du nicht einfach eine unbedeutende Seriennummer. Gott behandelt dich auch nicht wie den letzten Dreck, sondern du bist in seinen Augen sein geliebtes Kind, dessen Name er fein säuberlich in seinem persönlichen Buch notiert hat.

5. Juni

Wer an den Sohn Gottes glaubt,
der hat das ewige Leben.
Johannes 3,36a

Sprich diese Zusage heute in dein Leben hinein:

Wenn ich DEIN NAME *an den Sohn Gottes glaube, dann*
habe ich DEIN NAME *das ewige Leben.*

Jeder Mensch hat die Möglichkeit, eine nie endende Ewigkeit bei Gott zu verbringen. Bist du auch manchmal mit so vielen Dingen des Lebens beschäftigt, dass du gar keine Zeit hast, um irgendwie über das Leben nach dem Tod nachzudenken? Ich möchte dich heute ermutigen, einen Blick in die Zukunft zu werfen und dich nicht nur mit deinen momentanen Problemen zu beschäftigen. Für die Menschen, die an den Sohn Gottes glauben, hat er seinen wunderschönen Himmel geöffnet.

Als Kind Gottes bist du Erbe von Gottes Herrlichkeit. In der Ewigkeit steht dir eine Wohnung zur Verfügung, in der du vollkommene, himmlische Unaufhörlichkeit erleben wirst! Ich ermutige dich heute, einem anderen Menschen von dieser ewigen Heimat zu berichten. Bete für ihn, damit auch er durch den Heiligen Geist dieses ewige Leben findet.

6. Juni

*Denn die Kinder sollen nicht für
die Eltern Schätze sammeln, sondern
die Eltern für die Kinder.*
2. Korinther 12,14b (ELB)

Sprich diese Aufforderung heute in dein Leben hinein:

*Denn nicht meine Kinder sollen Schätze für mich
sammeln, sondern ich* DEIN NAME *sammle Schätze für
meine Kinder* NAME DEINER KINDER ODER ANDERE NAMEN VON
MITMENSCHEN.

Entscheide heute, welche Spuren du auf dieser Welt hinterlassen möchtest! Du kannst dich täglich mit den negativen Dingen dieser Welt beschäftigen, indem du ständig darüber nachdenkst, was alles schlecht läuft und wen du noch kritisieren könntest. So hinterlässt du bittere Spuren auf deinem Lebensweg und dieser Lebensstil wird dein Herz schwer machen.

Aber Gott hat eine andere Bestimmung für dich bereit. Er gibt dir die Möglichkeit, wertvolle Kostbarkeiten zu sammeln, für deine Kinder oder auch deine Mitmenschen. Darum ermutige ich dich heute, Segensspuren zu hinterlassen: Ermutige deine Freunde, tröste sie, schaue ihnen in die Augen, nimm dir Zeit für sie, höre ihnen zu oder nimm sie in den Arm. Jedes Gebet, jeder gute Gedanke und jede liebevolle Tat für deine Mitmenschen sind Schätze von ewigem Wert.

7. Juni

Christus, der Herr, soll der Mittelpunkt eures Lebens sein. Seid immer dazu bereit, denen Rede und Antwort zu stehen, die euch nach eurem Glauben und eurer Hoffnung fragen. 1. Petrus 3,15

Sprich diese Aufforderung heute in dein Leben hinein:

Christus, der Herr, soll der Mittelpunkt meines DEIN NAME Lebens sein. Ich DEIN NAME bin dazu bereit, denen Rede und Antwort zu stehen, die mich DEIN NAME nach meinem Glauben und meiner Hoffnung fragen.

Es gibt nichts Größeres, als den wertvollsten Schatz des Glaubens weiterzugeben. Fragst du dich auch manchmal, was du anderen Menschen zu geben hast? Gott hat einen kostbaren Schatz von Talenten, Lebenserfahrungen und Erfahrungen des Glaubens in dich hineingelegt, mit denen du Gott für andere Menschen erkennbar machen kannst. Du trägst die beste Nachricht aller Zeiten, eine lebensrettende Botschaft in dir. Behalte sie nicht für dich, sondern lass großzügig auch andere Menschen daran teilhaben. Ob deine Mitmenschen den Glauben an Gott annehmen, das steht nicht in deiner Gewalt und du trägst keine Verantwortung dafür. Aber du hast das Privileg, eine geistliche Mutter oder ein geistlicher Vater zu sein. Lebe dafür, denn die Welt schreit nach Liebe und Hoffnung!

8. Juni

Herr, du durchschaust mich, du kennst mich durch und durch. Ob ich sitze oder stehe – du weißt es, aus der Ferne erkennst du, was ich denke.

Psalm 139,1–2

Sprich diese Zusage heute in dein Leben hinein:

Herr, du durchschaust mich, du kennst mich durch und durch. Ob ich DEIN NAME sitze oder stehe – du weißt es, aus der Ferne erkennst du, was ich DEIN NAME denke.

Kein Mensch kann sich vor Gott verstecken, denn er kann jeden Gedanken lesen! Wie oft denken wir Menschen, wir könnten etwas verbergen oder geheim halten. Doch Gott hat Einblick in alles, was auf dieser Erde ist. Er weiß, ob es dir gut geht und er sieht auch, wenn du dich nicht wohlfühlst. Wenn du dich müde und erschöpft auf dein Sofa setzt, dann sitzt Gott neben dir und schaut dir liebevoll in die Augen. Er kennt dich, darum weiß er haargenau, wie du dich fühlst und was in deinem Innern abgeht. Gott hat dich erschaffen, darum bist du ihm bestens bekannt.

Ich ermutige dich heute, dich einfach in Gottes Arme fallen zu lassen. Er hat längst alles gesehen und er kennt alle deine Nöte, deine Ideen und auch deine Pläne. Liebe heute dein Leben, denn Gott kennt dein Herz haargenau.

9. Juni

Herr, du bist unser Zufluchtsort gewesen
von Generation zu Generation.
Psalm 90,1b

Sprich diese Zusage heute in dein Leben hinein:

Herr, du bist mein DEIN NAME *Zufluchtsort von Genera-*
tion zu Generation.

**Gott ist der sicherste Ort, den es seit jeher gab und den es
für immer geben wird!** Fragst du dich manchmal, was die
Zukunft noch alles an Negativem bringen wird? Finanz-
plätze stecken in der Krise, die Natur spielt verrückt und
Beziehungen brechen immer schneller auseinander. Wir
Menschen haben das Leben nicht im Griff. Doch Gott
selbst bleibt seit jeher derselbe und er wird auch in Zukunft täglich der Ort sein, an dem du in Sicherheit bist.
Schon vor allen Zeiten wusste er, dass du genau heute auf
dieser Erde leben und mit welchen Herausforderungen
du beschäftigt sein würdest.

Gott ist auch heute dein persönlicher Schutzraum
und er wird dich mit allem Nötigen versorgen. Darum
ermutige ich dich, diesen sicheren Platz täglich aufzusuchen und diesen wertvollen Zufluchtsort der Liebe Gottes auch der nächsten Generation zu zeigen.

10. Juni

Sprich diese Aufforderung heute in dein Leben hinein:

*Ich DEIN NAME ermahne und ermutige meine Mitmen-
schen immer wieder.*

**Frauen und Männer, die niemals aufhören, ihre Mitmen-
schen zu ermutigen, sind kostbare Perlen, die andere Herzen beleben!** Wie oft sehnst du dich nach Menschen, die
dir ein Kompliment machen, dir ein gutes Wort zuspre-
chen oder dich ganz einfach mit einem Geschenk oder
einem Besuch ermutigen? Genau dies ist Gottes Plan für
das Zusammenleben der Menschen. Du hast heute die
Möglichkeit, Menschen zu beschenken und zu erfreuen.

Ich möchte dich darin bestärken. Höre niemals damit auf. Es ist einfach, sich um sich selbst zu drehen
und ständig darüber nachzudenken, was auf dieser
Welt nicht funktioniert. Glaube an die Dimension der
Kraft Gottes, die durch deine Ermutigung in Menschen
wirken wird. Überrasche deshalb heute deine Familie,
deine Freunde, deine Nachbarn oder deine Arbeitskollegen. Ich bin überzeugt, dass Gott dich darin segnen
wird.

11. Juni

*Wir lieben, weil Gott uns
zuerst geliebt hat.*
1. Johannes 4,19

Sprich diese Zusage heute in dein Leben hinein:

Ich DEIN NAME *liebe, weil Gott mich* DEIN NAME *zuerst geliebt hat.*

**Ein Mensch fühlt sich erst dann richtig glücklich, wenn er
begreift, dass er bedingungslos geliebt ist.** Fühlst du dich
manchmal unfähig, andere Menschen zu lieben, weil du
selbst unglücklich und entkräftet bist? Gott selbst möchte deine innere Leere mit seiner Liebe auffüllen und dich
damit zutiefst glücklich machen. Er hat dich schon immer geliebt und täglich steht noch mehr Liebe für dich
ganz persönlich bereit.

Darum ermutige ich dich, die Liebe Gottes in dein
Herz und in deine Lebenssituation hineinfließen zu lassen. Empfange heute dieses Glück der Liebe tief in deinem Herzen. Versuche nicht, aus eigener Kraft andere
Menschen zu lieben. Das wäre gefährlich, denn früher
oder später könntest du daran zerbrechen. Lass Gottes
Liebe durch dich zu anderen Menschen fließen. Liebe
andere Menschen, weil du dich selbst geliebt weißt.

12. Juni

Sei mutig und entschlossen! Lass dich nicht einschüchtern, und habe keine Angst! Denn ich der Herr, dein Gott, bin bei dir, wohin du auch gehst. Josua 1,9

Sprich diese Zusage heute in dein Leben hinein:

Ich DEIN NAME bin mutig und entschlossen! Ich DEIN NAME lasse mich nicht einschüchtern, und ich DEIN NAME habe keine Angst! Denn Gott selbst ist bei mir DEIN NAME, wohin ich DEIN NAME auch gehe.

Angst will dich davon abhalten, deinen großen Traum wirklich zu leben, aber Gottes Mut wird dich dafür vollständig freisetzen. Egal, wo du dich auf dieser Erde befindest oder was du gerade geplant hast, Gott ist mit dir! Vielleicht musst du eine weitreichende Entscheidung treffen, dir steht eine Operation bevor oder ein unangenehmes Gespräch.

Entschließe dich heute, in der Kraft Gottes mutig zu sein, denn Gott steht dir stärkend und verständnisvoll zur Seite. Sag deiner Angst im Namen Jesu, sie solle abziehen, und lass die Energie von Gottes Mut in deinen Geist, deine Seele und deinen Körper fließen. Manchmal musst du Dinge tun, vor denen du menschlich gesehen ein wenig Angst hast. Gott ist mit dir!

13. Juni

*Jesus sagt: »Nein, ich lasse euch nicht al-
lein zurück. Ich komme wieder zu euch.«*
Johannes 14,18

Sprich diese Zusage Jesu heute in dein Leben hinein:

Nein, ich lasse dich DEIN NAME *nicht allein zurück. Ich
komme wieder zu dir* DEIN NAME.

**Gefühle der Einsamkeit machen dein Herz traurig, doch
wenn du auf Jesus blickst, wird deine einsame Seele von
Leichtigkeit erfüllt.** Fühlst du dich manchmal von allen
verlassen oder so, als würde dich einfach keiner verstehen? Jesus verließ diese Welt nicht einfach mit dem Gedanken: »Nach mir die Sintflut«. Sein Vater und er sand-
ten dir den Heiligen Geist auf diese Welt, damit du dich
keine Sekunde allein fühlen musst. Auch verspricht dir
Jesus, dass er wieder zurückkommen wird.

Gib heute dem Heiligen Geist in deinem Herzen den
Ehrenplatz und lass dich von ihm trösten, ermutigen,
stärken und erfrischen. Keinen Moment lässt der Geist
Gottes dich im Stich. Er hat für dein Anliegen jederzeit
Verständnis und er ist bereit, dich an Geist, Seele und
Leib zu stärken. Darum rechne mit dem Heiligen Geist!
Du bist nicht allein!

14. Juni

Worum ihr in meinem Namen bitten werdet, das werde ich tun, damit durch den Sohn die Herrlichkeit des Vaters sichtbar wird. Johannes 14,13

Sprich diese Zusage heute in dein Leben hinein:

Worum ich DEIN NAME *in Jesu Namen bitte, das wird Jesus für mich tun, damit durch den Sohn, Jesus Christus, die Herrlichkeit Gottes sichtbar wird.*

Bei jedem Gebet kommt Jesus sofort in Bewegung und beginnt hinter den Kulissen mit seiner liebvollen Arbeit zu deinen Gunsten. Denkst du manchmal, deine Gebete würden nur gerade bis zur Decke kommen und Jesus würde sie nicht wirklich hören? Du darfst heute wissen: Nach jedem Gebet beginnt Gott sofort, im Hintergrund an einer guten Lösung für dich zu arbeiten. Manchmal denken wir Menschen, wir würden wissen, was uns jetzt wirklich gut tun würde, doch Gott hat den besseren Durchblick und kann im richtigen Moment das Richtige tun. Darum ermutige ich dich, im Gebet dranzubleiben und zu glauben, dass Gott zur rechten Zeit in deine Situation eingreifen wird. Voraussetzung dafür ist immer zweierlei: Einerseits sollen das Gebet und seine Auswirkung dem Willen Gottes entsprechen und andererseits gebührt alle Ehre für eine Gebetserhörung dem allmächtigen Gott.

15. Juni

*Du allein bist der Gott, der Wunder
vollbringt; du hast die Völker
deine Macht spüren lassen.*

Psalm 77,15

Sprich diese Wahrheit heute in dein Leben hinein:

*Du allein bist der Gott, der Wunder vollbringt; du
wirst die Völker und auch mich* DEIN NAME *deine Macht
spüren lassen.*

Gottes Macht ist bereit, Wunder zu tun! Vielleicht sehnst
du dich nach Erweckung, nach Heilung oder nach mehr
Frieden auf dieser Welt. Heute darfst du wissen, dass
Gott Wunder tun kann! Er ist der alleinige Gott, der seine Macht kraftvoll über die ganze Welt ausbreiten und
siegreich einsetzen kann. Du selbst hast die Möglichkeit, diese Macht in Anspruch zu nehmen.

Darum ermutige ich dich heute, an die Dimension
der Wunder Gottes zu glauben, sowohl für dein eigenes
Leben als auch für dein Land! Vielleicht kannst du heute speziell um Heilung beten, für den Frieden kämpfen
oder für Erweckung beten und handeln. Gott ist bereit,
deiner Umgebung seine Macht und Kraft zu zeigen –
durch dein Handeln. Beginne mit der Arbeit und verändere in der Kraft Gottes die Welt zum Guten.

16. Juni

Und diese Hoffnung geht nicht ins Leere.
Denn uns ist der Heilige Geist geschenkt,
und durch ihn hat Gott unsere Herzen
mit seiner Liebe erfüllt. Römer 5,5

Sprich diese wertvolle Zusage heute in dein Leben hinein:

Und diese Hoffnung geht auch bei mir DEIN NAME *nicht*
ins Leere. Denn mir DEIN NAME *ist der Heilige Geist ge-*
schenkt, und durch ihn hat Gott mein Herz mit seiner
Liebe erfüllt.

**Suche nicht krampfhaft nach Liebe, denn die größte Lie-
be wurde durch den Heiligen Geist bereits großzügig in
dein Herz hineingegeben.** Fehlt dir auch manchmal die
Liebe für deine Mitmenschen oder für eine schwierige
Situation? Ich ermutige dich heute, die Liebe Gottes in
deinem Herzen zu entdecken. Gott hat die genialste Liebe in dich hineingelegt, und er hält täglich noch mehr
Liebe für dich bereit. Denn Gott selbst ist die Liebe, die
niemals aufhört. Darum lass diese Liebe in deinem Inneren aufblühen, indem du göttliche Liebe durch dein
Leben fließen lässt. Du hast jeden Tag die Möglichkeit,
das Geschenk der Liebe in dir zu aktivieren und die Liebe Gottes dann an alle deine Freunde und Mitmenschen
weiterzuschenken. Trage heute deine göttliche Liebe in
die Welt! Jeder Mensch, der heute an dir vorbeigeht, soll
Gottes Liebe spüren.

17. Juni

Ich blicke zum Himmel und sehe, was deine Hände geschaffen haben; den Mond und die Sterne – allen hast du ihre Bahnen vorgezeichnet. Psalm 8,4

Sprich diese Wahrheit heute in dein Leben hinein:

Ich DEIN NAME blicke zum Himmel und sehe, was deine Hände geschaffen haben; den Mond und die Sterne – allen hast du ihre Bahnen vorgezeichnet.

Wer mit offenen Augen durch die Natur geht, der kann Gott in seiner Größe und Majestät entdecken! Wann konntest du das letzte Mal so richtig Gottes freie Natur genießen? Gott in seiner unübertrefflichen Intelligenz und seiner gewaltigen Kraft hat alles Lebendige geschaffen, die Berge, das Meer. Vom kleinsten Schmetterling über die hohen Wellen vor Hawaii bis hin zum Himalajagebirge hat er die Erde von Hand gemacht, und wir freuen uns an ihrer unermesslichen Schönheit und genialen Attraktivität.

Ich möchte dich heute ermutigen, dieses Geschenk dankbar anzuschauen. Vielleicht machst du einen Spaziergang oder du wirfst ganz einfach einen Blick aus dem Fenster. Betrachte einmal bewusst die Sterne, beobachte ein Tier oder auch ein kleines Kind und entdecke in diesen wunderschönen Geschöpfen die Größe Gottes.

18. Juni

Was ist da schon der Mensch, dass du an ihn denkst? Wie klein und unbedeutend ist er, und doch kümmerst du dich um ihn.

Psalm 8,5

Sprich diese Zusage heute in dein Leben hinein:

Gott kümmert sich um mich DEIN NAME.

Egal wie klein und unscheinbar du dich fühlst, Gott sieht genau dich und obwohl er majestätisch groß ist, kümmert er sich doch liebevoll um dein Leben! Du kannst eine Menge von Gottes Hilfe verpassen, weil du gar nicht damit rechnest, wie großartig sich Gott an deinem Leben beteiligen will. Gott interessiert sich für dich, er möchte wissen, was dich beschäftigt und er ist bereit, dir für den heutigen Tag die maximale Unterstützung zukommen zu lassen.

Darum ermutige ich dich, Gott keine Grenzen zu setzen, sondern lass dir heute von ihm helfen. Denke nicht, du seist nicht gut genug! Denke nicht, deine Situation sei zu schwierig, dass Gott sie noch verändern könnte. Gott ist jeden Tag aufs Neue bereit, dir auf seine liebevolle und unglaublich wertschätzende Art und Weise zu helfen.

19. Juni

Sei mutig und entschlossen! Lass dich nicht einschüchtern, und hab keine Angst! Denn ich der Herr, dein Gott, bin bei dir, wohin du auch gehst. Josua 1,9

Sprich diese Zusage heute in dein Leben hinein:

Ich DEIN NAME *bin mutig und entschlossen! Ich* DEIN NAME *lasse mich nicht einschüchtern, und ich* DEIN NAME *habe keine Angst! Denn Gott selbst ist bei mir* DEIN NAME, *wohin ich* DEIN NAME *auch gehe.*

Wer Gottes mächtige Gegenwart entdeckt, wird mutig und kraftvoll aufstehen! Wie oft fühlen wir Menschen uns unsicher, weil sich plötzlich Hindernisse in unseren Lebensweg stellen. Wir können uns total schnell davon runterziehen lassen und Dinge nicht mehr tun, die wir eigentlich tun möchten. Ich ermutige dich heute, dich für göttliche Entschlossenheit zu entscheiden. Gott verspricht dir, dass er jederzeit bei dir ist. Egal, wohin dein Lebensweg führen wird – Gott ist mit dir! Darum möchte ich dich ermutigen, dein Leben nicht von Situationen oder anderen Menschen bestimmen zu lassen. Auch soll die Angst nicht dein Leben klein machen. Wende dich heute bewusst und klar von all diesen negativen Dingen wie Angst, Entmutigung, Sorgen und Verleumdung ab. Gott hat für dich einen klaren Auftrag, den du erfüllen darfst. Liebe dein Leben, weil du mutig aufstehen kannst.

20. Juni

Als ich zu dir um Hilfe schrie,
hast du mich erhört und mir
neue Kraft geschenkt.
Psalm 138,3

Sprich diese Zusage heute in dein Leben hinein:

Als ich DEIN NAME zu dir um Hilfe schrie, hast du mich
DEIN NAME erhört und mir DEIN NAME neue Kraft ge-
schenkt.

Menschen, die auch in den schwierigsten Zeiten ihres Lebens an Gott festgehalten haben, können auf eine Vergangenheit zurückschauen, die sie nicht zerstört, sondern enorm stark gemacht hat. Manchmal stecken wir in Schwierigkeiten oder wir werden von einer erschreckenden Nachricht überrascht, oder andere Menschen machen uns wirklich das Leben schwer. Das Leben verläuft nicht immer so, wie du es vielleicht gerne hättest. Aber Gott erhört jeden Schrei, auch den aus der Tiefe deines Herzens.

Darum ermutige ich dich heute, in schwierigen Lebenssituationen nicht einfach davonzulaufen, sondern den allmächtigen Gott anzurufen. Er verspricht dir, dich zu erhören und dich wieder aufzurichten. Vielleicht kannst du dich heute dankbar an Zeiten erinnern, in denen Gott dir zur Seite stand und dich nicht fallen ließ.

21. Juni

Jeder soll dem anderen helfen, seine Last zu tragen. Auf diese Weise erfüllt ihr das Gesetz, das Christus uns gegeben hat.
Galater 6,2

Sprich diese Aufforderung heute in dein Leben hinein:

Ich DEIN NAME soll dem anderen helfen, seine Last zu tragen. Auf diese Weise erfülle ich das Gesetz, das Christus mir DEIN NAME gegeben hat.

Liebe ist das Größte, was ein Mensch auf dieser Welt verschenken kann! Manche Menschen fragen sich, warum sie überhaupt auf dieser Welt sind und was denn wirklich ihr Auftrag ist. Gott hat dich geschaffen, damit du auf dieser Welt Liebe verschenken kannst. Gottes Liebe ist in deinem Herzen und aus diesem großartigen Liebesvorrat kannst du Liebe weitergeben.

Darum ermutige ich dich heute, deine Augen zu öffnen und besonders den Mitmenschen zu helfen, die es schwer haben. Unterstütze heute deine Familie, deine Arbeitskollegen und auch deine Freunde in der Gemeinde. Ich bin überzeugt, dass allein schon deine kleinen Liebesdienste Menschen reich segnen werden, und auch du selbst wirst mit großer Freude erfüllt. Liebe heute dein Leben, weil du die Liebe hast, die andere Menschen tief beglückt.

22. Juni

Wie ein Hirsch nach frischem
Wasser lechzt, so sehne ich mich
nach dir, o Gott!
Psalm 42,2

Sprich diese Sehnsucht heute in dein Leben hinein:

Wie ein Hirsch nach frischem Wasser lechzt, so sehne
ich DEIN NAME *mich nach dir, o Gott!*

Es gibt keine wohltuendere Stärkung für das menschliche Herz, als die Gegenwart Gottes zu genießen. Sehnst du dich manchmal auch nach einer Erfrischung für deinen Geist, deine Seele und deinen Körper? Gott bietet dir alles an, was dein Herz braucht. Seine erfrischende und stärkende Wellness-Kur steht für dich bereit. Gott wünscht sich, dass du eine große Sehnsucht nach einer intensiven und innigen Beziehung zu ihm hast.

Darum ermutige ich dich, dir zu überlegen, was du dir tief in deinem Herzen wirklich wünschst. Vielleicht ist heute der Tag, an dem du einige Hindernisse aus deinem Leben räumst, damit du deine vergrabene Sehnsucht wieder hervorholen kannst. Lass dich nicht durch Umstände oder Menschen von der Gemeinschaft mit Gott ablenken, sondern entwickle eine gesunde Sehnsucht für deine Beziehung zu Gott und nimm dir bewusst Zeit zum gemütlichen Beisammensein mit ihm.

23. Juni

*Macht euch keine Sorgen! Ihr dürft
Gott um alles bitten. Sagt ihm,
was euch fehlt, und dankt ihm!*

Philipper 4,6

Sprich diese entlastende Aufforderung heute in dein Leben hinein:

*Ich DEIN NAME mache mir keine Sorgen! Ich DEIN NAME
darf Gott um alles bitten. Ich DEIN NAME sage ihm, was
mir fehlt und ich DEIN NAME danke ihm.*

**Bring deine Sorgen zu Gott, denn er will deinen Mangel
ausfüllen!** Manchmal gibt es Situationen, da können
dich Sorgen und Ängste ganz schön in die Tiefe ziehen.
Schwierige Finanzen, Krankheit oder Beziehungsprobleme können deine Gedanken in die dunkelsten Täler führen und deinem Alltag alle Lebensfreude rauben.
Doch Gott ist bereit, deine Sorgen zu übernehmen.

Darum ermutige ich dich heute: Gib voller Dankbarkeit alle deine Sorgen und Ängste an Gott ab. Denn da,
wo du dich krampfhaft an den Sorgen festhältst, bringst
du dich immer mehr in Verzweiflung. Doch bei Gott
sind deine Probleme in den besten Händen und dann
wirst du frei, Gottes Anweisungen für die Lösung deiner
Schwierigkeiten zu befolgen. Ich bin überzeugt: Gott
wird deine Ohnmacht in Gelassenheit verwandeln.

24. Juni

Wie man Wasser durch Kanäle in die
gewünschte Richtung leitet, so lenkt Gott
die Gedanken des Königs, wohin er will.
Sprüche 21,1

Sprich diese Zusage heute in dein Leben hinein:

Wie man Wasser durch Kanäle in die gewünschte
Richtung leitet, so lenkt Gott die Gedanken des Königs
und auch meine DEIN NAME *Gedanken, wohin er will.*

Gott hat großen Einfluss auf die Gedanken und Entscheidungen eines jeden Menschen. Auch wenn jemand sich als Atheisten bezeichnet, kann Gott immer noch sein Herz lenken und seine Gedanken leiten. Gott ist immer noch viel mächtiger als du denkst.

Darum ermutige ich dich, gerade auch für die Menschen zu beten, die in der Gesellschaft Einfluss haben. Du hast die Chance, einflussreiche Menschen zu segnen, Weisheit in sie hineinzusprechen und somit Gottes Wirken in ihnen zu aktivieren. Suche dir andere Christen in deiner Gemeinde, die mit dir zusammen für die Regierung, für Lehrpersonen oder andere einflussreiche Menschen in deiner Stadt beten. Ich bin überzeugt, dass du mit deinen Gebeten einen enorm positiven Einfluss nehmen wirst.

25. Juni

Ich stehe dir bei; ich behüte dich,
wo du auch hingehst.
1. Mose 28,15

Sprich diese Zusage heute in dein Leben hinein:

Gott steht mir DEIN NAME *bei; er behütet mich* DEIN NAME,
wo ich auch hingehe.

**Selbst wenn alle deine besten Freunde dich verlassen,
bleibt doch Gott für immer verlässlich und hilfreich an deiner Seite!** Kennst du Momente, in denen du dich einsam
und verlassen fühlst, weil Menschen dich kühl und lieblos fallen ließen oder weil dich keiner kennt, weil du irgendwo auf dieser Welt neu zugezogen bist? Egal wo du
dich gerade befindest oder was Menschen dir angetan
haben, Gott steht dir bei! Er ist für dich und er hält seine liebende Hand über dich. Du kannst niemals alleine
sein, weil Gott ständig dein Begleiter ist.

Ich ermutige dich, in dieser Gewissheit dein Leben
zu genießen. Erzähle deinem Gott von deinen Gefühlen der Einsamkeit und ich bin überzeugt, dass er sie zu
Gefühlen der Sicherheit und Geborgenheit verwandeln
wird. Selbst wenn du einmal diese Erde verlässt, wird
Gott im Himmel dich mit offenen Armen empfangen.

26. Juni

Der Herr segne dich und bewahre dich!
Der Herr wende sich dir in Liebe zu und
zeige dir sein Erbarmen! 4. Mose 6,24–25

Sprich diese Zusage heute in dein Leben hinein:

Der Herr segne mich DEIN NAME *und bewahre mich!*
Der Herr wende sich mir DEIN NAME *in Liebe zu und*
zeige mir DEIN NAME *sein Erbarmen!*

Mit jedem Segen, den du aussprichst, hinterlässt du einen kostbaren Schatz, der unaufhaltsam eine unermessliche, unverzichtbare Auswirkung haben wird. Gott ist bereit, dich täglich mit unendlich viel Gutem zu überschütten. Dabei wird Gott das Beste, das ihm zur Verfügung steht, in dein Leben legen und dich übernatürlich segnen. Gott beschenkt dich mit makelloser Liebe und kompromisslosem Erbarmen.

Darum ermutige ich dich heute, diesen Segen immer wieder über dich als Person, aber auch über deine Lebenssituation auszusprechen. Rechne heute mit der Dimension des göttlichen Segens in deinem Leben, sei es über deine Beziehungen oder ungeklärte Finanzen, über Berufs- oder Erziehungsfragen. Sprich jeden Tag den göttlichen Segen in jeden Lebensbereich hinein. Sei gesegnet!

27. Juni

Der Herr sei dir nah und gebe dir Frieden! So sollen sie in meinem Namen zu den Israeliten sprechen, und ich selbst werde mein Volk dann segnen.

4. Mose 6,26–27

Sprich diese Zusage heute in dein Leben hinein:

Der Herr sei mir DEIN NAME nah und gebe mir Frieden! So will ich DEIN NAME in Gottes Namen diesen Segen auch über NAMEN DEINER KINDER, FREUNDE USW. sprechen und Gott selbst wird mein Volk segnen.

Jeder göttliche Segen, den du über deine Mitmenschen aussprichst, wird ihr Herz und ihre Lebenssituationen zum Positiven verändern! Vielleicht fragst du dich manchmal, was du auf dieser Welt denn überhaupt Gutes bewirken kannst? Ich ermutige dich heute, täglich dich selbst und deine Mitmenschen zu segnen. Da, wo du andere Leute segnest, verspricht dir Gott, dass er sie tatsächlich in seiner mächtigen Kraft segnen wird. Gott will sein Angesicht und seinen Frieden durch dich auf andere Menschen legen. Darum bleibe dran und verteile großzügig Gottes Lächeln auf dein eigenes sowie auch auf das Gesicht deiner Liebsten. Dadurch werden deine Kinder, deine Freunde, dein Partner sowie auch deine Nachbarn Gottes mächtige Herrlichkeit erleben: Gott selbst wird ihnen Frieden und Freude schenken.

28. Juni

Denn der Herr, euer Gott, ist barmherzig.
Er gibt euch nicht auf und lässt euch
niemals untergehen. 5. Mose 4,31

Sprich diese Zusage heute in dein Leben hinein:

Denn der Herr, mein Gott, ist barmherzig. Er gibt
mich DEIN NAME nicht auf und lässt mich DEIN NAME
niemals untergehen.

Menschen können eiskalt auf den Seelen ihrer Mitmenschen herumtrampeln, doch Gott gibt immer eine neue Chance und zieht jeden aus dem tiefsten Sumpf. Vielleicht hast du eine schwierige Vergangenheit und du fühlst dich eigentlich nicht mehr würdig, in Gottes Gegenwart zu kommen. Heute darfst du wissen, dass Gott dein Herz völlig anders sieht. Er ist täglich bereit, von vorne anzufangen und dir eine ganz neue Chance zu geben. Voraussetzung dafür ist deine Entscheidung, dich voll und ganz in Gottes Hände fallen zu lassen.

Gott ist so voller Liebe, dass er dich niemals fallen lassen kann. Wenn du zu Gott zurückkommst, bedeutet das für Gott einfach, dass du nach Hause gekommen bist. Er hat ein großes Herz für dich und will dich in seine Arme schließen. Darum ermutige ich dich heute, seine Barmherzigkeit anzunehmen und dich von Gott persönlich aufbauen zu lassen.

29. Juni

Hilf mir, so zu leben, wie du es willst, denn du bist mein Gott! Führe mich durch deinen guten Geist! Dann werde ich erleben, wie du mir Hindernisse aus dem Weg räumst. Psalm 143,10

Sprich heute voller Zuversicht diese Bitte in dein Leben hinein:

Hilf mir DEIN NAME, so zu leben, wie du es willst, denn du bist mein Gott! Führe mich DEIN NAME durch deinen guten Geist! Dann werde ich DEIN NAME erleben, wie du mir Hindernisse aus dem Weg räumst.

Deine tägliche Entscheidung für die Liebe hat lebenswichtige Auswirkungen für dich und für deine Nachkommen. Fällt es dir auch manchmal schwer, die richtigen Entscheidungen zu treffen? Gott gibt dir in seinem Wort eine Menge genialer Tipps, damit du dich täglich für das Richtige entscheiden kannst. Ich ermutige dich heute, das Leben zu wählen. Liebe deinen Gott von ganzem Herzen und verschenke diese Liebe großzügig an deine Nachkommen. Beginne gerade in den kleinen Situationen des Alltags, Liebe zu zeigen, indem du auch in nervigen Situationen das Gute tust und dich nicht vom Negativen reizen oder verunsichern lässt. Dazu kann es helfen, bei hinterlistigen Attacken kurz innerlich einen Stopp zu machen, die Gedanken von Gott ordnen zu lassen und dann aus göttlicher Ruhe die richtige Entscheidung zu treffen.

30. Juni

Aber der Geist des Herrn kam über Simson, da wurden die Stricke, die an seinen Armen waren, wie Flachsfäden, die vom Feuer versengt sind, und seine Fesseln schmolzen von seinen Händen weg. Richter 15,14

Sprich diese Zusage heute in dein Leben hinein:

Aber der Geist des Herrn kommt auf mich DEIN NAME *und da werden die Stricke, die an meinen Armen sind, wie Flachsfäden, die vom Feuer versengt werden und meine* DEIN NAME *Fesseln schmelzen von meinen Händen weg.*

Gegner können dich auslachen und dich gewalttätig in ein inneres Gefängnis prügeln, doch Gottes Geist hat die größere Macht und wird dich vollständig befreien. Vielleicht kennst du momentan keine Gegner in deinem Leben, dann genieße dies und sei Gott dankbar dafür. Es kann aber auch gut sein, dass du erleben musst, wie Mitmenschen dich absichtlich quälen. Solche Erfahrungen schmerzen zutiefst und wollen einen kaputt machen. Doch Gott bleibt nichts verborgen und sein Geist hat die Macht, dich von jedem Gegner vollständig zu befreien. Darum lass dich nicht unterkriegen, sondern bleibe deinem liebevollen Lebensstil treu und rechne mit der mächtigen Hand Gottes, die sich um deine Feinde kümmern wird und dich auf großartige Art und Weise befreien wird.

Gottes Timing

Als unsere Kinder im Kindergartenalter waren, wohnten wir in einer kleinen Wohnung an einer sehr befahrenen Straße. Immer wieder ärgerte ich mich über den Lärm. Wenn ich die Wohnzimmerfenster putzte, war das Wasser anschließend schwarz und sehr schmutzig. Was atmeten wir den ganzen Tag ein?

Immer wieder betete ich zu Gott und bat ihn, uns eine andere Wohnung zu ermöglichen. Oft stand ich oben auf dem Hügel und sah auf die gegenüberliegenden Seite, auf den Sonnenhang im Nachbarort. Dort hätte ich sehr gerne gewohnt, aber diese wunderschöne Lage war für uns unbezahlbar. Ich gab jedoch nicht auf und betete immer wieder um die Freisetzung einer Wohnung an diesem Sonnenhang.

Eines Morgens sah ich beim Beten vor meinem inneren Auge ein spitzes, großes Fenster direkt unter dem Dach und ich wusste: Das gehörte zu unserer neuen Wohnung! Einige Zeit später fuhr ich mit dem Auto an einem schönen Haus an diesem Sonnenhang vorbei. Eine innere Stimme sagte zu mir: »Geh da hin, klingle und frage, ob die Leute ausziehen wollen!« Doch dazu fehlte mir der Mut und ich fuhr nach Hause.

Am Tag darauf suchte ich im Internet nach Wohnungen und siehe da: Das war doch genau das Haus, wo ich hätte klingeln sollen! Es war erst heute eingestellt worden und die Miete war erschwinglich. Wir konnten es gleich am nächsten Tag besichtigen. Dabei entdeckte ich das Fenster unter dem Dach, das ich einige Wochen zuvor im Gebet gesehen hatte. Zwei Monate später konnten wir in dieses wunderschöne Haus einziehen.

Auch dir will Gott verborgene Dinge offenbaren. Er ist dein Versorger und er hat immer Möglichkeiten, die über deine Vorstellungen weit hinausgehen.

1. Juli

Weder Tod noch Leben, weder Engel noch Dämonen, weder Gegenwärtiges noch Zukünftiges, noch irgendwelche Gewalten, weder Hohes noch Tiefes oder sonst irgend etwas können uns von der Liebe Gottes trennen, die er uns in Jesus Christus, unserem Herrn, schenkt. Römer 8,38–39

Sprich diese siegreiche Zusage heute in dein Leben hinein:

Nichts kann mich DEIN NAME von der Liebe Gottes trennen, die er mir DEIN NAME in Jesus Christus, unserem Herrn, schenkt.

Selbst wenn man dir das Leben nehmen würde, so bliebe doch Gottes Liebe für immer in dir. Hast du auch schon erlebt, wie dir etwas einfach weggenommen wurde? Das Leben kann einen ganz schön verängstigen. Wir fühlen uns unsicher und können nicht abschätzen, was die Zukunft bringen wird. Du darfst heute wissen: Gott bleibt immer derselbe liebende Gott. Nichts kann ihn erschüttern. Selbst der Tod kann dich niemals von seiner Liebe trennen. Gott ist allmächtig und er steht über allem. Menschen können dir Dinge wegnehmen und auch Satan kann dich enorm belästigen. Aber keiner Macht steht es zu, dich von der Liebe Gottes zu entfernen. Keiner kann dich aus Gottes Hand reißen. Wer an Jesus Christus glaubt, der bleibt für immer mit Gottes ewiger Liebe verbunden.

2. Juli

Doch er wurde blutig geschlagen, weil wir Gott die Treue gebrochen hatten; wegen unserer Sünden wurde er durchbohrt ... Wir haben nun Frieden mit Gott! Durch seine Wunden sind wir geheilt. Jesaja 53,5

Sprich diese Wahrheit heute in dein Leben hinein:

Doch er wurde blutig geschlagen, weil ich DEIN NAME Gott die Treue gebrochen hatte; wegen meiner DEIN NAME Sünden wurde er durchbohrt ... Ich DEIN NAME habe nun Frieden mit Gott! Durch seine Wunden bin ich DEIN NAME geheilt.

Gottes Heilung ist kostenlos, weil Jesus den größten Preis bezahlt hat. Sehnst du dich manchmal auch nach vollständiger Heilung deiner körperlichen Beschwerden und deiner seelischen Verletzungen? Jesus Christus ist am Kreuz für deine Fehler gestorben und auch für alle deine Krankheiten und Verletzungen. Gott ist ein Gott der Heilung. Er möchte Menschen gesund machen.

Darum ermutige ich dich heute, diesen Vers über deine Schmerzen auszusprechen. Du darfst Heilung erwarten, weil Christus deine Krankheit bereits getragen hat. Er ist der Heiler und er hat alle Macht. Ich ermutige dich, deinen Blick auf Jesus zu richten und darüber nachzudenken, dass er bereits alle Schmerzen getragen hat.

3. Juli

*Denn jeder, der den Namen des Herrn
anruft, der wird von ihm gerettet.*

Römer 10,13

Sprich diese Zusage heute in dein Leben hinein:

*Wenn ich DEIN NAME den Namen des Herrn anrufe,
dann werde ich DEIN NAME von ihm gerettet werden.*

Jede Sekunde ist Gott bereit, bittenden Menschen zu helfen. Versuchst du manchmal auch, aus eigener Kraft Lösungen zu suchen und die Dinge anzupacken? Gott hat längst gemerkt, dass wir Menschen einfach überfordert sind. Er weiß gut: Ohne seine Hilfe wären wir alle hoffnungslos verloren. Aber Gott möchte allen Menschen die ewige Rettung schenken. Dazu kam Jesus auf diese Erde. Er ist dein persönlicher Retter! Genauso ist er aber auch bereit, dir täglich seine Hilfe anzubieten.

Darum ermutige ich dich heute, Gott deine Nöte hinzuhalten. Er hat den perfekten Durchblick und kann dir helfend zur Seite stehen. Darum übergib heute deine Lebenssituation in Gottes Hände und vertraue ihm, dass er dich umfassend in Sicherheit bringen wird. Versuche nicht mehr länger krampfhaft, dein Leben aus eigener Kraft zu regeln. Lass es los, lege es in Gottes Hände.

4. Juli

Denn die Schrift ist von Gottes Geist eingegeben. Sie dient uns zu unserer Belehrung, unserer Überführung, zu unserer Korrektur und zu unserer Erziehung. 2. Timotheus 3,16

Sprich diese Zusage heute in dein Leben hinein:

Denn die Schrift ist von Gottes Geist eingegeben. Sie dient mir DEIN NAME *zu meiner Belehrung, meiner Überführung, meiner Korrektur und meiner Erziehung.*

Das Wort Gottes ist der kostbarste Schatz, den Menschen in ihrem Herzen tragen können. Fühlst du dich manchmal unsicher bei Entscheidungen oder wenn du vor Situationen stehst, die du nicht verstehen kannst? Gott will zu dir persönlich reden. Genau für dich schrieb er in der Bibel wertvolle Ermutigungen und Anweisungen auf. Diese Worte sind übernatürlich kraftvoll und werden dein Leben zum Positiven verändern. Darum ermutige ich dich heute, in der Bibel zu lesen. Suche dir ein schönes, gemütliches Plätzchen und vertiefe dich dort in die Worte Gottes. Ich bin überzeugt, dass der Heilige Geist zu dir sprechen wird. Vielleicht ist es heute dran, von gewissen Wegen Abschied zu nehmen, weil Gott einen anderen Weg für dich vorbereitet hat. Lass dich von Gott überraschen, was er dir heute in seiner Liebe mitteilen will.

5. Juli

Lasst euer Leben von Gottes Geist bestimmen. Wenn er euch führt, werdet ihr allen selbstsüchtigen Wünschen widerstehen können. Galater 5,16

Sprich diese Aufforderung in dein Leben hinein:

Ich DEIN NAME lasse mein Leben von Gottes Geist bestimmen. Wenn er mich führt, werde ich DEIN NAME allen selbstsüchtigen Wünschen widerstehen können.

Menschen, die sich von Gottes Geist regieren lassen, werden anderen Menschen Gutes tun. Denkst du manchmal auch, dass du irgendwie einfach zu kurz kommst? Du möchtest mehr Geld haben, mehr Freunde, mehr Talente oder einfach mehr Ansehen? Wie oft drehen wir Menschen uns doch um uns selbst. Jesus war anders! Er kümmerte sich nicht um sich selbst, sondern um andere Menschen. Ich ermutige dich, den Heiligen Geist zu fragen, welche deiner Wünsche selbstsüchtig sind und dir nicht gut tun. Du kannst dich heute im Namen Jesu davon lossagen und einen neuen Lebensstil eintrainieren. Vielleicht kannst du dich an diesem Tag um deine Nachbarn oder deine Freunde kümmern. Tue Gutes auf dieser Welt und lass dich dabei Schritt für Schritt vom Heiligen Geist führen. Ich bin überzeugt, dass ein solcher Lebensstil viel Freude in dein Leben bringen wird.

6. Juli

Gott hat uns aber in seine Gemeinde berufen. Darum sind wir ein Leib. In uns wirkt ein Geist, und uns erfüllt eine und dieselbe Hoffnung. Epheser 4,4

Sprich diese Zusage heute in dein Leben hinein:

Gott hat mich DEIN NAME *in seine Gemeinde berufen. Darum bin ich zusammen mit meiner Gemeinde ein Leib. In mir* DEIN NAME *und meiner Gemeinde wirkt ein Geist, und uns erfüllt eine und dieselbe Hoffnung.*

Gemeinde zu leben ist nicht eine Idee von Menschen, sondern unsere göttliche Bestimmung! Hast du eine Gemeinde, zu der du verbindlich gehörst und in der du glücklich bist? Die Gemeinde ist wie ein Körper, sie besteht aus vielen Gliedern. Auch du bist ein Glied und du bist für diesen Körper enorm wichtig, denn ohne dich funktioniert der Körper nicht so, wie er sollte. Da, wo Menschen gemeinsam eine Gemeinde bilden, ist eine große Kraft. Ich ermutige dich heute, deine göttliche Bestimmung in der Gemeinde zu entdecken. Der Leib Christi ist die Hoffnung der Welt. Darum habe Gemeinschaft mit anderen Christen und bringe dich aktiv ein. Vielleicht hast du auch schon negative Erfahrungen gemacht mit einer Gemeinde. Ich kann verstehen, dass dies nicht einfach ist. Aber lass dir nicht deine göttliche Bestimmung rauben oder zerstören. Isoliere dich nicht – du bist Teil eines Leibes!

7. Juli

Jedem Einzelnen von uns aber hat Christus besondere Gaben geschenkt, so wie er sie in seiner Gnade jedem zugedacht hat.

Epheser 4,7

Sprich diese Zusage heute in dein Leben hinein:

Mir DEIN NAME *und jedem Einzelnen von uns hat Christus besondere Gaben geschenkt, so wie er sie in seiner Gnade jedem zugedacht hat.*

Jeder Mensch sollte heute anfangen, sein göttliches Geschenk, seine brillanten Talente auszupacken! Wie denkst du über deine Talente? Weißt du überhaupt, welche Gaben in dir stecken? Gott hat dich großzügig beschenkt und dir besondere Talenten mitgegeben. Vielleicht kennst du sie noch nicht. Aber weißt du, Gott hat dich nicht vergessen. In dir drin steckt ein kostbarer Schatz; diese natürlichen und geistlichen Gaben sind perfekt auf dich zugeschnitten. Vielleicht wurden deine Gaben durch negative Erlebnisse zugeschüttet.

Ich ermutige dich heute, deine Talente zu entdecken, zum Beispiel durch einen Gabentest, oder deine verschütteten Talente wieder auszugraben. Gott beschenkte dich, damit du ihm dienen und andere Menschen ermutigen kannst. Durch deine Talente kann die Welt verschönert und enorm gesegnet werden.

8. Juli

Wir haben einen mächtigen Gott! Er ist unser Herr für immer und ewig; allezeit wird er uns führen! Psalm 48,15

Sprich diese Zusage heute in dein Leben hinein:

Ich DEIN NAME habe einen mächtigen Gott! Er ist mein DEIN NAME Herr für immer und ewig; allezeit wird er mich DEIN NAME führen!

Wer Gott seine Hand gibt, wird für immer in völliger Sicherheit sein! Fühlst du dich manchmal wie verloren auf dieser Welt? Oder du bist dir nicht sicher, wie du dich gerade entscheiden sollst? Gott ist mächtig. Er steht über deiner Unsicherheit sowie über allen deinen Entscheidungen, die bei dir anstehen und die dich beschäftigen. Er sieht das Ende schon von Anfang an; er ist der ewige und allmächtige Gott! Und dieser großartige Gott will dich Schritt für Schritt leiten und dir im richtigen Moment die perfekten Anweisungen geben.

Darum ermutige ich dich heute, ihm zu vertrauen und die Hand Gottes niemals loszulassen, denn er kennt den exakt richtigen Weg für dich. Niemals würde er dich einen Weg führen, der für dich nicht gut wäre. Die einzige Voraussetzung dafür ist, dass du dich von ihm leiten lässt. Gott steht jede Sekunde deines Lebens liebevoll und fürsorglich an deiner Seite!

9. Juli

*Gott hat uns keinen Geist der Furcht
gegeben, sondern sein Geist erfüllt uns
mit Kraft, Liebe und Besonnenheit.*

2. Timotheus 1,7

Sprich dieses Versprechen heute in dein Leben hinein:

Gottes Geist erfüllt mich DEIN NAME *mit Kraft, Liebe
und Besonnenheit.*

Menschen, die an Gott glauben, bekommen Stärke, Liebe und Weitsicht! Vielleicht fragst du dich manchmal, was du davon hast, dass du Christ bist? Oder was dir der Glaube an Gott wirklich bringt? Wenn du Jesus Christus in deinem Herzen aufgenommen hast, dann trägst du den Heiligen Geist in dir. Und dieser Geist will sich immer mehr entfalten und sich großzügig in deinem Leben zeigen. Du bist erfüllt mit göttlicher Kraft, seiner Liebe und Besonnenheit. Darum ermutige ich dich heute, dem Geist Gottes in deinem Leben Raum zu schaffen. Lass den Heiligen Geist in deinem Inneren aufblühen und gib ihm die Chance, durch dich kraftvoll, liebevoll und weise zu handeln. Ich bin überzeugt, dass dann aus deinem Herzen kraftvolle Liebe zu deinen Mitmenschen fließen wird. Sprich diesen Vers erneut in deine Lebenssituation hinein und bitte den Heiligen Geist, dich heute mit seiner Macht zu überraschen.

10. Juli

Gott hat vom Himmel herabgeschaut auf die Menschenkinder, um zu sehen, ob ein Verständiger da ist, einer, der Gott sucht. Psalm 53,3 (ELB)

Sprich diese Wahrheit heute in dein Leben hinein:

Gott schaut vom Himmel herab auf mich DEIN NAME, um zu sehen, ob ich DEIN NAME verständig bin und Gott suche.

Gott sucht jeden Tag nach Menschen, die ihm vertrauen!

Vielleicht fragst du dich manchmal, ob Gott dich wirklich bemerkt hat oder ob er überhaupt noch an dich denkt? Ja, Gott hält jeden Tag Ausschau nach dir. Gerade jetzt sucht er nach dir, weil seine tiefe Sehnsucht nach Beziehung zu dir ihn nicht loslässt. Ständig schaut er dir liebevoll und freundlich zu und wünscht sich Kontakt mit dir. Darum ermutige ich dich heute, Gott einen Blick zurückzuschenken. Nimm dir gerade jetzt Zeit, um Gottes Gegenwart zu genießen und seine Nähe spürbar zu erleben. Er lässt sich finden, wenn du ihn suchst. Ich bin überzeugt, dass jede Begegnung mit Gott dir gut tut, dir Kraft spendet und dich mit großer Freude erfüllen wird. Darum lass dich heute nicht von deinem Alltag überwältigen, sondern richte deine Gedanken bewusst auf den allmächtigen Gott aus.

11. Juli

*Siehe, Gott ist mir ein Helfer; der Herr
ist der, der meine Seele stützt.*
Psalm 54,6 (ELB)

Sprich diese Zusage heute in dein Leben hinein:

Siehe, Gott ist mir DEIN NAME *ein Helfer; der Herr ist
der, der meine* DEIN NAME *Seele stützt.*

**Kein verletztes Herz ist zu schwer, dass Gott es nicht lie-
bevoll tragen könnte!** Wie fühlt sich deine Seele heute?
Weißt du, manchmal geht es so schnell, dass wir Menschen lieblos miteinander umgehen und uns gegenseitig
verletzen. Genau das macht unsere Herzen schwer und
traurig. Aber Gott kennt deine Verletzungen. Er spürt
deinen Schmerz und sieht deine Trauer. Gott ist dir in
jeder Lebenslage ein Helfer und er will dir Gutes tun.

Darum möchte ich dich heute ermutigen: Lass deine Seele von Gott stützen. Erzähle ihm heute, was dich
tief in deinem Innern beschäftigt. Gott ist der beste See-
lenarzt. Darum sprich deine Verletzungen vor Gott aus
und vielleicht auch bei einer guten Freundin oder einem
guten Freund, und dann betet gemeinsam um die liebevolle Unterstützung Gottes. Ich bin überzeugt, dass
Gott dein Herz liebevoll umarmen wird und du spüren
kannst, wie er dich trägt.

12. Juli

Doch gerade dann, wenn ich Angst habe,
will ich mich dir anvertrauen.
Psalm 56,4

Sprich diese Aufforderung heute in dein Leben hinein:

Doch gerade dann, wenn ich DEIN NAME *Angst habe, will ich* DEIN NAME *mich dir anvertrauen.*

Je größer die Angst ist, die dich ungefragt überfällt, desto mehr Stärke hält Gott in seiner Nähe für dich bereit!
Kennst du die Momente, in denen dir die Knie zittern und du nicht mehr das Richtige tust, weil du Angst hast? Das Gefühl der Angst kann dich ungefragt in die Enge treiben und dir das Leben schwer machen. Doch gerade in diesen Momenten hast du eine riesige Chance, dieser Angst in Stärke zu begegnen.

Ich ermutige dich im Augenblick der kommenden Angst innerlich einen Stopp zu setzen, indem du den Namen Jesu aussprichst. Gott ist wie eine Vertrauensperson, die ständig an deiner Seite ist und der du dich anvertrauen darfst. Darum überwinde die aufgeblasenen Gefühle der Angst im Namen Jesu und gehe mit mutigen Schritten vorwärts. Ich bin überzeugt: Gott wird alle negativen Gefühle aus deinem Leben vertreiben und deinen Tank mit neuem Mut füllen.

13. Juli

Gott hilft denen, die wissen,
dass sie ihn brauchen.
Sprüche 3,34b

Sprich diese Zusage heute in dein Leben hinein:

Gott hilft mir DEIN NAME, *wenn ich* DEIN NAME *weiß, dass*
ich DEIN NAME *ihn brauche.*

Gott ist ein Gentleman, er zwingt seine Hilfe niemandem
auf! Hast du gerade ungelöste Probleme oder gibt es
Dinge in deinem Leben, die dir Sorgen bereiten? Gott
möchte dir sehr gerne helfen. Voraussetzung dafür ist
deine Bereitschaft, die Hilfe Gottes auch wirklich anzunehmen.

Ich möchte dich ermutigen: Hör auf, dir selbst helfen zu wollen, und hole dir bei Gott übernatürliche Hilfe ab. Verpasse nicht länger all die Hilfestellungen, die
Gott längst für dich persönlich vorbereitet hat. Gott
wird sich dir aber nicht aufdrängen, er kann warten, bis
du kommst und sein perfektes Hilfsangebot bei ihm abholst. Vielleicht hat Gott schon andere Menschen vorbereitet, durch die er dir helfen will. Höre heute auf Gottes
Gedanken; ich bin überzeugt, dass er dir liebevolle Anweisungen schenken wird. Liebe heute dein Leben, weil
Gott ein Gentleman ist!

14. Juli

Denn Gott, der Herr, ist die Sonne, die uns Licht und Leben gibt, schützend steht er vor uns. Niemand ist so gut zu uns wie er.

Psalm 84,12

Sprich diese Zusage heute in dein Leben hinein:

Denn Gott, der Herr, ist die Sonne, die mir DEIN NAME *Licht und Leben gibt, schützend steht er vor mir. Niemand ist so gut zu mir.*

Wer sich kompromisslos an Gott festhält, wird niemals zu kurz kommen! Fühlst du dich manchmal auch so, als befändest du dich immer wieder zur falschen Zeit am falschen Ort? Satan will uns ständig mit negativen Gedanken beschäftigen und uns Menschen einreden, Gott hätte uns vergessen. Doch das ist eine Lüge! Gott gibt dir den nötigen Schutz und wird dich niemals zu kurz kommen lassen. Voraussetzung dafür ist, dass du an Gott festhältst, an ihm »dran bleibst«. Darum ermutige ich dich, auch in schwierigen Lebenssituationen deine Beziehung zu Gott niemals aufzugeben. Auch dann nicht, wenn vor der Sonne eine Wolke hängt. Wenn du an ihm festhältst, wirst du erleben: Gott ist wirklich fair und treu. Lass nicht länger zu, dass negative Stimmen dich von Gottes Segen fernhalten. Ich bin überzeugt, dass Gottes Segen großzügig in dein Leben kommen wird.

15. Juli

Du bist die Quelle – alles Leben strömt aus dir. In deinem Licht sehen wir das Licht. Psalm 36,10

Sprich diese Zusage heute in dein Leben hinein:

Du bist die Quelle – alles Leben strömt aus dir. In deinem Licht sehe ich DEIN NAME *das Licht.*

In der Gegenwart Gottes ist Kraft, die Menschen wirklich trägt. Vielleicht fühlst du dich heute energielos und du trottest nur noch so vor dich hin. Aber Gott ist die Quelle! Er stellt eine unerschöpfliche Energiequelle für dich bereit. Er will dich immer wieder zum Leben erfrischen und dich mit Lebensfreude und neuer Energie zurüsten. Auch wenn dunkle Zeiten kommen: Gerade dann ist Jesus Christus das Licht dieser Welt; er will deine Dunkelheit wieder hell machen. Selbst in den depressivsten Momenten kann das Licht Gottes alles wieder hell machen.

Darum ermutige ich dich heute, an dieser Quelle Gott zu treffen. Er wartet auf dich und will dich mit überreichlich Gutem beschenken. Lass heute ganz bewusst seine göttliche Energie in deinen Körper, deine Seele und in deinen Geist hineinfließen. Ich bin überzeugt, dass sich eine unbeschreiblich hilfreiche Kraft in dir ausbreiten wird.

16. Juli

Die Weisung des Herrn ist vollkommen,
sie gibt neues Leben. Psalm 19,8a (EÜ)

Sprich diese Zusage heute in dein Leben hinein:

Die Weisung des Herrn ist vollkommen, sie gibt mir
DEIN NAME *neues Leben.*

Gottes Wort ist die perfekte Kraft, die dein Herz in wohltuende Bewegung bringt. Was macht dich als Mensch wirklich zutiefst glücklich? Vielleicht dein Urlaub, dein Geld oder deine Freizeitbeschäftigung? Dies alles sind wunderschöne Dinge und sie können dir vorübergehend Freude schenken. Doch Gottes Wort ist anders, es ist vollkommen, perfekt. Gott will dir seine Gebote auf dein Herz schreiben; und in jedem seiner Worte steckt übernatürliche Kraft, die in deinem Leben wirksam werden möchte. Darum ermutige ich dich heute, Gottes Wort zu lesen, dein Herz für sein Reden zu öffnen, und Gottes perfekte Anweisungen in deinem Leben umzusetzen. Dazu brauchst du nicht deine eigene Kraft bemühen; der Heilige Geist in dir bewirkt sowohl das Wollen als auch das Vollbringen. Er hat die goldrichtigen Tipps, wie du wirklich glücklich werden kannst. Ich bin überzeugt, dass Gott dich durch diesen Lebensstil der Gemeinschaft mit ihm mit großer Freude überschütten wird und mit überaus großzügigem Segen.

17. Juli

Darum preisen wir dich, unseren Gott,
wir loben deinen herrlichen Namen.
1. Chronik 29,13

Sprich diese Aufforderung heute in dein Leben hinein:

> *Darum preise ich* DEIN NAME *dich, meinen Gott, ich* DEIN
> NAME *lobe deinen herrlichen Namen.*

Wer Gottes mächtige Hand entdeckt, bekommt ein dankbares Herz! Wie oft denken wir doch, wir hätten uns selbst etwas angeeignet oder wir hätten aus eigener Kraft etwas bewirkt. Alles, was auf diesem Planeten Erde lebt, gehört Gott. Jede Kraft und jede Majestät ist Eigentum Gottes und ihm gehört alle Macht. Alles was du hast, deine Familie, dein Haus und dein Reichtum, ist ein Geschenk Gottes.

Darum ermutige ich dich heute, dafür dankbar zu sein. Erinnere dich heute bewusst an alles, was Gott dir in deinem Leben gegeben hat. Danke Gott für seine Kraft, die durch dich wirksam geworden ist und die in Zukunft noch Größeres bewirken wird. Vielleicht kannst du Gott heute einen Brief schreiben oder ihm mit Liedern deine Dankbarkeit zeigen. Danke Gott bei der Arbeit, unter der Dusche oder auch still in deinem Kämmerlein. Ich bin überzeugt, dass dein dankbares Herz dich zutiefst glücklich machen wird.

18. Juli

Kommt alle her zu mir, die ihr euch abmüht und unter eurer Last leidet! Ich werde euch Ruhe geben. Matthäus 11,28

Sprich diese Zusage heute in dein Leben hinein:

Ich DEIN NAME komme zu dir, Jesus, und bringe dir meine Last DEINE SCHWIERIGKEITEN. Du gibst mir DEIN NAME Ruhe.

In der Hektik deiner Schwierigkeiten kann nur Gott allein dir tiefe innere Ruhe schenken. Kennst du die Momente, in denen du mit viel Energie versuchst, deine Probleme zu lösen? Fühlt es sich dann vielleicht so an, als würdest du nicht vom Fleck kommen und als würde alles nur noch schlimmer werden? Vielleicht kommt es sogar soweit, dass du nicht mehr schlafen kannst.

Gott sagt uns nicht, wir sollten unsere Probleme selbst lösen. Im Gegenteil, er lädt dich ein, mit allen deinen Hindernissen zu ihm zu kommen. Darum ermutige ich dich heute, deine Sorgen bei Gott abzuladen. Höre auf, dich länger anzustrengen. Bringe deine Unruhe zu Gott und lass ihn diese in eine göttliche Ruhe verwandeln. Ich bin überzeugt, Gott wird dich durch deine Leidenszeit begleiten und dich täglich mit innerer Ruhe versorgen. Sprich den oben stehenden Vers erneut in dein Leben, dadurch wird dein Leben wieder leichter.

19. Juli

Jesus sprach: Ich habe von Gott alle Macht im Himmel und auf der Erde erhalten. Matthäus 28,18

Sprich diese Worte heute in dein Leben hinein:

Ich DEIN NAME kenne Jesus, der von Gott alle Macht im Himmel und auf Erden erhalten hat.

Es ist ein großes Privileg, den Sohn Gottes persönlich zu kennen! Fragst du dich manchmal auch, wer Jesus wirklich ist? Stell dir vor, er hat von seinem Vater alle Macht im Himmel und auf der Erde erhalten. Jesus regiert nicht nur mit einer begrenzten Vollmacht. Ihm gehört die vollständige Autorität. Sein Name hat wirklich alle Macht.

Darum ermutige ich dich heute, im Namen Jesu Christi. Du kennst den König der Könige, den Sohn Gottes, persönlich und darum kannst du zuversichtlich und vollmächtig beten. Nimm dir heute einen besonderen Moment Zeit, um für deine Situation, deine Familie, deine Freunde und deine Gemeinde zu beten. Bring deine Anliegen zu Jesus, denn er wird sich darum kümmern. Sein machtvolles Wirken kann die schwierigsten Lebenssituationen zum Guten wenden.

20. Juli

Ja, der Herr lässt uns niemals im Stich.
Herr, schenke deinem Volk
Frieden und Glück.
Psalm 3,9

Sprich diese Zusage heute in dein Leben hinein:

Ja, der Herr lässt mich DEIN NAME *niemals im Stich.*
Herr, schenke mir DEIN NAME *Frieden und Glück.*

Die besten Freunde können dich im Stich lassen, doch Gott bleibt jederzeit verlässlich an deiner Seite! Hast du auch schon erlebt, dass Menschen dich enttäuschten, weil sie dich ignorierten oder gar verließen? Menschen können sich gegenseitig tief verletzen. Gott würde so etwas niemals tun. Die Option »Davonlaufen« gibt es für Gott nicht. Er bleibt dir treu, sogar wenn du vor ihm weggelaufen bist.

Darum ermutige ich dich heute, dich an Gott festzuhalten. Mache das zu deiner obersten Priorität. Suche deinen Halt nicht bei deinem Ehepartner, deinen Freunden oder anderen Menschen. Pflege deine Beziehung zu Gott, der dich stark macht für deine Beziehungen zu anderen Menschen. Ich bin überzeugt, dass Gott dich zu einer glücklichen und zufriedenen Person machen wird.

21. Juli

In Frieden werde ich, sobald ich liege,
schlafen; denn du, Herr, lässt mich,
obschon allein, in Sicherheit wohnen.
Psalm 4,9 (ELB)

Sprich diese Zusage heute in dein Leben hinein:

Ich DEIN NAME werde in Frieden schlafen; denn du, Herr,
lässt mich DEIN NAME in Sicherheit wohnen.

Jeder unsichere Mensch kann sich durch Gottes Stärke in eine sichere Person verwandeln. Kennst du manchmal Momente, in denen du dich unsicher und angreifbar fühlst? So als würdest du am liebsten deinen Kopf unter einen Schildkrötenpanzer hineinziehen? Gott hat ein großartiges Potenzial in dich hineingelegt, das sichtbar werden soll. Gott will nicht, dass du dich ängstlich und verzagt durch diese Welt schleichst oder dich abends im Bett stundenlang unruhig von der einen auf die andere Seite wälzt.

Darum ermutige ich dich heute, deine Ruhe und deine Sicherheit bei Gott zu suchen. Lass dich von ihm mit innerem Frieden beschenken. Er liebt dich und er möchte dir Sicherheit schenken, damit du gut schlafen kannst. Darum bitte heute Gott, seine Ruhe in dich hineinzulegen, und dann gehe mutig vorwärts.

22. Juli

*Der Herr hat die Stimme
meines Weinens gehört.*
Psalm 6,9b (ELB)

Sprich diese Wahrheit in dein Leben hinein:

Gott hört mich DEIN NAME, *wenn ich weine.*

Da, wo du alleine und leise geweint hast, hat dich Gott gehört. Kennst du Momente des Weinens, von denen keiner etwas weiß? Vielleicht nach dem Tod eines lieben Menschen oder in Situationen, in denen du abgelehnt oder beleidigt wurdest? Gott sieht und hört, wenn du weinst, es bleibt ihm nicht verborgen. Du bist für ihn dermaßen kostbar und wertvoll, dass er dich ständig im Blick hat, dich hört und genau weiß, was in deinem Herzen los ist.

Gott möchte, dass es dir gut geht, und es ist sein großer Wunsch, dich zu trösten und dir mit seiner mitfühlenden Liebe zu begegnen. Du bist mit deiner Trauer niemals alleine. Darum ermutige ich dich heute, mit Gott über deine innerste Trauer zu sprechen. Erzähle ihm deine Geschichte. Denn er kennt deinen Kummer und hat Verständnis für dein Herzweh.

23. Juli

Meine Gnade ist alles, was du brauchst!
Denn gerade wenn du schwach bist,
wirkt meine Kraft ganz besonders an dir.
2. Korinther 12,9

Sprich diese Zusage heute in dein Leben hinein:

Gottes Gnade ist alles, was ich DEIN NAME *brauche!*
Denn gerade wenn ich DEIN NAME *schwach bin, wirkt*
Gottes Kraft ganz besonders an mir.

Kein Mensch muss irgendeine Leistung erbringen, damit Gott ihn liebt. Wie oft denken wir Menschen doch, wir müssten stark sein oder wenigstens nach außen hin stark wirken. Doch Gott fragt dich nicht, welche Leistung du erbracht hast – und es interessiert ihn auch nicht, wenn du nichts geleistet hast. Alles, was du wirklich brauchst, ist bereits in dir; in Jesus Christus hat Gott dir schon alles geschenkt, und durch seine Barmherzigkeit macht er dich stark.

Vielleicht fühlst du dich heute müde oder erschöpft. Der Alltag hat dich ausgelaugt und dich vielleicht sogar an dein Limit gebracht. Ich ermutige dich heute, deine Schwachheit bei Gott in Kraft verwandeln zu lassen. Je mehr du deine eigene Kraft loslässt, desto mehr wird sich Gottes alles übersteigende Energie in deinem Leben ausbreiten. Liebe dein Leben, denn heute kannst du in der Kraft Gottes allen Herausforderungen des Alltags begegnen.

24. Juli

Begegnet dem Herrn mit Ehrfurcht, alle, die ihr zu ihm gehört! Denn wer ihn ernst nimmt, der muss keinen Mangel leiden. Psalm 34,10

Sprich diese Zusage heute in dein Leben hinein:

Ich DEIN NAME begegne dir, Herr, mit Ehrfurcht, denn ich gehöre zu dir! Ich DEIN NAME nehme dich ernst, darum muss ich keinen Mangel haben.

Wer Gott mit Ehrfurcht begegnet, der wird von ihm belohnt werden. Sehnst du dich auch manchmal nach mehr Fülle von Gott? Oder wünschst du dir innere Zufriedenheit? Gott ist bereit, all deinen Mangel auszufüllen. Er hat viele Überraschungen für dich bereit. Aber er sehnt sich nach der Begegnung mit dir. Gott ist ein mächtiger König, er ist ein Licht, das wir Menschen eigentlich nicht ertragen könnten. Er ist heilig! Darum ist es reine Gnade, dass wir überhaupt eine Beziehung zu ihm haben können. Aus diesem Grund haben wir ihm mit Respekt zu begegnen und seine Würde zu achten.

Ich ermutige dich heute, deine Haltung vor Gott zu überprüfen und, wenn nötig, zu ändern. Bete heute Gott als mächtigen König und Herrscher an. Sage ihm, wie mächtig er ist, und begegne ihm dabei mit Respekt. Ich bin überzeugt, dass Gott dich durch diese Begegnung überreich segnen wird!

25. Juli

Der Herr ist denen nahe, die verzweifelt sind, und rettet jeden, der alle Hoffnung verloren hat. Psalm 34,19

Sprich diese Zusage heute in dein Leben hinein:

Gott ist mir DEIN NAME nahe, wenn ich verzweifelt bin, und Gott rettet mich DEIN NAME, wenn ich alle Hoffnung verloren habe.

Kein Mensch braucht zu verzweifeln, denn Gottes Hilfe steht für alle bereit! Hattest du auch schon Zweifel oder warst du gar verzweifelt? Es gibt Momente im Leben, vielleicht im Geschäft, in der Schule, in der Kindererziehung oder in Beziehungen, wo es nicht so läuft, wie man es gerne hätte. Du stehst vor ungelösten Fragen und es ist zum Verzweifeln, du kannst einfach keine Lösung finden.

Ich ermutige dich heute, deine Verzweiflung bei Gott abzugeben und die Hilfe bei Gott abzuholen, die dort schon auf dich wartet. Wenn du am Ende deines Lateins bist, dann kommt Gott mit seiner brillanten Hilfe. Gott ist ein Helfer und er will dich aus deinen Schwierigkeiten retten. Darum triff dich heute mit ihm und bring deine Zweifel vor ihn, lass ihn deine Verzweiflung hören. Ich bin überzeugt, dass Gott dich nicht im Regen stehen lassen wird. Er beschenkt dich mit göttlicher Hoffnung. Liebe dein Leben, weil Gottes Hilfe für dich bereitsteht.

26. Juli

Wen die Liebe erfasst hat, der kennt ihr Feuer: Sie ist eine Flamme Gottes! Mächtige Fluten können sie nicht auslöschen, gewaltige Ströme sie nicht fortreißen. Hohelied 8,6b–7a

Sprich diese Zusage heute in dein Leben hinein:

Weil mich DEIN NAME *die Liebe erfasst hat, kenne ich ihr Feuer: Sie ist eine Flamme Gottes! Mächtige Fluten können sie nicht auslöschen, gewaltige Ströme sie nicht fortreißen.*

Keine Macht kann Gottes Liebe auslöschen, denn sie ist immer noch viel kraftvoller, als Menschen denken können. Wie schön ist es doch, wenn jemand dir sagt: »Ich liebe dich!« Wir Menschen genießen es, geliebt zu werden. Doch menschliche Liebe kann so schnell vorbei sein. Vielleicht hast du gerade erlebt, dass jemand dich liebte, und plötzlich war alles vorbei, weil die Situation sich änderte. Gottes Liebe ist total anders. Sie ist so stark, dass keine Macht dieser Welt sie auslöschen kann. Gott hat dich schon immer geliebt und er wird dich für immer lieben. Er ist nicht wetterwendisch oder hinterhältig. Gottes Liebe ist in dein Herz ausgegossen, somit steckt diese Liebe in dir drin. Ich ermutige dich heute, diese Liebe zu genießen und Gott dafür Danke zu sagen.

27. Juli

Denn der Herr ist gut zu uns, seine Gnade hört niemals auf, für alle Zeiten hält er uns die Treue. Psalm 100,5

Sprich diese Zusage heute in dein Leben hinein:

Denn du, Herr, bist gut zu mir DEIN NAME*, deine Gnade hört niemals auf, für alle Zeiten hältst du mir* DEIN NAME *die Treue.*

Gott kommt dir jederzeit entgegen und schenkt dir eine neue Chance! Vielleicht hast du dich in der letzten Zeit von Gott entfernt und du hast versucht, dein Leben selbst in den Griff zu bekommen. Oder du hast Dinge getan, die Gott nicht gefallen. Du darfst wissen, dass Gott ein gnädiger Gott ist. Seine Barmherzigkeit hört niemals auf. Gott ist immer gut zu dir, im Gegensatz zu Menschen, die dir das Leben ganz schön schwer machen können.

Darum ermutige ich dich heute, mit diesem gütigen Gott Beziehung zu pflegen. Wende dich an ihn – sprich mit ihm, bete ihn an und sage ihm einfach Danke für seine nie endende Gnade. Vielleicht ist es heute auch dran, von einem falschen Weg umzukehren. Gott wird dir dabei helfen, denn er möchte dich mit neuer Freiheit und mit Freude beschenken.

28. Juli

Ja, Herr, du wirst dich auch in Zukunft um mich kümmern, deine Gnade hört niemals auf! Was du angefangen hast, das führe zu einem guten Ende!

Psalm 138,8

Sprich diese Zusage heute in dein Leben hinein:

Ja, Herr, du wirst dich auch in Zukunft um mich DEIN NAME *kümmern, deine Gnade hört niemals auf! Was du angefangen hast, das führe zu einem guten Ende!*

Was Gott angefangen hat, das wird er zu Ende führen!

Machst du dir auch manchmal Sorgen um die Zukunft? Was wird auf dieser Welt, die aus den Fugen geraten ist, noch alles geschehen? Wir Menschen haben die Umwelt zu dem gemacht, was sie ist. Wir haben die Zukunft nicht im Griff und können nicht erahnen, was noch alles auf uns zukommen wird.

Aber ganz gleich, was in deinem Leben alles an dich herankommen wird oder wie sich die Weltgeschichte oder die Umweltprobleme entwickeln werden, Gott wird sich immer und allezeit um dich kümmern. Gott gibt dir heute die Zusage, dass er auch in Zukunft für dich da sein wird. Darum ermutige ich dich, dich an der Hand Gottes und an seiner Gnade festzuhalten. Er hat die Zukunft im Blick und wird alles zu einem guten Ende führen.

29. Juli

Der Herr ist denen nahe, die zu ihm
beten und es ehrlich meinen.
Psalm 145,18

Sprich diese Zusage heute in dein Leben hinein:

Der Herr ist mir nahe, wenn ich DEIN NAME *zu ihm bete*
und es ehrlich meine.

**Durch dein ehrliches Gebet kommt Gottes Nähe in dein
Leben!** Bestimmt möchtest du auch gerne nahe bei Gott
sein und ihn in der Tiefe deines Herzens erleben. Gott
ist dazu bereit! Er möchte dich seine Nähe spüren lassen. Gott wartet auf dich, bis du mit ihm Kontakt auf-
nimmst. Voraussetzung dafür ist deine Ehrlichkeit. Darum ermutige ich dich heute, mit Gott ehrlich zu reden.

Du kannst mitten im Alltag immer wieder mit Gott
in Kontakt sein, sei es am Arbeitsplatz, in der Küche
oder bei einem gemütlichen Spaziergang im Freien.
Richte deine Gedanken immer wieder auf Gott aus und
rede mit ihm, als wäre er wie ein guter Freund neben
dir. Denke nicht, Gott fände dein Gespräch langweilig
oder er hätte keine Zeit für dich. Im Gegenteil, durch
dein Gebet wird er dir näherkommen und du kannst
sein Herz immer mehr erfassen. Ich bin überzeugt, dass
du dadurch eine neue Dimension deines Glaubensle-
bens entdecken wirst. Hab dein Leben lieb!

Verlasse dich nicht auf deine eigene Urteilskraft, sondern vertraue voll und ganz dem Herrn! Sprüche 3,5

Sprich diese Aufforderung heute in dein Leben hinein:

Ich DEIN NAME verlasse mich nicht auf meine eigene Urteilskraft, sondern ich DEIN NAME vertraue voll und ganz dem Herrn.

Aus eigener Anstrengung zu leben macht müde, doch Vertrauen auf Gott bringt Leichtigkeit! Wie oft denken wir doch, wir hätten alles genau geplant und bestens vorbereitet. Doch dann kommt etwas dazwischen und alle unsere Urteilskraft hat uns nichts genützt. Wir Menschen sind nicht Gott und wir werden niemals den vollständigen Überblick über unser Leben haben. Genau darum brauchen wir Gott. Er weiß alles und wer sein Vertrauen auf ihn setzt, wird belohnt werden.

Darum ermutige ich dich heute, dein volles Vertrauen auf Gott zu setzen. Gott hat dich mit einem Verstand beschenkt, den du immer wieder unter den Schutz Gottes stellen darfst. Dann wird Gott deine Gedanken leiten und dich zu den genialsten Erkenntnissen führen. Ich bin überzeugt: Auf diese Weise wird Gott dein Leben mit Leichtigkeit segnen. Liebe dein Leben!

*Hass führt zu Streit, aber Liebe
sieht über Fehler hinweg.*
Sprüche 10,12

Sprich diese Weisheit heute in dein Leben hinein:

*Hass führt in meinem Leben zu Streit, aber Liebe sieht
über Fehler hinweg.*

**Göttliche Liebe befähigt Menschen dazu, jeden Fehler zu
verzeihen!** Wurdest du auch schon tief verletzt? Vielleicht gibt es Menschen, von denen du glaubst, dass du
ihnen niemals verzeihen kannst. Oder vielleicht hast du
Fehler gemacht, die du dir selbst nicht vergeben kannst.
Doch Gottes Liebe ist so stark, dass sie auch in dir vollständige Vergebung und Versöhnung schaffen kann.

Darum ermutige ich dich, diese Liebe in Anspruch
zu nehmen. Wenn du dich entscheidest, nicht zu vergeben, wird sich Hass und Verbitterung in deinem Leben ausbreiten, weil die Last dich gefangen nimmt. Gott
möchte, dass du dein Leben wieder lieben und genießen kannst. Vielleicht ist es heute dran, Vergebung auszusprechen und Altes wirklich loszulassen. Denn so
werden deine Beziehungen wieder aufblühen, und auch
dein persönliches geistiges Leben wird erneuert.

Übernatürliche Hilfe

Nach unserem Theologiestudium bauten wir als Ehepaar eine Kirchgemeinde im Zürcher Oberland auf. Dort leitete ich innerhalb dieser Kirche eine Kleingruppe für Frauen. Wir trafen uns alle zwei Wochen bei uns zu Hause zu einem gemütlichen Abend mit Austausch, Bibelstudium und Gebet. Ich liebte diese Gruppe, denn wir waren nicht nur eine Arbeitsgruppe, sondern echte Freundinnen, die einander liebevoll unterstützten.

Eines Abends war das Thema »Zungenrede« dran. Mein Mann hatte am Sonntag über diese Geistesgabe gepredigt und jetzt war es meine Aufgabe, das in der Kleingruppe zu vertiefen. Keine leichte Aufgabe, denn ich selbst hatte diese Gabe nicht und wusste auch nur wenig darüber. Dabei hatte ich doch Theologie studiert!

Aber darüber hatten wir kaum etwas gelernt. Ich war so unsicher!

Also gab ich in der Kleingruppe eine kleine theoretische Abhandlung über Zungenrede zum Besten. »Gerne würde ich euch mehr dazu sagen, aber ich selbst kenne die Zungenrede noch nicht. Vielleicht schenkt mir der Heilige Geist irgendwann diese Gabe auch«, erklärte ich abschließend wehmütig.

Nun begannen wir gemeinsam mit der Männergruppe eine Anbetungszeit. Mein Mann setzte sich an den Flügel und führte uns durch die Lieder direkt zum Herzen Gottes. Plötzlich spürte ich den Heiligen Geist intensiv und völlig überraschend beschenkte er mich in meinem Wohnzimmer mit der Gabe der Zungenrede.

Heute kann ich mich mit dieser Gabe immer wieder stärken und geistlich für den Dienst zurüsten. Gott will auch dir Gaben des Geistes schenken. Darum ermutige ich dich, diese Geistesgaben zu empfangen und sie zu deiner Stärkung einzusetzen.

*Harre auf den Herrn und halte seinen
Weg ein, und er wird dich erhöhen, das
Land zu besitzen. Psalm 37,34*

1. August

Sprich diese Aufforderung heute in dein Leben hinein:

Ich DEIN NAME *harre auf den Herrn und halte Gottes Weg ein, und er wird mich* DEIN NAME *erhöhen, das Land zu besitzen.*

Wer sich jederzeit an Gott festhält, der wird beschenkt werden! Durchhalten ist nicht immer einfach und oft wäre es einfacher, aufzugeben. Doch Gott fordert uns Menschen auf auszuharren! Vielleicht bist du mit dem Weg Gottes für dein Leben nicht immer einverstanden und du kannst nicht verstehen, warum er dich dies und jenes erleben lässt. Lass dich heute ermutigen, dich trotzdem an ihm festzuhalten. Gottes Weg für dich ist perfekt und er mutet dir niemals mehr zu, als du ertragen kannst, denn er selbst möchte deine Lasten tragen.

Selbst wenn dein Leben durch tiefe Täler geht: Gott verspricht dir, dich zu erhöhen. Es kommt der Moment, in dem du von Gott deine Belohnung erhalten wirst. Bete heute um Geduld und Treue in deinem Leben. Ebenso kannst du heute spezifisch für dein Land beten, damit dein Volk mit Gott in Verbindung bleibt.

2. August

*Ich lasse dich nicht im Stich, nie wende
ich mich von dir ab. Hebräer 13,5*

Sprich diese Zusage heute in dein Leben hinein:

*Gott lässt mich DEIN NAME nicht im Stich, nie wendet er
sich von mir DEIN NAME ab.*

Menschen kommen und gehen, aber Gott bleibt für immer! Fühlst du dich manchmal von Menschen nicht verstanden oder gar im Stich gelassen? Menschen sind oft überfordert in ihren Beziehungen; sie können dir nicht das geben, was du wirklich in der Tiefe brauchst. Erwarte die große Liebe nicht von deinem Ehepartner oder deinen Freunden. Nur Gott allein kann jederzeit bei dir bleiben und nur er versteht alle deine Gedanken und Empfindungen.

Darum ermutige ich dich heute, die Beziehung mit Gott als oberste Priorität zu pflegen. Er ist deine Stütze und dein verlässlicher Freund, der jederzeit Verständnis für dich hat. Plane heute Zeit mit Gott ein, in der du mit ihm sprichst und ihm einfach alles erzählst, was dein Herz bewegt. Ich bin überzeugt, dass er dich niemals im Stich lassen wird. Nie wird er einfach davonlaufen oder dich in der Ecke stehen lassen. Liebe dein Leben, denn du hast einen verlässlichen Partner an deiner Seite.

3. August

Wir [wollen] uns mit allen Kräften darum bemühen, in Frieden miteinander zu leben und einander im Glauben zu stärken. Römer 14,12

Sprich diese Aufforderung heute in dein Leben hinein:

Ich DEIN NAME will mich mit aller Kraft darum bemühen, in Frieden miteinander zu leben und einander im Glauben zu stärken.

Menschen, die in jeder Beziehung Frieden stiften, werden den Glauben ihrer Mitmenschen stärken! Unser Planet ist voller Krieg, Hass und Beziehungsprobleme. Menschen zerstreiten sich, Ehen werden geschieden und Kinder von ihren Eltern getrennt. Gott aber ist ein Gott des Friedens. Er ruft dich heute dazu auf, Frieden zu stiften. Als Kind Gottes hast du den Auftrag, alles dafür zu tun, damit in deinen Beziehungen, in deiner Familie, an deinem Arbeitsplatz (oder wo auch immer du gerade bist) wieder Friede werden kann. Streiten ist menschlich und kommt in der besten Familie vor. Aber Friedensstifter zu sein ist göttlich! Darum ermutige ich dich heute, den Frieden zu suchen. Vielleicht ist es heute dran, jemanden anzurufen oder einen Brief zu schreiben und damit einem Menschen zu sagen: »Es tut mir leid! Lass uns nochmals von vorn beginnen.« Ich bin überzeugt, dass Gott dich mit seiner Gegenwart segnen wird.

4. August

Ihr aber seid ein von Gott auserwähltes Volk, seine königlichen Priester, ihr gehört ganz zu ihm und seid sein Eigentum. Deshalb sollt ihr die großen Taten Gottes verkünden, der euch aus der Finsternis befreit und in sein wunderbares Licht geführt hat. 1. Petrus 2,9

Sprich diese Zusage und diese Aufforderung in dein Leben hinein:

Ich DEIN NAME *bin von Gott auserwählt.*

Gott hat dich auserwählt, mit Autorität seine kostbare Liebe weiterzugeben! Fragst du dich auch manchmal, welchen Plan Gott mit deinem Leben haben könnte? Warum er gerade dich auf diese Welt gestellt hat und warum gerade hier und jetzt? Du gehörst zu Gott und er hat dich ausgewählt, auf dieser Erde sein Partner zu sein. Gott hat dich beauftragt, den Menschen die beste Botschaft der Welt zu bringen. Du hast etwas zu sagen; deine Stimme sowie deine Liebestaten sind enorm wichtig.

Darum ermutige ich dich heute, ein(e) Priester(in) zu sein, also den Menschen den Weg zu Gott zu zeigen und ihnen zu dienen. Bestimmt hast du selbst schon positive Erfahrungen mit Gott gemacht. Dann erzähle doch jemandem davon! Wozu Gott dich beauftragt hat, dazu wird er dir auch Autorität geben. Darum sei heute mutig und trage Gottes Liebe in die Welt!

5. August

Wie groß ist unser Herr und wie
gewaltig seine Macht.
Unermesslich ist seine Weisheit.
Psalm 147,5

Sprich diese Wahrheit heute in dein Leben hinein:

Mein Herr ist groß und seine Macht ist gewaltig.
Unermesslich ist seine Weisheit.

Jeder Mensch hat die Möglichkeit, von der kraftvollsten Weisheit dieser Welt zu profitieren. Manchmal gibt es Momente im Leben, da wissen wir einfach nicht mehr weiter. Dann stehen wir ratlos vor unseren Herausforderungen und das Entscheiden fällt uns sehr schwer. Gott hat die größte Weisheit, die es überhaupt gibt. Er hat selbst in den kompliziertesten Geschehnissen noch den vollen Überblick. Er durchschaut jedes menschliche Herz und kann es verändern.

Darum ermutige ich dich heute, an die Dimension der Weisheit Gottes auch in deinem Leben zu glauben. Gott ist dein Vater im Himmel, und er möchte dich mit seiner kraftvollen Weisheit überraschen. Darum empfange heute die Weisheit, die du brauchst. Ich bin überzeugt, dass Gottes Kraft sich dadurch sichtbar in deinem Leben erweisen wird. Liebe dein Leben, weil du kraftvolle Weisheit empfangen darfst.

6. August

*Ja, du hast dem Menschen eine hohe
Stellung gegeben – nur wenig niedriger
als die Engel. Mit Ruhm und Ehre hast
du ihn gekrönt. Psalm 8,6*

Sprich diese Zusage heute in dein Leben hinein:

Ja, du hast mir DEIN NAME *eine hohe Stellung gegeben –
nur wenig niedriger als die Engel. Mit Ruhm und
Ehre hast du mich* DEIN NAME *gekrönt.*

Bei Menschen findest du oft Ablehnung und Unverständnis, doch Gott gibt dir jederzeit Anerkennung und Wertschätzung! Fühlst du dich auch manchmal von Menschen unverstanden? Oder hast du das Gefühl, andere Menschen akzeptieren dich nicht so, wie du bist, und wollen am liebsten an dir herumschrauben?

Ich ermutige dich heute, dich nicht mehr länger mit anderen Menschen zu vergleichen. Denke auch nicht mehr länger, du seist irgendwie vielleicht doch nicht gut genug und alle anderen wären besser. Gott hat dich mit Gunst und Würde gekrönt. Du bist in Gottes Augen enorm wertvoll und kostbar. Stell dir vor: Du trägst eine Krone! Das ist nicht gerade etwas Alltägliches. Aber Gott krönt dich tatsächlich jeden Tag mit seiner Anerkennung und Wertschätzung. Gott ist begeistert von dir! Darum darfst du dein Leben lieben und ganz entspannt auch anderen Menschen begegnen.

7. August

Doch wer Gott liebt, gleicht einer immer-
grünen Palme, er wird mächtig wie eine
Zeder auf dem Libanongebirge.

Psalm 92,13

Sprich diesen Leben verändernden Vers in dein Leben hinein:

Ich DEIN NAME liebe dich, Gott, darum gleiche ich einer
immergrünen Palme, die mächtig und stark wird wie
eine Zeder auf dem Libanongebirge.

Je tiefer deine Wurzeln in Gottes Wort verankert sind, des-
to frischer wirst du sein und desto besser wirst du dei-
nen Alltag meistern können! Fühlst du dich manchmal
kraftlos und ausgelaugt? Gott möchte dich stärken, jeden Tag, und dich zu einer immergrünen und frischen
Palme machen, die fest verwurzelt auf dem Boden steht.
In Gottes Nähe kannst du deine Wurzeln tiefer schlagen. Darum liebe deinen Gott jeden Tag mit allem, was
du denkst, sagst und tust.

Suche dazu die Gegenwart Gottes und stelle dabei
deine Gedanken, deine Worte und dein Handeln unter
den Schutz Gottes. Bitte ihn um seine Weisheit. Pflege
deine Wurzeln, sowohl am Sonntag im Gottesdienst als
auch in deinem Alltag. Gottes Wort wird dein Leben
stärken und dich zu einem gefestigten Menschen entwickeln lassen. Ich bin überzeugt, dass Gottes Nähe dich
überaus stärken wird.

8. August

Das Gras verdorrt, die Blumen
verwelken, aber das Wort unseres
Gottes bleibt gültig für immer und ewig.
Jesaja 40,8

Sprich diese Wahrheit heute in dein Leben hinein:

Das Gras verdorrt, die Blumen verwelken, aber das
Wort meines Gottes bleibt gültig für immer und ewig.

Selbst wenn alles um dich herum zerbricht und zu Ende geht, Gottes Worte bleiben für immer bestehen! Alles auf dieser Welt wird irgendwann vergehen und nicht mehr da sein. Vielleicht ist gerade in den letzten Tagen in deinem Leben etwas zerbrochen oder es ist ein Mensch von dir gegangen. Gott ist anders als alles, was auf dieser Welt ist. Gott macht keine leeren Versprechungen. Er bleibt für immer bestehen und er wird niemals aufhören, dir zu sagen, dass er dich liebt! Alle seine Worte können nie gebrochen werden, sie bleiben gültig in alle Ewigkeit.

Darum ermutige ich dich heute, dich durch die Worte in der Bibel stärken zu lassen. Sauge jedes Wort auf und sprich im Namen Jesu über deine Situation Freiheit, Frieden, Liebe und Leben aus.

9. August

Berge mögen einstürzen und Hügel wanken, aber meine Liebe zu dir wird nie erschüttert, und mein Friedensbund mit dir wird niemals wanken. Das verspreche ich, der Herr, der dich liebt! Jesaja 54,10

Sprich dieses gigantische Versprechen über deinem Leben aus:

Berge mögen einstürzen und Hügel wanken, aber Gottes Liebe zu mir DEIN NAME *wird nie erschüttert, und Gottes Friedensbund mit mir* DEIN NAME *wird niemals wanken. Das verspricht mir der Herr, der mich* DEIN NAME *liebt!*

Gottes ungeteilte Liebe zu dir kann durch nichts erschüttert werden. Egal, was in deinem Leben passiert ist oder was in Zukunft auf dieser Erde geschehen mag, Gottes Liebe zu dir wird sich niemals ändern. Viele Liebesbeziehungen zwischen Menschen scheitern kläglich und Paare trennen sich, weil die Liebe verloren ging.

Gott ist komplett anders. Sein Liebestank ist niemals leer und seine kraftvolle Energie, mit der er dich liebt, verwandelt sich niemals in Lustlosigkeit. Selbst wenn du Fehler gemacht hast und dein Verhalten nicht in Ordnung war, ändert sich die Liebe Gottes nicht. Gottes Gegenwart ist für dich jeden Tag, ja jederzeit erfahrbar. Schreibe heute dieses Versprechen auf dein Herz und lass diese enorm ermutigende Wahrheit in dich hineinfließen.

10. August

Lasst euch durch nichts vom Gebet
abbringen und vergesst dabei nicht,
Gott zu danken.
Kolosser 4,2

Sprich diese Aufforderung heute in dein Leben hinein:

Ich DEIN NAME *lasse mich durch nichts vom Gebet ab-*
bringen und ich DEIN NAME *will dir, Gott, danken.*

Eine beständige und dankbare Gebetshaltung wird die Zu-
kunft zum Positiven verändern! Hast du schon aufgehört,
für dies oder jenes zu beten, weil du einfach keine Veränderung sehen konntest? Manchmal können wir nicht
verstehen, warum Gott trotz unserer Gebete scheinbar
noch nichts unternommen hat. Ich ermutige dich heute,
dranzubleiben und niemals aufzugeben.

Halte durch! Jedes deiner Gebete hat Auswirkungen
und hinter den Kulissen ist Gott schon lange in Bewegung. Sage Gott Danke für die kleinen sichtbaren Erfol-
ge in deinem Leben und bleibe weiterhin dran, um die
nächsten Schritte im Gebet zu erkämpfen. Ich bin überzeugt, dass Gott dich dabei segnen wird. Er kann dich
niemals vergessen und er weiß am besten, wann er was
tun muss. Nimm dir heute bewusst Zeit, um zu beten.
Rede mit Gott auf deinem Weg zur Arbeit oder wenn du
im Garten ein Päuschen machst.

Die Vorschriften des Herrn sind richtig und erfreuen das Herz. Das Gebot des Herrn ist lauter und macht die Augen hell.
Psalm 19,9 (ELB)

Sprich diese Wahrheit heute in dein Leben hinein:

Die Vorschriften des Herrn sind richtig und erfreuen mein Herz. Das Gebot des Herrn ist lauter und macht meine Augen hell.

Ein reines Herz bewirkt leuchtende Augen! Hast du auch schon bemerkt, dass gewisse Leute ein großartiges Leuchten in den Augen haben? Vielleicht sind sie sogar krank, verletzt oder behindert, und doch haben sie eine unglaublich schöne Ausstrahlung. Gott möchte auch dir leuchtende Augen und ein fröhliches Herz schenken.

Darum ermutige ich dich heute, jeden Tag in der Bibel zu lesen und die Vorschriften Gottes zu beachten, die er in dein Herz legt. Alle seine Offenbarungen sind dazu da, dich auf einen glücklichen Lebensweg zu führen. Vielleicht hast du in letzter Zeit Gott ignoriert. Richte dein Herz wieder auf ihn aus und geh nochmals auf »Feld Eins« zurück. Gott wartet auf dich und er wird dir wieder seine große Freude ins Herz geben. Und genau dadurch wird er deine Augen zum Strahlen bringen! Liebe dein Leben, indem du tust, was Gott dir sagt.

12. August

Kommt zu mir und lasst euch retten, ihr Menschen aus den fernsten Ländern der Erde! Denn ich bin der einzige Gott.

Jesaja 45,22

Sprich diese Wahrheit heute in dein Leben hinein:

Ich DEIN NAME komme heute zu dir und lasse mich von dir retten. Denn du bist der einzige Gott!

Es ist Gottes klare Absicht, alle Menschen liebevoll zu retten! Gibt es Momente, in denen du dich hilflos fühlst? Was tust du, wenn du Hilfe brauchst? Gott hat sich nicht nur ein paar tolle Menschen ausgesucht, die er in sein Rettungsboot einsteigen lässt. Er kümmert sich nicht nur um die reichen oder beliebten Menschen. Er will allen Menschen helfen, darauf hat er sich festgelegt, ohne Rücksicht darauf, aus welchem Erdteil sie kommen, welche Sprache sie sprechen oder welche Schulbildung sie haben. Gott hat für alle Menschen einen Platz reserviert und er wünscht sich nichts mehr, als dass alle Menschen in seine Gegenwart kommen.

Darum ermutige ich dich heute, Gottes Nähe zu suchen und dich von ihm retten zu lassen. Erzähle auf der ganzen Welt die liebevolle Botschaft von Gott.

13. August

Wenn ein guter Mensch spricht, zeigt sich, was an Gutem in ihm ist. Ein Mensch mit einem bösen Herzen ist innerlich voller Gift und alle merken es, wenn er redet. Matthäus 12,35

Sprich diese Wahrheit heute in dein Leben hinein:

Ich DEIN NAME will heute ein guter Mensch sein und all das Gute, das in mir drin ist, aussprechen.

Je mehr dein Herz mit Gutem gefüllt ist, desto mehr wirst du andere Menschen ermutigen können. Kennst du das, bittere und böse Gedanken in deinem Herzen zu haben? Wie schnell können wir dann andere Menschen mit unseren giftigen Worten verletzen. Solch einen Lebensstil liebt Gott nicht. Er sehnt sich nach Christen, die andere Menschen ermutigen, weil ihr Herz mit Gutem gefüllt ist.

Darum lass dich heute ermutigen, alle negativen Gedanken aus deinem Herzen auszuräumen. Lass dein Inneres durch Gottes Geist mit Freude, Liebe, Geduld, Vergebung und Frieden auffüllen. Es gibt leider genügend Christen, die giftige Worte austeilen. Halte dich von ihnen fern und pflege den Lebensstil Jesu. Ich bin überzeugt, dies wird dein Umfeld positiv verändern, weil Menschen durch deine liebevollen Worte glücklich werden. Dieser Lebensstil wird aber auch dein eigenes Leben mit Freude überfluten.

14. August

Dein Wort ist wie ein Licht in der Nacht,
das meinen Weg erleuchtet.
Psalm 119,105

Sprich diese Wahrheit heute in dein Leben hinein:

Dein Wort ist wie ein Licht in der Nacht, das meinen Weg erleuchtet.

Wer Gottes Wort ausspricht, bringt Licht in die Dunkelheit! Kennst du diese Momente, in denen es bei einem innerlich dunkel wird? Dann kann es sein, dass sich ein unruhiges und sorgenvolles Gefühl breitmacht. Aber Gott kennt deine dunklen Stunden, er kennt alle deine Nöte und Unsicherheiten. Darum hat er dir die Bibel geschenkt und dir die Möglichkeit gegeben, das Wort Gottes in jede Situation hineinzusprechen.

Ich ermutige dich heute, nicht verzweifelt in der Dunkelheit sitzen zu bleiben oder vergeblich dort nach Licht zu suchen, wo es kein Licht zu finden gibt. Jesus ist das Licht der Welt und er selbst will deine persönliche Dunkelheit in Licht verwandeln. Darum sprich den obenstehenden Vers erneut über deine Situation aus und ich bin überzeugt, dass Gottes Licht aufstrahlen wird. Und da, wo Gottes Licht ist, muss jede Dunkelheit weichen. Dann kannst du dein Leben wieder lieben.

15. August

Fürchte dich nicht, denn ich bin bei dir;
habe keine Angst, denn ich bin dein Gott!
Jesaja 41,10

Sprich diese Zusage heute in dein Leben hinein:

Ich DEIN NAME fürchte mich nicht, denn du bist bei mir!
Ich DEIN NAME habe keine Angst, denn du bist mein Gott!

Angst will Menschen zerstören, aber Gottes Nähe baut jeden Menschen auf! Jeder von uns kann ungefragt von Angst überfallen werden und plötzlich von unruhigen Gefühlen geplagt und negativ beeinflusst werden. Hast du das auch schon erlebt? Doch Gott lässt dich niemals allein. Auch in Zeiten der Angst ist Gott mit dir. Du kannst gar nie alleine sein, weil Gott jederzeit nah bei dir ist.

Ich ermutige dich heute, den obenstehenden Vers erneut über deine Situation auszusprechen und daran zu glauben. Lass dich nicht einschüchtern, auch wenn alles noch so bedrohlich erscheint, sondern rechne mit der allmächtigen Macht Gottes. Auch wenn Gefahren auf dich lauern, Gott rennt niemals weg. Im Gegenteil, je verängstigter du bist, desto mehr wird Gott dir seine Gegenwart zeigen.

Den Erschöpften gibt er neue Kraft und
die Schwachen macht er stark.

Jesaja 40,29

Sprich diese Ermutigung heute in dein Leben hinein:

Wenn ich DEIN NAME *erschöpft bin, dann gibst du mir neue Kraft und wenn ich mich* DEIN NAME *schwach fühle, dann machst du mich stark.*

Jede Schwachheit kann durch Gottes Kraft in außerordentliche Stärke und in Segen verwandelt werden! Fühlst du dich manchmal geschwächt oder vielleicht sogar der Erschöpfung nahe? Gott kümmert sich speziell um solche Menschen. Er hat einen perfekten Plan für alle die Menschen, die sich schwach fühlen. Er möchte genau mit diesen Menschen große Dinge auf dieser Erde tun.

Darum ermutige ich dich heute, dein erschöpftes Herz in Gottes Hand zu legen und es von ihm stark machen zu lassen. Ich bin überzeugt, dass dann Gottes übernatürliche Kraft in deinem Inneren freigesetzt werden wird, weil du ein Mensch bist, der weiß, dass er Gott braucht. Und genau in dieser Stärke kannst du kraftvoll und effektiv andere Menschen segnen. Gott hat Kräfte, die wir Menschen weder erfinden noch produzieren können. Liebe dein Leben, indem du täglich neue Kraft bei Gott abholst.

17. August

Er wird alle ihre Tränen trocknen, und der Tod wird keine Macht mehr haben. Leid, Klage und Schmerzen wird es nie wieder geben; denn was einmal war, ist für immer vorbei. Offenbarung 21,4

Sprich diese Zusage heute in dein Leben hinein:

Gott wird alle meine Tränen trocknen, und der Tod wird keine Macht mehr haben.

Jede Träne deines Lebens wird in Freude verwandelt werden. Wie oft fühlen wir uns traurig, weil etwas geschehen ist, das unser Herz zutiefst und schmerzhaft berührt? Wenn Menschen uns verletzen oder wir etwas nicht verstehen können, das macht etwas mit unserer Seele. In solchen Momenten bringen uns unsere Gefühle in die Einsamkeit, und Traurigkeit überfällt uns wie eine Krankheit. Doch Gott ist es niemals egal, wie es deinem Herzen geht. Er zählt alle deine Tränen und steht dir mitfühlend zur Seite. Er verspricht dir, im Himmel alle deine Tränen zu trocknen. Im Himmel gibt es keine Schmerzen mehr und auch nichts, was dein Herz traurig machen könnte. Der Friede Gottes bestimmt den Himmel. Darum lass dich ermutigen, diesen herrlichen Himmel, deine Heimat, im Blick zu haben. Liebe dein Leben, denn vor dir liegt eine wunderschöne und stressfreie Ewigkeit.

18. August

Sie werden Gott von Angesicht zu Angesicht sehen, und seinen Namen werden sie auf ihrer Stirn tragen. Offenbarung 22,4

Sprich diese Zusage heute in dein Leben hinein:

Ich DEIN NAME werde Gott von Angesicht zu Angesicht sehen, und seinen Namen werde ich auf meiner Stirn tragen.

Jeder Mensch wird einmal dem allmächtigen Gott in die Augen schauen. Hast du manchmal auch den Wunsch, Gott nicht nur in der Natur oder durch ein Wunder zu sehen? Auf dieser Erde haben manche Menschen Gottes Angesicht gesehen, zum Beispiel Mose. Aber häufig bleibt uns Menschen das Gesicht Gottes verborgen, weil Gott Geist ist. Doch im Himmel stehst du Gott von Angesicht zu Angesicht gegenüber. Dort empfängt dich dein Vater mit offenen Armen als Kind Gottes in der Ewigkeit und dann ist dir nichts mehr verborgen. Ich bin überzeugt, dass er dich mit seinem wunderschönen Anblick überraschen will.

Darum lass dich heute ermutigen. Freue dich darüber, dass dein Name im Himmel aufgeschrieben ist. Liebe dein Leben, denn auf dich wartet eine wunderschöne Ewigkeit in der Gesellschaft der liebevollen Familie Gottes, und genieße bereits auf dieser Erde die Momente, in denen du Gott übernatürlich begegnen darfst.

19. August

Glücklich werden alle sein, die ihre Kleider rein gewaschen haben. Sie dürfen durch die Tore in die Stadt hineingehen und die Früchte von den Bäumen des Lebens essen. Offenbarung 22,14

Sprich diese Ermutigung heute in dein Leben hinein:

Glücklich werde ich DEIN NAME sein, die ich meine Kleider rein gewaschen habe. Ich DEIN NAME darf durch die Tore in den Himmel hineingehen und die Früchte von den Bäumen des Lebens essen.

Wer Vergebung durch Jesus empfangen hat, wird in alle Ewigkeit leben! Klagen dich auch manchmal negative Gedanken an, die dir vermitteln wollen, welch ein schlechter Christ du bist? Oder denkst du vielleicht sogar manchmal, du würdest es doch nicht in den Himmel schaffen? Bei Gott kannst du dir keine Sekunde des Himmels selbst verdienen. Aber wenn du in deinem Herzen die Vergebung durch Jesus angenommen hast, dann erhältst du von Gott ein weißes Kleid. Selbst wenn du das Gefühl hast, dieses Kleid hätte später wieder Flecken bekommen, weil dir Fehler passiert sind: Dieses weiße Kleid kann dir niemand wieder wegnehmen. Menschen, die Jesus in ihren Herzen tragen, werden in Ewigkeit bei Gott leben, weil Jesus ihnen längst alle Fehler vergeben hat. Liebe dein Leben, weil du in Ewigkeit leben wirst!

20. August

Genauso ist mein Wort: Es bleibt nicht ohne Wirkung, sondern erreicht, was ich will, und es führt das aus, was ich ihm aufgetragen habe. Jesaja 55,11

Sprich diese Zusage heute in dein Leben hinein:

Genauso ist Gottes Wort für mich DEIN NAME*: Es bleibt nicht ohne Wirkung!*

Gottes Wort wird dein Leben von Grund auf ändern! Liest du manchmal auch in der Bibel und die Worte berühren dich kaum? Gottes Wort ist kraftvoll, es hat eine großartige positive Auswirkung auf dein Leben. Gott hat durch seine Worte sogar die Welt erschaffen! Genauso hast auch du die Möglichkeit, diese wirksame Kraft in dein Leben hineinzusprechen.

Darum ermutige ich dich heute, Gottes Wort als dein Werkzeug zu gebrauchen. Täglich hast du die Chance, Gottes kraftvolle Energie in deinem Leben freizusetzen. Vielleicht ist es heute auch dran, einen deiner Mitmenschen mit göttlicher Kraft zu überraschen. Ermutige heute jemanden mit einer SMS oder bete für jemanden, der krank ist. Es ist dein Vorrecht, Gottes Wort in seine Situation hineinzusprechen. Liebe heute dein Leben, denn du kennst die kraftvollste Energiequelle der Welt.

21. August

Siehe, die Hand des Herrn ist nicht zu kurz, um zu retten, und sein Ohr nicht zu schwer, um zu hören. Jesaja 59,1 (ELB)

Sprich diese Ermutigung heute in dein Leben hinein:

Siehe, die Hand des Herrn ist nicht zu kurz, um mich DEIN NAME zu retten, und sein Ohr ist nicht zu schwer, um mich DEIN NAME zu hören.

Wenn alles unmöglich scheint, hat Gott immer noch einen anderen Weg, um alles zum Guten zu wenden! Fühlst du dich manchmal auch wie in einer Sackgasse? Plötzlich schließen sich Türen und der Weg für dein Projekt, deine Zukunft oder deine Beziehungen ist wie versperrt? Gott hat in jeder Situation ein offenes Ohr für dich. Er hört dir zu und er hat Verständnis für jedes deiner Anliegen. In deinem Leben gibt es nichts, das ihn nicht interessieren würde. Auch ist sein Arm niemals zu kurz, um dich zu umarmen und dich wieder auf den richtigen Weg zu stellen.

Darum ermutige ich dich, Gott die Verantwortung für deine Situation zu übergeben und dich von ihm auf den richtigen Weg führen zu lassen. Ich bin überzeugt, dass er dich liebevoll in Sicherheit bringen und dir einen neuen und total genialen Weg zeigen wird.

22. August

Hilf mir, so zu leben, wie du es willst,
denn du bist mein Gott! Führe mich
durch deinen guten Geist! Dann werde
ich erleben, wie du mir Hindernisse aus
dem Weg räumst. Psalm 143,10

Sprich dieses Gebet heute in dein Leben hinein:

Hilf mir, so zu leben, wie du es willst, denn du bist
mein Gott! Führe mich durch deinen guten Geist!
Dann werde ich DEIN NAME erleben, wie du mir
Hindernisse aus dem Weg räumst.

Eine enge Zusammenarbeit mit dem Heiligen Geist führt zu einem Leben in Freiheit! Stehst du auch manchmal vor unüberwindbaren Hindernissen? Und möchtest du die Kraft Gottes in deinem Leben noch intensiver erfahren? Gott hat dir seinen Heiligen Geist geschenkt. Und genau dieser Geist möchte dich heute in jeder Entscheidung leiten und dir auf geniale Art und Weise deinen Lebensweg zeigen. Ich ermutige dich heute, dein Leben nicht selbst in die Hand zu nehmen, sondern die komplette Führung dem Geist Gottes zu übergeben. Lebe so, wie es Gott gefällt, und lass dich nicht von deinen negativen Gefühlen bestimmen. Wünsche allen Menschen das Gute und toleriere keine Sünde in deinem Leben. Ich bin überzeugt, dass Gott dir so Neues offenbaren und die Steine aus dem Weg räumen wird.

23. August

Denn Gott wird uns durch seine Kraft vom Tod zum ewigen Leben auferwecken, so wie er Christus auferweckt hat.

1. Korinther 6,14

Sprich diese Zusage heute in dein Leben hinein:

Denn Gott wird mich DEIN NAME *durch seine Kraft vom Tod zum ewigen Leben auferwecken, so wie er Christus auferweckt hat.*

Menschen, die Jesus in ihrem Herzen tragen, werden nach dem Tod glücklich weiterleben! Hast du dir auch schon überlegt, was passieren wird, wenn du für immer deine Augen schließen wirst? Was kommt nach dem Tod? Die Bibel verspricht dir ein neues Leben. Alle Menschen, die Jesus als ihren Retter in ihrem Herzen haben, brauchen vor dem Tod keine Angst zu haben. Denn Gott wird sie und auch dich mit seiner kraftvollen und übernatürlichen Kraft erneut zum Leben auferwecken – mit derselben Kraft, mit der er Jesus vom Tod auferweckt hat.

Darum ermutige ich dich, getrost in die Zukunft zu blicken. Gott wird dich und deine Glaubensgeschwister nicht einfach im Grab vergessen. Gott hält eine brillante und begeisternde Ewigkeit für dich bereit.

24. August

Wer mich liebt, den wird mein Vater lie-
ben. Auch ich werde ihn lieben und mich
ihm zu erkennen geben. Johannes 14,21b

Sprich diese Zusage heute in dein Leben hinein:

Ich DEIN NAME liebe Jesus, und der Vater liebt mich.
Jesus liebt mich DEIN NAME und er wird sich mir zu er-
kennen geben.

Jesus zeigt sich den Menschen, die ihn von Herzen lieben!

Möchtest du manchmal mehr mit Jesus erleben und seine Gegenwart noch intensiver erfahren? Jesus wünscht
sich dazu von dir keine Leistung, um ihn und vielleicht
andere Menschen zu beeindrucken. Jesus sehnt sich
vielmehr danach, dass du ihn einfach liebst. Auch sein
Vater fühlt sich geehrt, wenn du seinen Sohn Jesus von
ganzem Herzen liebst.

Darum ermutige ich dich heute: Versuche gar nicht
erst, dir die Nähe Gottes durch geistliche Leistungen
wie stundenlanges Gebet oder möglichst salbungsvolle
Worte zu erarbeiten. Die Voraussetzung für mehr Erkenntnisse von Jesus liegt in deiner Liebe zu Jesus. Vielleicht kannst du dich heute auf Jesus ausrichten und ihm
deine Liebe, deinen Respekt, deine Anerkennung, deinen Dank mitteilen und ihm Komplimente machen. Ich
bin überzeugt: Jesus wird sich nach deiner Liebeserklä-
rung bei dir melden. Gott segne dich!

25. August

Vergesst nicht: Wir selbst sind der Tempel des lebendigen Gottes. So hat Gott gesagt: »Ich will mitten unter ihnen leben.«

2. Korinther 6,16

Sprich diese Wahrheit heute in dein Leben hinein:

Ich DEIN NAME *vergesse nicht: Ich* DEIN NAME *bin der Tempel des lebendigen Gottes.*

Gott sitzt nicht irgendwo auf einer Wolke. Er wohnt mit seiner Macht in den Menschen, die das wollen! Viele Menschen denken, Gott sei irgendwo im Himmel und versuchen verzweifelt, diese Welt zu regieren. Manche denken sogar, Gott habe definitiv den Überblick über den Planeten Erde verloren. Doch dem ist nicht so. Gott ist mit seiner machtvollen Gegenwart mitten unter uns Menschen. Stell dir das vor: Der heilige Gott wohnt in dir! Seine Gegenwart ist uneingeschränkt und »volle Kanne« in deinem Geist, deiner Seele und in deinem Körper.

Darum ermutige ich dich heute, diese Gegenwart Gottes zu genießen und sie kraftvoll in deinem Leben wirken zu lassen. Räume alles aus deinem Leben aus, was Gottes Gegenwart in dir stören könnte, und stelle den ganzen frei gewordenen Raum Gott zur Verfügung. Ich bin überzeugt, dass du seine Nähe, seine Liebe und seine Wegweisung heute in besonderer Art und Weise erleben wirst. Liebe dein Leben, weil Gott in dir wohnt!

26. August

*Gott wird euch ans Ziel bringen, euch
Kraft und Stärke geben, so dass ihr fest
und sicher steht. 1. Petrus 5,10*

Sprich diese Ermutigung heute in dein Leben hinein:

Gott wird mich DEIN NAME *ans Ziel bringen, mir Kraft
und Stärke geben, so dass ich* DEIN NAME *fest und sicher
stehe.*

**Wenn Gott einem Menschen einen Auftrag gibt, dann wird
er ihn kraftvoll und sicher zum Ziel führen!** Gab es auch
schon Momente in deinem Leben, in denen du am liebsten alles hinschmeißen wolltest? Augenblicke, in denen
du vielleicht Ablehnung oder Kritik einstecken musstest?

Lass dich heute ermutigen, dein Leben nicht von
Menschen bestimmen zu lassen. Übergib deine Situation Gott, damit er dich ans Ziel führen darf. Gott hat
einen einzigartigen Plan für dein Leben. Er möchte mit
dir seine Geschichte schreiben. Doch dieser Plan ist
umkämpft, und manchmal erfordert die Ausführung
sehr viel Geduld, Kraft und Ausdauer. Doch Gott möchte dich für den Plan zurüsten, den er für dich hat, und er
setzt alles daran, dich ans Ziel zu bringen. Darum lass
dich von Gott führen, bleibe an seiner Hand. Ich bin
überzeugt, dass du mit jubelndem Herzen die Ziellinie
überqueren wirst. Liebe deine göttliche Bestimmung.

27. August

Ich sage euch die Wahrheit: Wer meine Botschaft hört und an den glaubt, der mich gesandt hat, der wird ewig leben. Ihn wird das Urteil Gottes nicht treffen, denn er hat die Grenze vom Tod zum Leben schon überschritten. Johannes 5,24

Sprich diese Zusage heute in dein Leben hinein:

Wenn ich DEIN NAME an den glaube, den Gott gesandt hat [Jesus], dann werde ich ewig leben.

Wer an Gott glaubt, der wird für alle Ewigkeit leben! Ärgerst du dich auch manchmal über die Kleinigkeiten des Alltags? Auf dieser Erde erlebst du immer wieder Dinge, die nervig und einfach nicht cool sind. Ich ermutige dich heute, den Blick auf die Ewigkeit zu richten. Denke daran, dass du nicht für immer auf dieser Erde lebst. Das Leben auf diesem Planeten ist wie ein Hauch; es zieht in rasantem Tempo an dir vorbei. Darum ist es so wichtig, dass du dich mit den lebenswichtigen Fragen auseinandersetzt und dass du jederzeit bereit bist, diese Erde zu verlassen. Ich ermutige dich, deine Beziehungen zu deinen Mitmenschen zu klären und für das Leben nach dem Tod bereit zu sein. Vielleicht hast du heute die Chance, einem deiner Mitmenschen die gute Botschaft von Gottes Liebe zu erzählen. Gott möchte alle Menschen in seinen Himmel hineinretten.

28. August

*Als ich verbittert war und mich vor
Kummer verzehrte, da war ich dumm
wie ein Stück Vieh, denn ich verstand
dich nicht. Jetzt aber bleibe ich immer
bei dir und du hältst mich bei der Hand.*

Psalm 73,23–24

Sprich diese Wahrheit heute in dein Leben hinein:

*Jetzt aber bleibe ich DEIN NAME immer bei Gott, und
Gott hält mich bei der Hand.*

**Verbitterung macht dich krank, doch Gottes Nähe macht
dich stark.** Kennst du solche Momente, in denen man
sich wertlos und unbrauchbar fühlt? Menschen können
einem ganz brutal klarmachen, wie schlecht man ist.
Aber Gott möchte nicht, dass du bei diesen negativen
Anschuldigungen und Gefühlen stehen bleibst. Er kann
deinen Frust und deine Wut zwar verstehen, wenn du
ausgegrenzt, abgelehnt oder gar verleumdet wirst. Aber
er gibt dir die Möglichkeit, all deinen Ärger bei ihm abzugeben, das Geschehene loszulassen und Gottes Hand
zu ergreifen. Ich ermutige dich heute: Lass deinen Zorn
los und kümmere dich nicht länger um Menschen, die
Negatives reden. Dadurch kommt Freiheit in dein Leben und die Verbitterung hat keine Chance mehr gegen
dich, sie kann dich nicht weiter fertigmachen.

29. August

*Du führst mich nach deinem Plan und
nimmst mich am Ende in Ehren auf.*

Psalm 73,24

Sprich diese Zusage heute in dein Leben hinein:

Du führst mich DEIN NAME *nach deinem Plan und
nimmst mich* DEIN NAME *am Ende in Ehren auf.*

**Menschen, die an Gott glauben, werden von ihm liebevoll
und treu durch das Leben geführt.** Wie stellst du dir Gott
vor? Wie erlebst du ihn? Gott ist die Liebe, und genau
darum kann er nicht anders, als total liebevoll zu handeln. Täglich bietet er dir seine wertschätzende Wegweisung an und er zeigt dir, wie du dich heute am besten entscheiden kannst.

Ich ermutige dich heute, auf Gott zu hören. Seine
Stimme spricht immer wieder in deine Gedanken hi-
nein, darum folge seinen Anweisungen. Gott spricht zu
dir am Arbeitsplatz, durch andere Menschen, oder auch
in Zeiten, die du ganz alleine mit Gott verbringst. Gottes
Anweisungen sind liebevoll, er begegnet dir immer mit
Respekt und Wertschätzung. Täglich ist Gott bereit, dir
den Weg für dein Leben zu zeigen, und am Ende deines
Lebens wird Gott dich im Himmel mit Ehren begrüßen.
Ist das nicht großartig? Liebe heute dein Leben, weil dich
Gott liebevoll durch den Tag führen wird.

30. August

Gehört jemand zu Christus, dann ist er ein neuer Mensch. Was vorher war, ist vergangen, etwas Neues hat begonnen.
2. Korinther 5,17

Sprich diese Zusage heute in dein Leben hinein:

Ich DEIN NAME gehöre zu Christus, darum bin ich DEIN NAME ein neuer Mensch. Was vorher war, ist vergangen, etwas Neues hat begonnen.

Wenn Gott etwas Neues schafft, dann ist es wirklich neu!

Hast du auch schon neue Schuhe oder neue Klamotten gekauft, die bereits nach kurzer Zeit schon wieder kaputt oder abgetragen waren? Gott produziert keine schlechte Qualität. Durch Jesus Christus bist du ein neuer Mensch geworden. Wenn du ihm deine Sünden bekennst, bist du vollkommen gereinigt. Alles, was einmal war, hat kein Anrecht mehr an dir.

So ist Gott, er kann wirklich Neues schaffen. Gott ist fähig, die schlimmsten Verletzungen in etwas Neues zu verwandeln. Ebenso ist er fähig, in deine Beziehungen, in deine Familie oder in deine berufliche Karriere Erneuerung zu bringen. Darum erbitte heute Erneuerung von Jesus Christus. Lass dein Leben erneuern – durch die übernatürliche und alles übersteigende Kraft Gottes.

31. August

Denn was der Herr sagt, das meint er auch so, und auf das, was er tut, kann man sich verlassen. Psalm 33,4

Sprich diese Wahrheit heute in dein Leben hinein:

Denn was der Herr sagt, das meint er auch so, und auf das, was er tut, kann ich DEIN NAME mich verlassen.

Gottes Wort in deinem Herzen setzt ungeahnte Kraft in deinem Leben frei! Sehnst du dich auch manchmal nach einem verlässlichen Partner? Nach einem, der nicht nur etwas verspricht, sondern sein Versprechen dann auch tatsächlich und vollständig einlöst? Auf Gott ist hundertprozentig Verlass. Er gehört nicht zu den Menschen, die viel versprechen, aber es ist nur leeres Geschwätz. Gott ist ganz anders. Alles, was Gott sagt, ist die Wahrheit und gilt in alle Ewigkeit. Gott wird dich niemals veräppeln, denn er ist absolut vertrauenswürdig. Seine Worte sind dermaßen kraftvoll, dass sie jede auch noch so verfahrene Lebenssituation zum Guten wenden können.

Ich ermutige dich, jeden Tag die Worte Gottes zu hören, sie in dein Herz aufzunehmen und ihnen zu glauben. Sprich Gottes Wort in deine Lebenssituation hinein und vertraue darauf, dass Gott durch sein Wort handeln wird. Liebe dein Leben, denn du kennst einen Gott, der für ewig stabil ist!

September

Das Beste für die Kinder

Meine Kinder sagten schon oft lustige Dinge und manchmal stellten sie auch etwas an, worüber wir Eltern schmunzeln konnten. Für jedes meiner Kinder habe ich ein Buch angelegt, in dem ich alle diese Erlebnisse aufgeschrieben habe.

Einmal waren wir in einem kleinen Restaurant. Wir suchten einen Platz und fanden nur noch drei Plätze an einem kleinen Tisch. Am gegenüberstehenden Tisch saß ein Soldat in Uniform. Als wir uns an den freien Tisch setzten, schaute mich meine vierjährige Tochter mit großen Augen an und platzte dann heraus: »Schau mal Mama, da drüben sitzt ein Panzer!« Wir mussten alle laut lachen.

Kinder sind ehrlich und wer selbst Kinder erzieht, der lernt die schönen und manchmal vielleicht auch schwierigen Seiten der Kindererziehung kennen. Mütter und

Väter können ganz schön an ihre Grenzen kommen, gerade Schulstress kann die ganze Familie enorm belasten.

Als unser Sohn sechs Monate alt war, entdeckten die Ärzte bei ihm einen Herzfehler. Ich kann mich gut daran erinnern, wie wir uns kurz vor der Operation von ihm verabschieden mussten. Tränenüberströmt legten wir alles in Gottes Hände und beteten um den Schutz für unser kleines Baby. Die Ärzte meinten, wir müssten mit einem Krankenhausaufenthalt von zwei bis vier Wochen rechnen. Jonathan erholte sich jedoch derart schnell, dass wir bereits nach sieben Tagen wieder mit ihm nach Hause fahren konnten.

Wenn du selbst Kinder hast oder vielleicht später einmal Kinder haben möchtest, dann glaube an Gottes Kraft, die auch für deine Kinder bereitsteht. Gott möchte dich täglich mit seiner Weisheit, seiner Kraft und auch mit seiner Hilfe zurüsten, damit du für deine Kinder da sein kannst. Segne deine Kinder und Enkel jeden Tag. Ich bin überzeugt, dass dies das Leben der Kinder zum Positiven verändern wird!

1. September

In ausweisloser Lage schrien sie zum
Herrn, und er rettete sie aus ihrer Not.
Psalm 107,19

Sprich diese Ermutigung in dein Leben hinein:

In ausweisloser Lage schreie ich DEIN NAME *zum Herrn,*
und er rettet mich aus der Not.

Gott kann jedem helfen! Vielleicht steckst du gerade mitten in Schwierigkeiten. Es gibt immer wieder Situationen im Leben, die uns in die Enge treiben wollen und in uns den Eindruck erwecken, jetzt gebe es keinen Ausweg mehr. Doch Gott hat immer wieder eine Lösung für dich bereit.

Darum ermutige ich dich heute, dich nicht von negativen Dingen herunterziehen zu lassen. Vielmehr bringe deine Not zu Gott. Erzähle ihm in deinem Gebet, was dich beschäftigt, was dich ärgert und wo du einfach keinen Ausweg mehr siehst. Ich bin überzeugt, dass Gott dir zuhört und dir den besten Ausweg zeigen wird. Denn er lässt dich niemals in einer Sackgasse stehen. Sein Plan für dich ist gut und führt dich auf einen genialen Lebensweg. Darum lass dich heute von Gott persönlich aus deiner Sackgasse führen und gehe dann Schritt für Schritt nach Gottes Anweisungen weiter. Ich bin überzeugt, dass Gott dich segnen wird.

2. September

*Durch Christus
haben wir Frieden.*
Epheser 2,14

Sprich diese Zusage heute in dein Leben hinein:

Durch Christus habe ich DEIN NAME *Frieden.*

Deine innere Unruhe wird verschwinden, wenn Gottes Friede einziehen darf. Fühlst du dich auch manchmal unzufrieden und machen sich bei dir Gefühle von Undankbarkeit, Erschöpfung oder Lustlosigkeit breit? Gott stellt Tag für Tag seinen Frieden für dich bereit. Wir Menschen stehen manchmal vor großen Herausforderungen und fühlen uns dabei überfordert, wir kommen an unsere Grenzen oder sind einfach verärgert.

Ich ermutige dich heute, dich nicht von diesen menschlichen Gefühlen in ein unfreundliches und genervtes Menschenwesen verwandeln zu lassen. Es geht auch anders: Wenn dich eine innere Unruhe überfällt, dann ziehe dich einfach für einige Minuten in einen anderen Raum oder auf die Toilette zurück. Sprich dort mit Gott über deine innere Zerrissenheit und bitte ihn um seinen Frieden. Sprich den obengenannten Vers in deine Situation hinein und lasse dich von Gott wieder mit neuer Kraft zurüsten. Gott liebt dich!

3. September

Segnet die Menschen, die euch Böses wünschen, und betet für alle, die euch beleidigen. Lukas 6,28

Sprich diese Aufforderung heute in dein Leben hinein:

Ich DEIN NAME segne die Menschen, die mir Böses wünschen, und ich DEIN NAME bete für alle, die mich beleidigen.

Wer auch gemeine Menschen segnet, wird Leichtigkeit und Freude empfangen. Vielleicht hast du Mitmenschen, die dir immer wieder das Leben wirklich schwer machen. Ausgrenzung, Ablehnung oder verletzende Worte von anderen Menschen können dich traurig machen und sogar an das Ende deiner Kraft bringen. Andere Menschen können es schaffen, dass du dich immer mehr zurückziehst und nicht mehr das tust, was du eigentlich tun möchtest.

Lass dich heute ermutigen: Höre auf, dich fremdbestimmen zu lassen. Ziehe klare Grenzen und baue eine segensreiche Schutzmauer um dich herum. Beginne, deine Angreifer jeden Tag zu segnen, und wünsche ihnen das Beste. Denn so kannst du dich von ihnen lösen und erhältst die Kraft, dich richtig zu verhalten. Ich behaupte nicht, dies wäre einfach. Im Gegenteil, es erfordert viel Demut, aber es ist der einzige Weg zur Freiheit.

4. September

Für die Menschen ist wichtig, was sie mit den Augen wahrnehmen können; ich dagegen schaue jedem Menschen ins Herz.

1. Samuel 16,7b

Sprich diese Wahrheit heute in dein Leben hinein:

Gott schaut mir DEIN NAME *und allen Menschen ins Herz.*

Gott ist der Einzige, der jedes Herz auch im Detail durchschauen kann. Wie oft beurteilen wir Menschen nach dem, was wir gerade sehen oder vielleicht noch von anderen hören. Kennst du solche Situationen, in denen Menschen die Lage total falsch eingeschätzt haben, weil sie nicht wirklich wussten, was im Herzen anderer Menschen vor sich ging? Wovon lässt du dich blenden?

Gott lässt sich nicht von Menschen beeindrucken. Er hat Einblick in die hintersten Winkel deines Herzens. Er weiß und sieht alles. Er kann auch alle Herzen deiner Mitmenschen durchschauen und er weiß alles. Ihm ist bekannt, wie deine Mitmenschen denken und was sie alles erzählt haben. Gott ist ein Gott der Herzen! Darum ermutige ich dich heute, deinem Gott zu vertrauen, dass er deine Herzenswünsche in Erfüllung gehen lässt. Sprich mit Gott über deine tiefsten und geheimsten Herzens-Sehnsüchte, denn er kennt sie schon bestens.

5. September

Alle in der Gemeinde ließen sich regelmäßig von den Aposteln im Glauben unterweisen und lebten in enger Gemeinschaft, feierten das Abendmahl und beteten miteinander. Apostelgeschichte 2,42

Sprich diese Aufforderung heute in dein Leben hinein:

Ich DEIN NAME lasse mich regelmäßig im Glauben unterweisen.

Jede biblische Botschaft stärkt deinen Glauben an Gott! Hast du manchmal auch die Sehnsucht, im Glauben stark zu werden? Es ist Gottes Wille für uns Christen, dass wir in unserem Glaubensleben wachsen. Darum ermutige ich dich, die Bibel zu studieren. Besuche regelmäßig den Gottesdienst und andere Veranstaltungen in deiner Gemeinde, damit dein Glaube durch die Predigt gestärkt wird. Gott setzte Pastoren ein und andere Menschen mit der Gabe der Lehre und beauftragte sie, seine Botschaft zu verkündigen. Jeden Sonntag kannst du eine wohltuende und kraftvolle Predigt hören. Darum lass dir den wöchentlichen Gottesdienst nicht rauben, sondern nimm dir die Zeit und stärke dich jeden Sonntag mit Gottes Wort und in der Gemeinschaft deiner Kirchenfamilie. Täusche dich nicht: Satan wird alles versuchen, um dich davon abzuhalten. Liebe dein Leben und plane bewusst Zeit für die Gemeinde ein.

6. September

Seid vielmehr freundlich und barm-
herzig, und vergebt einander, so wie Gott
euch durch Jesus Christus vergeben hat.
Epheser 4,32

Sprich diese Aufforderung heute in dein Leben hinein:

Ich DEIN NAME vergebe meinen Mitmenschen, so wie
Gott mir durch Jesus Christus vergeben hat.

Menschen, die kompromisslos vergeben können, werden großartigen Segen empfangen. Wie oft stehen wir doch in Gefahr, uns mit anderen zu vergleichen. Dabei geschieht es so schnell, dass wir andere Menschen verurteilen, weil sie ja immer entweder besser oder schlechter dargestellt werden, als wir selbst es sind. Ich ermutige dich heute, weder andere Menschen zu verurteilen noch im Streit mit ihnen zu leben. Entsage jedem Groll, sei auch einseitig zur Vergebung bereit. Es ist mir klar, dass Vergebung nicht immer einfach ist, und Vergebung heißt keineswegs, dass man sich wieder zum Opfer machen lässt. Aber wenn du anderen Menschen vergibst, dann erlebst du eine unendlich große Freiheit. Darum vergib heute deinen Mitmenschen und lasse alles los, was sie dir angetan haben. Bitte Gott, dir dabei zu helfen. Denn damit lebst du in Gottes Willen und du selbst wirst frei von den Ketten, die dich an Menschen binden oder an Erinnerungen und Gefühle, die dir nicht gut tun. Liebe dein Leben, weil du vergeben kannst!

7. September

*Doch ich segne jeden,
der mir ganz und gar vertraut.*
Jeremia 17,7

Sprich diese Zusage heute in dein Leben hinein:

Gott segnet mich DEIN NAME, *weil ich ihm ganz und gar
vertraue.*

Wer Gott seine Hand reicht, der wird glücklich werden! Bist
du auch manchmal auf der Suche nach mehr Glück, Zufriedenheit und wirklich erfülltem Leben? Gott ist bereit, dein Leben zu segnen und es so mit viel Gutem zu
überschütten. Gib ihm daher deine Hand und vertraue
ihm uneingeschränkt. Manchmal wollen dich Umstände oder sogar auch Menschen davon abhalten, deinem
Gott dein ganzes Vertrauen zu schenken.

Ich ermutige dich heute, dich nicht von solchen Dingen irritieren zu lassen, sondern mutig deinem großartigen Gott zu vertrauen. Ich bin überzeugt, dass Gott
dich segnen wird und deiner Seele tiefes Glück schenkt.
Sprich heute den oben stehenden Vers erneut in deine
Lebenssituation hinein und glaube, dass Gott auch für
dich einen großartigen Segen vorbereitet hat. Gott wird
dich segnen!

8. September

Wie gut ist es, dir, Herr, zu danken und dich, du höchster Gott, zu besingen, schon früh am Morgen deine Gnade zu loben und noch in der Nacht deine Treue zu preisen. Psalm 92,2–3

Sprich diese Wahrheit heute in dein Leben hinein:

Schon früh am Morgen lobe ich DEIN NAME *deine Gnade.*

Je mehr du Gottes Liebe entdeckst, desto dankbarer wird dein Herz werden! Wie oft lassen wir zu, dass die Kleinigkeiten des Alltags uns nerven, oder wir sind undankbar, weil wir nur auf das Negative schauen. Gottes Gnade ist ein großartiges Geschenk für dich persönlich; seine Treue zu dir hört niemals auf. Gott hat dir durch seinen Sohn Jesus Christus alles geschenkt. Er hat sein Bestes für dich gegeben. Darum ermutige ich dich, täglich Gott dafür Danke zu sagen. Richte deine ersten Gedanken am Morgen auf Gott aus. Danke ihm in kurzen Sätzen für den neuen Tag, seine Gnade, dein Leben, deine Familie und deine Arbeitsstelle. Ich bin überzeugt, dass dieser Start in den Tag Kraft und Geduld in deinen Alltag bringen wird. Erinnere dich während des Tages immer wieder an Gottes Liebe und danke deinem Vater im Himmel auf verschiedene Art und Weise. Ich bin überzeugt, dass dies dein Leben zum Positiven verändern wird.

9. September

Stärkt die kraftlosen Hände! Lasst die zitternden Knie wieder fest werden!
Hebräer 12,12

Sprich diese Ermutigung heute in dein Leben hinein:

Ich DEIN NAME stärke meine kraftlosen Hände bei Gott!
Ich DEIN NAME lasse meine zitternden Knie wieder fest werden!

Die größte Kraftlosigkeit kann durch Gottes übernatürliche Macht in eine widerstandsfähige Stärke umgestaltet werden! Kennst du Momente in deinem Leben, in denen sich eine elende Lustlosigkeit und Frustration breit macht, und wo dich einfach gar nichts mehr zum Lächeln bringen kann? Über kurz oder lang kann man dabei sehr müde und sogar erschöpft werden und das Leben wird total anstrengend.

Aber Gott hält Lebenskraft für dich bereit. Er hat die Absicht, dich täglich mit seiner Kraft aufzutanken. Darum ermutige ich dich heute, deinen Kraft-Tank bei Jesus auffüllen zu lassen. Bitte ihn um Stärke und lass deine Frustration in Motivation verwandelt werden. Ich bin überzeugt, dass Gott dich mit einer kraftvollen Lebensfreude überschütten wird, die dich wieder zum Lächeln bringen wird. Liebe heute dein Leben, indem du Gottes Kraft für deine Situation empfängst.

10. September

Sprich diese Aufforderung heute in dein Leben hinein:

Ich DEIN NAME *ermutige und tröste meine Mitmenschen.*

Jede Ermutigung bringt Menschen zum Lächeln! Jeder von uns Menschen wünscht sich Ermutigung. Wie schön ist es doch, wenn andere Menschen dir Komplimente machen, dir ein kleines Geschenk vorbeibringen oder dich besuchen kommen. Es ist Gottes Wille, dass wir Christen einander ermutigen und stärken. Warum tun wir es nicht viel öfter? Weil alles, was uns und anderen Menschen gut tut, Überwindung kostet und manchmal gilt es, ein Opfer zu bringen.

Darum lass dich heute motivieren, deine Mitmenschen im Blick zu haben. Bestimmt laufen dir heute Menschen über den Weg, die deine Ermutigung brauchen. Spare nicht mit Komplimenten, einer Umarmung oder einem aufmunterndem Wort. Ich bin überzeugt, dass der Heilige Geist dir heute Menschen zeigen wird, die genau dich brauchen. Liebe dein Leben heute, indem du andere Menschen liebst.

11. September

Von Anfang an habe ich euch getragen,
seit eurer Geburt sorge ich für euch!
Jesaja 46,3b

Sprich diese Zusage des Herrn heute in dein Leben hinein:

Von Anfang an hast du mich DEIN NAME *getragen, seit*
meiner Geburt sorgst du für mich!

Seit dein Herz schlägt, hat Gott keine Sekunde aufgehört,
dich liebevoll zu tragen! Wie oft denken wir doch, dass
Gott irgendwo weit oben im Himmel wohnt und uns
Menschen vielleicht fast ein wenig vergessen hat. Doch
diese Beschreibung trifft auf Gott gar nicht zu. Er ist total anders! Jeden Moment deines Lebens war Gott mit
dir und hat sich liebevoll um dich gesorgt. Er hat dich
mit Liebe, Gnade, Barmherzigkeit, Wärme und Nähe
beschenkt.

Darum ermutige ich dich, diesen Gott immer näher
kennenzulernen. Er ist bereit, mit dir Gemeinschaft zu
haben und dir sein Herz zu zeigen. Er wird auch niemals
aufhören, für dich zu sorgen. Darum lass dich von diesem Gott weiterhin versorgen. Gerade wenn du durch
schwierige Zeiten gehst, ist dir Gott besonders nahe. Du
kannst niemals aus seiner Hand herausfallen und kein
Mensch oder keine Situation kann dir deinen allmächtigen Gott nehmen.

12. September

Euch soll es zuerst um Gottes Reich und um seine Gerechtigkeit gehen, dann wird er euch alles Übrige dazugeben.
Matthäus 6,33 (NEÜ)

Sprich diese Aufforderung heute in dein Leben hinein:

Mir DEIN NAME *geht es zuerst um Gottes Reich und um seine Gerechtigkeit, dann wird er mir* DEIN NAME *alles Übrige dazugeben.*

Wer Gott den ersten Platz gibt, wird seine Versorgung erleben! Machst du dir manchmal auch Sorgen, ob du in Zukunft wirklich genug zum Leben hast oder wie die Zukunft aussehen wird? Ich ermutige dich heute, Gott den Ehrenplatz in deinem Leben zu geben. Gott liebt dich über alles und er ist dein Versorger! Wer Gottes Liebe und seine Gerechtigkeit immer mehr begreift, der wird das Allerbeste für das Reich Gottes geben.

Du hast die Möglichkeit, mit deinem ganzen Leben Gott Respekt und Ehre zu erweisen. Alle deine natürlichen Talente und deine Geistesgaben sollen dazu dienen, Gott zu ehren. Gott verspricht dir, dass er für dich sorgen wird, indem er dir alles Nötige schenken wird. Ich bin überzeugt und habe es selbst immer wieder erlebt: Wenn du Gottes Reich an die erste Stelle setzt und allein aus seiner Gerechtigkeit lebst, wird Gott all deinen Mangel ausfüllen. Liebe dein Leben, denn Gott ist dein Versorger!

Denn ich, der Herr, bin dein Gott, der heilige Gott Israels. Ich bin dein Retter.

Jesaja 43,3a

Sprich diese Zusage heute in dein Leben hinein:

Denn der Herr ist mein Gott, der heilige Gott Israels. Er ist mein Retter.

Es gibt nur einen Gott, der eine wirklich persönliche Beziehung zu den Menschen pflegt. Gott ist mächtig und heilig. Eigentlich könnten wir Menschen vor ihm nicht bestehen, denn du und ich sind fehlerhaft und dies verträgt sich nicht mit einem heiligen Gott. Aber durch den Tod Jesu kannst auch du persönlich eine Beziehung zu Gott haben. Darum liebe dein Leben, weil Gott dich liebt und mit dir engen Kontakt haben möchte. Er sehnt sich nach einer persönlichen Beziehung zu dir und er hat täglich Zeit für dich. Er geht auf deine Herzensanliegen ein und kümmert sich um dich. Gott ist wie ein Vater, er nimmt dich als sein Kind immer wieder in den Arm und ermutigt dich.

Darum lass dich heute motivieren und nimm dir Zeit, dass dein Gott dich umarmen kann. Genieße seine Gemeinschaft in deinem Herzen und lass dich heute neu von ihm inspirieren. Ich bin überzeugt, Gott möchte dir einen persönlichen Input geben.

14. September

*Lasst den Mut nicht sinken, denn die
Freude am Herrn gibt euch Kraft!*
Nehemia 8,10

Sprich diese Zusage heute in dein Leben hinein:

*Ich DEIN NAME lasse den Mut nicht sinken, denn die
Freude am Herrn gibt mir Kraft!*

**Egal wie du dich heute fühlst, Gott will dir neue Freude
schenken!** Der Geist der Freude kann heute in deinem
Leben freigesetzt werden. Vielleicht wandern deine Gedanken manchmal durch finstere Täler und du fühlst
dich freudlos und ohne Energie. Gott selbst kennt alle
deine Gefühle, deine dunklen Stunden und auch alle
deine Sorgen, die dir das Leben schwer machen wollen.
Doch Gott ist immer daran interessiert, dich herauszu-
holen und dich erneut zu kräftigen.

Auch wenn ein dunkles Loch vor dir liegt, lass dich
nicht hineinziehen, sondern gehe in der Kraft Gottes
um die Grube herum oder baue eine Brücke über diese
unangenehme Tiefe. Lass dabei deinen Mut nicht sinken, sondern empfange jetzt in diesem Moment Gottes
Kraft, indem du diesen Vers erneut in deine Lebenssituation hineinsprichst. Liebe dein Leben, weil Gott deine Freude ist.

15. September

Ja, bevor die Berge geboren wurden, noch bevor Erde und Weltall unter Wehen entstanden, warst du, o Gott. Du bist ohne Anfang und Ende. Psalm 90,2

Sprich diese Wahrheit in dein Leben hinein:

Ja, bevor ich DEIN NAME *auf dieser Welt lebte, bevor die Berge geboren wurden, noch bevor Erde und Weltall unter Wehen entstanden, warst du, o Gott. Du bist ohne Anfang und Ende.*

Menschen können sich zwar Gott wegdenken, aber seine ewige Existenz kann keiner auslöschen. Fragst du dich manchmal, ob es Gott wirklich gibt? Die Bibel lehrt uns, dass Gott bereits vor der Erschaffung der Welt da war. Er existierte schon immer, in dieser Hinsicht gab es keinen Anfang. Gott sah all die Menschen der Bibel, der Antike oder auch der Neuzeit, er hat alles miterlebt.

Gott war da, als deine Urgroßeltern lebten, und genauso ist er heute auch für dich da. Ebenso wird er in Zukunft für deine Nachkommen da sein. Auch mit deinem Tod hört deine Gemeinschaft mit Gott nicht auf. Denn seine Existenz hat kein Ende. Niemals hört Gottes Gegenwart für dich auf. Darum ermutige ich dich heute, dein Leben mit Gott zu genießen. Gott gibt es schon immer und er wird nie aufhören zu existieren!

16. September

In seiner Liebe sollt ihr fest verwurzelt
sein; auf sie sollt ihr bauen.
Epheser 3,17

Sprich diese Aufforderung heute in dein Leben hinein:

In seiner Liebe will ich DEIN NAME *fest verwurzelt sein;*
auf sie will ich DEIN NAME *bauen.*

Je tiefer wir in der Liebe Gottes verwurzelt sind, desto kraftvoller ist unser Leben! Sehnst du dich auch manchmal nach mehr Ausstrahlungskraft? Gott gibt dir durch seine bedingungslose Liebe die perfekten Bedingungen dafür. Du kannst dein Leben auf alles Mögliche bauen, auf Reichtum, auf Beziehungen; aber diese Grundlagen werden dich nicht wirklich glücklich machen, weil sie nicht immer stabil bleiben.

Deshalb ermutige ich dich heute, dein Leben in der Liebe Gottes zu verwurzeln. Gott liebt dich auch ohne Leistung! Er liebt dich genauso, wie du bist. Je mehr du diese Liebe für dich persönlich annehmen kannst, desto mehr werden deine Augen leuchten. Ein Leben aus der Liebe Gottes hat positive Auswirkungen auf alle deine Handlungen. Liebe dein Leben, weil Gott dich zuerst geliebt hat.

17. September

Gepriesen sei der Herr! Tag für Tag trägt er unsere Lasten. Gott ist unsere Hilfe.

Psalm 68,20

Sprich diese Zusage heute in dein Leben hinein:

Gepriesen sei der Herr! Tag für Tag trägt er meine Lasten. Gott ist meine Hilfe.

Wir Menschen können aufhören, unsere Lasten zu schleppen, denn Gott will sie schon lange tragen! Vielleicht gibt es Dinge in deinem Leben, die dich schon sehr lange beschäftigen und manchmal auch echt belasten. Gott kennt deine Sorgen und er ist bereit, deinen schweren Rucksack aufzunehmen und zu tragen. Und zwar nicht einfach nur nach Lust und Laune, sondern er hilft dir verlässlich an jedem Tag! Gott ist deine persönliche Hilfe, die du in Anspruch nehmen darfst. Voraussetzung dafür ist, dass du deine Sorgen bei Gott abgibst und nicht mehr versuchst, dich krampfhaft daran festzuhalten.

Darum ermutige ich dich heute, Gott alle deine Nöte zu überlassen und ihm zu vertrauen, dass er dir helfen wird. Gib Gott die Ehre und sage ihm, wie dankbar du für seine Hilfe bist. Ich bin überzeugt, dass er dich nicht im Stich lässt, sondern liebevoll und genau zur richtigen Zeit seine Hilfe ausführen wird.

18. September

Bewahre mich, wie man seinen Augapfel behütet! Verstecke mich wie ein Vogel seine Jungen. Psalm 17,8

Sprich diese Bitte wie David heute über dein Leben:

Bewahre mich DEIN NAME, *wie man seinen Augapfel behütet! Verstecke mich* DEIN NAME *wie ein Vogel seine Jungen.*

Menschen, die unter Beschuss stehen, finden bei Gott sicheren Schutz! Fühlst du dich von anderen Menschen oder in gewissen Situationen manchmal angegriffen? Menschen können ziemlich giftige Pfeile abschießen und einen an den Rand seiner Kraft bringen. Aber Gott möchte dir einen Schutzraum bieten. Darum bitte Gott um seinen perfekten Schutz in deiner aktuellen Situation. Du bist Gott dermaßen wichtig, dass er dir das beste Versteck bieten wird. Dazu hat er manchmal Wege, auf die wir selbst niemals gekommen wären.

Ich ermutige dich heute, alle deine Angreifer in die Hand Gottes zu geben. Bitte im Namen Jesu um Legionen von Engeln, die Gott um dich herumstellen wird. Ich bin überzeugt, dadurch wird sich deine Situation zum Guten wenden. Lass dir dein Leben nicht durch negative Menschen verderben, sondern liebe dein Leben, weil Gott dir den nötigen Schutzraum bietet.

19. September

Jesus antwortete: »Für Menschen ist es unmöglich, aber nicht für Gott.«
Lukas 18,27

Sprich diese Zusage heute in dein Leben hinein:

Für mich DEIN NAME ist es unmöglich, aber nicht für meinen Gott.

Wenn Menschen an ihre Grenzen kommen, fängt Gottes Hilfe erst richtig an! Kennst du diese Situationen, in denen du einfach keine Lösung finden kannst? Momente, in denen sich bedrohliche Mauern vor dir auftürmen? Gott weiß, wie schnell wir Menschen feststecken und dann einfach keine Perspektive mehr haben. Jeder von uns kommt irgendwann an seine Grenzen.

Doch bei allem, was dir unmöglich scheint, hat Gott immer noch eine neue Möglichkeit. Er setzt immer noch eins drauf! Und zwar deshalb, weil er allmächtig ist. Seine Kraft und seine Macht gehen niemals aus. Gott hat immer eine weitere Chance und eine neue Möglichkeit, dein Leben kraftvoll zu verändern. Darum ermutige ich dich heute, den oben stehenden Vers über dein Leben auszusprechen und daran zu glauben, dass Gott niemals aufhören wird, deine Lebenssituation zum Positiven zu verändern.

20. September

*Herr, du gibst Frieden dem, der sich fest
an dich hält und dir allein vertraut!*

Jesaja 26,3

Sprich diese Zusage heute in dein Leben hinein:

Herr, du gibst mir DEIN NAME *Frieden, weil ich mich fest
an dich halte und dir allein vertraue!*

Menschen, die sich an Gott festhalten, werden tiefen, inneren Frieden finden! Fühlst du dich manchmal innerlich unruhig und aufgewühlt? Oder fühlst du dich manchmal unsicher, was deine Zukunft angeht? Gott möchte dir heute seinen Frieden schenken. Er ist immer daran interessiert, den Menschen innere Ruhe und Gelassenheit zu schenken.

Darum ermutige ich dich heute, dich an Gott festzuhalten. Suche deine innere Ruhe nicht in Beziehungen, in Geld oder bei einer schönen Ferienreise. Nur Gott allein kann dir wirklich echten Frieden geben. Sprich heute den oben stehenden Vers erneut in deine Lebenssituation hinein und vertraue Gott, dass sein Friede wirklich fließen wird. Dann empfange diese Ruhe in deinem Herzen und verbanne alle anklagenden Gedanken Satans aus deinem Leben. Ich bin überzeugt, dass Gott dich reich segnen wird.

21. September

Aber was sich keiner verdienen kann,
schenkt Gott in seiner Güte: Er nimmt
uns an, weil Jesus Christus uns erlöst hat.
Römer 3,24

Sprich diese Zusage heute in dein Leben hinein:

Aber was ich DEIN NAME mir nicht verdienen kann,
schenkt mir Gott in seiner Güte: Er nimmt mich DEIN
NAME an, weil Jesus Christus mich erlöst hat.

Nicht wegen deiner Leistung, sondern aus seinem lieben-den Herzen heraus schließt Gott dich jeden Tag in seine Arme! Viele Menschen meinen, sie müssten Gott eine Leistung vorweisen, damit er sie wirklich liebt. Kennst du solche Gedanken auch? Gott ist ganz anders. Alles, was du hast, gehört Gott. Alles ist ein Geschenk von ihm. Deine Familie, deine Wohnung, dein Geld – alles auf dieser Erde hat Gott dir zur Verfügung gestellt. Er hat sogar das Leben seines Sohnes für dich hingegeben!

Darum ermutige ich dich heute, für Gottes Großzügig-keit einfach dankbar zu sein. Gott spart nicht! Jeden Tag verschenkt er seine Liebe an dich. Selbst wenn du Feh-ler gemacht hast, nimmt er dich immer wieder auf und umschließt dich mit seinen liebenden Armen. Gott stößt dich niemals weg und er ignoriert dich nie. Liebe dein Le-ben, denn bei Gott bist du jederzeit herzlich willkommen!

22. September

Dennoch bist du, Herr, unser Vater!
Wir sind der Ton und du bist der Töpfer!
Wir alle sind Gefäße aus deiner Hand.

Jesaja 64,7

Sprich diese Zusage heute in dein Leben hinein:

Du, Herr, bist mein Vater! Ich bin der Ton und du
bist der Töpfer! Ich DEIN NAME*, bin ein Gefäß aus deiner*
Hand.

Wer sich von Gott verändern lässt, wird Gottes kraftvolles Handeln sehen! Hast du auch schon gesehen, wie Menschen sich plötzlich total zum Guten veränderten, weil sie endlich aufblühen konnten? Auch du hast die Chance aufzublühen, denn Gott möchte dich zum Positiven verändern. Du bist wie Ton in Gottes Hand; er möchte dich gerne formen und zu einem wunderschönen Kunstwerk gestalten.

Darum ermutige ich dich heute, dich in Gottes Hand fallen zu lassen. Studiere Gottes Wort und lass dich von dem Lebensstil Jesu anstecken. Glaube daran, dass Gott deinen Charakter, deine Talente und deine Persönlichkeit Schritt für Schritt zur Entfaltung bringen wird. Ich bin überzeugt, dass bei Gott nichts unmöglich ist und dass er alle Menschen zum Guten verändern kann.

23. September

Wie lieblich sind auf den Bergen die Füße dessen, der frohe Botschaft bringt, der Frieden verkündet, der gute Botschaft bringt, der Heil verkündet.

Jesaja 52,7a

Sprich diese Wahrheit heute in dein Leben hinein:

Wie lieblich sind auf den Bergen meine Füße, wenn ich frohe Botschaft bringe.

Menschen mit einem lieblichen Herzen bringen überall den Frieden Gottes hin! Hast du vielleicht Menschen um dich herum, die ständig negativ sprechen oder gar den Streit suchen? Es ist nicht angenehm, mit solchen Menschen zusammenzuleben oder mit ihnen gemeinsam zu arbeiten.

Darum ermutige ich dich heute, etwas zu verändern. Verbanne alles negative Reden aus deinem Leben und beginne, Frieden zu stiften. Du kennst die gute Botschaft von Jesus. Bringe diese wohltuende Botschaft zu deinen Mitmenschen. Ermutige und stärke die Menschen in deinem Umfeld, indem du sie tröstest, ihnen ein gutes Wort zusprichst oder ihnen eine liebe Karte schreibst. Viele Menschen um dich herum versinken hinter den Bergen ihrer Probleme. Und genau da kannst du deine Füße platzieren und ein lieblicher Freudenbote sein. Gott wird dich dafür segnen. Lauf los!

24. September

Mit Leib und Seele vertraue ich mich dir an, denn du erlöst mich, Herr, du treuer Gott! Psalm 31,6

Sprich dieses Versprechen heute in dein Leben hinein:

Mit Leib und Seele vertraue ich mich DEIN NAME *dir an, denn du erlöst mich, Herr, du treuer Gott!*

Menschen, die sich vollständig auf Gott einlassen, finden in ihm den verlässlichsten Partner! Bist du auch manchmal überrascht darüber, wie viele Menschen sich scheuen, in Beziehungen verbindlich zu sein? Oder dass Menschen einander plötzlich nicht mehr unterstützen? Gott ist total anders. Er bleibt immer derselbe.

Darum ermutige ich dich, dein Leben und deine heutige Situation in die Hand Gottes zu legen. Vertraue ihm, dass er dich richtig führen wird. Ich bin überzeugt, dass Gott dich nicht enttäuscht, denn er ist zuverlässig. Menschen können dir den Rücken zuwenden und viele Schmerzen hinterlassen. Doch Gott bleibt immer bei dir und er will dir wieder aufhelfen. Da, wo du traurig oder enttäuscht bist, will Gott dich wieder aus der Dunkelheit herausziehen und dir neue Freiheit schenken. Liebe heute dein Leben, weil du einen verlässlichen Partner kennst!

25. September

Dankt Gott für alles. Denn das erwartet Gott von euch, weil ihr zu Jesus Christus gehört. 1. Thessalonicher 5,18

Sprich diese Aufforderung heute in dein Leben hinein:

Ich DEIN NAME danke Gott für alles. Denn das erwartet Gott von mir, weil ich zu Jesus Christus gehöre.

Wirklich glückliche Menschen haben ein dankbares Herz!

Hast du auch schon Unzufriedenheit oder Frustration erlebt? Dann fängst du vielleicht an, dich mit anderen zu vergleichen. Dies führt dann zum Kritisieren und letztendlich landest du in einer miesen Gedanken-Verstimmung. Gott hat dich jedoch reich beschenkt! Alles, was du hast, gehört Gott: deine Familie, dein Arbeitsplatz, dein Haus, dein Geld, deine Kinder und auch dein Leben. Alles Schöne auf dieser Welt hat er dir zur Verfügung gestellt.

Darum ermutige ich dich heute, jeden Tag dankbar zu sein für das, was du bereits hast. Vielleicht kannst du heute aufschreiben, was Gott dir alles geschenkt hat, und ihm dafür danken. Ich bin überzeugt, dass du eine wunderbare Liste erstellen wirst und dein Herz sich dabei mit Freude füllen wird. Liebe dein Leben, denn Gott hat dich bereits reich beschenkt.

26. September

Die Liebe wird
niemals vergehen.
1. Korinther 13,8

Sprich dieses Versprechen in dein Leben hinein:

Ich DEIN NAME *kenne die Liebe, die niemals vergeht.*

Gottes Liebe ist endlos, weil Gott selbst die Liebe ist! Wir Menschen können so schnell unsere Liebe zu unseren Mitmenschen verlieren. Kennst du auch Momente, in denen du dich mit anderen vergleichst und du eifersüchtig auf andere Menschen schaust? Dadurch kannst du sehr schnell lieblos werden und deine Mitmenschen dann verächtlich behandeln. Gottes Liebe ist vollkommen anders. Sie neidet nicht und sie bläht sich auch nicht auf.

Ich ermutige dich heute, dich von Gottes Liebe auffüllen zu lassen und diese bedingungslose Liebe vorbehaltlos an deine Mitmenschen zu verschenken. Gott hört niemals auf, dich zu lieben. Er findet keinen Grund, warum er dich verwerfen oder auch nur ignorieren sollte. Darum trage auch du seine endlose Liebe in die Welt hinaus und erfrische damit deine Mitmenschen. Liebe dein Leben, weil Gott dich für immer liebt!

27. September

Gott sagt: »Er liebt mich von ganzem Herzen, darum will ich ihn retten. Ich werde ihn schützen, weil er mich kennt und ehrt.« Psalm 91,14

Sprich diese Zusage heute in dein Leben hinein:

Gott sagt zu mir: Du DEIN NAME liebst mich von ganzem Herzen, darum will ich dich retten. Ich werde dich DEIN NAME schützen, weil du mich kennst und ehrst.

Menschen, die mit Gott verbunden sind, haben besondere Privilegien! Wie viele Menschen stehen in dieser Welt schutzlos da und sind bedroht von allem Möglichen. Wenn du aber Gott als deinen Vater angenommen hast, dann lebst du in seiner Familie. Du bist Gottes Kind und er achtet ganz besonders auf dich.

Darum ermutige ich dich heute, mit Gott in Verbindung zu bleiben. Sage ihm, dass du ihn jeden Tag brauchst. Gott möchte dir seinen besonderen Schutz gewähren. Wahrscheinlich ahnst du gar nicht, wie oft Gott dich schon beschützt hat. Sicher warst du dich der Gefahr oft überhaupt nicht bewusst. Ich lade dich ein, heute Gott die Ehre zu geben, denn er ist dein ständiger Begleiter und er gibt liebevoll auf dich Acht.

28. September

Ich will alles vergessen, was hinter mir liegt, und schaue nur noch auf das Ziel vor mir. Philipper 3,13

Sprich diese Aufforderung heute in dein Leben hinein:

Ich DEIN NAME will alles vergessen, was hinter mir liegt, und schaue nur noch auf das Ziel vor mir.

Wer die Vergangenheit ablegen kann, der wird ein neues Ziel entdecken! Denkst du manchmal auch traurig an vergangene Zeiten zurück? Oder drehen sich deine Gedanken ständig um alte Verletzungen, die dich beeinträchtigen wollen? Lass dich heute ermutigen, deine Vergangenheit bei Gott abzugeben und einen Neustart zu wagen. Je mehr du dich nämlich gedanklich in alten Verletzungen verstrickst, desto mehr wirst du davon gefangen genommen und in Selbstmitleid versinken.

Darum entscheide dich dazu, mit deiner Vergangenheit abzuschließen, und blicke dabei auf Jesus. Er lächelt dich liebevoll an und wird dir ein neues Ziel zeigen. Ich bin überzeugt, dann wirst du beschwingt und motiviert neue Möglichkeiten entdecken und vielleicht plötzlich Dinge tun, die du vorher nie gewagt hättest.

29. September

Habt keine Angst! Verliert nicht den Mut! Ihr werdet erleben, wie der Herr euch heute rettet. 2. Mose 14,13

Sprich diese Zusage in dein Leben hinein:

Ich DEIN NAME habe keine Angst und ich verliere nicht den Mut! Denn ich DEIN NAME werde erleben, wie der Herr mich rettet.

Menschen, die auf Gottes Hilfe warten können, werden seinen starken Beistand erleben! Fühlst du dich manchmal auch ängstlich oder mutlos? Oder fragst du dich, wann Gott denn endlich in deine Situation eingreifen wird? Gott fordert uns in seinem Wort immer wieder auf, ihm vollständig zu vertrauen.

Darum ermutige ich dich heute, niemals den Mut zu verlieren, wenn du auf Gottes Hilfe wartest. Seine Kraft wird auf dich kommen, und seine Hilfe trifft niemals zu spät bei dir ein. Manchmal dauert es zwar, bis Gott eingreift, aber auch dieses Warten entspricht seinem perfekten Plan, denn Gott hat den Überblick. Er kennt jedes Detail und weiß ganz genau, was er wann tun muss. Darum lass dich nicht entmutigen, auch wenn Satan dir seine Lügen einflüstern will. Lass dich nicht davon irritieren! Gottes Hilfe ist mit dir und Gott arbeitet immer hinter den Kulissen, auch wenn wir nichts davon wahrnehmen.

30. September

Wer keinen Halt mehr hat, den hält der Herr; und wer schon am Boden liegt, den richtet er wieder auf. Psalm 145,14

Sprich diese Zusage heute in dein Leben hinein:

Wenn ich DEIN NAME keinen Halt mehr habe, dann hältst du mich, Herr; und wenn ich DEIN NAME schon am Boden liege, dann richtest du mich wieder auf.

Selbst wenn es dir den Boden unter den Füßen wegzieht, wird dich Gott wieder auf sicheren Grund stellen! Jeder von uns kann in eine Situation kommen, in der er sich unsicher und in Gefahr fühlt. Aber genau in solchen Situationen ist Gott besonders für dich da. Er weiß, wie es sich anfühlt, wenn einem der Boden unter den Füßen fehlt oder wenn man sich kraftlos fühlt.

Darum motiviere ich dich heute, Gottes Hilfe in Anspruch zu nehmen. Lass dich persönlich von Gott wieder aufrichten. Deine Lebenszeit ist zu schade, um sie am Boden zu verbringen. Gott hat ein angenehmeres Leben für dich vorbereitet. Darum lass dich von Gottes Kraft auf die Beine stellen und erkenne deine erneute Chance, um siegreich durchs Leben zu gehen. Liebe dein Leben, denn in der Kraft Gottes kannst du wieder aufstehen.

Oktober

Ein neues Abenteuer

Zusammen mit meinem Mann arbeitete ich für eine kleinere Gemeinde in der Schweiz. Wir liebten all die Menschen, die zu unseren Gottesdiensten kamen, und waren glücklich. Die Kirchgemeinde Zürcher Oberland war unser Baby, denn wir hatten die Gemeinde gegründet, gemeinsam mit unseren Freunden.

Doch dann kam eine Anfrage von dem Leiter unserer Bewegung, ob wir bereit wären, in Deutschland eine weitere Gemeinde zu gründen, in Stuttgart. Für mich kam diese Anfrage völlig überraschend, und ehrlich gesagt, ich war sauer. »Was soll denn das?«, fragte ich mich. Dabei muss man bedenken, dass ich ein waschechtes Schweizer Kind bin, immerhin kam ich am 1. August zur Welt, am Nationalfeiertag der Schweizer. Ich liebe die Schweiz. Warum sollte ich mein Vaterland verlassen? »Warum gerade ich?«, war meine große Frage.

Doch ich war bereit, diese Anfrage ernsthaft vor Gott zu prüfen. So bat ich Gott um eine klare Wegweisung. In dieser Zeit sah ich während der Anbetungszeit in der Kirchgemeinde Zürcher Oberland immer wieder dasselbe Bild vor meinem inneren Auge: einen großen Wald. Einmal wurde ich sogar wie von einem dünnen Faden an meinem Rücken in den Himmel hinaufgezogen. Nun konnte ich den Wald von oben sehen. Ich hatte aber keine Ahnung, was dieses Bild für mich zu bedeuten hatte.

Als wir dann Stuttgart besichtigten, besuchten wir auch den Fernsehturm. Als ich oben den Aufzug verließ, sah ich unter mir diesen großen Wald. Es war exakt dasselbe Bild wie damals in der Kirche! Mein Herz war zutiefst berührt und mir wurde klar, dass dies unser neuer Arbeitsort sein würde. Genauso wie Gott mir damals Wegweisung für mein Leben gab, will er auch dir den besten Weg für dein Leben zeigen.

1. Oktober

Wer bei mir bleibt, so wie ich bei ihm bleibe, der trägt viel Frucht. Denn ohne mich könnt ihr nichts ausrichten.

Johannes 15,5

Sprich diese Wahrheit heute in dein Leben hinein:

Wenn ich DEIN NAME bei Gott bleibe, so wie Gott bei mir bleibt, werde ich viel Frucht tragen. Denn ohne Gott kann ich DEIN NAME nichts ausrichten.

Wer in enger Verbindung mit Gott bleibt, hat eine kraftvolle Ausstrahlung! Wie oft versuchen wir Christen doch, selbst die Dinge in die Hand zu nehmen! Kennst du die Momente, in denen du ohne Absprache mit Gott einfach durch die Welt rennst? Gott möchte eng mit dir verbunden sein. Er bleibt immer ganz nah an deiner Seite. Wenn du dich jedoch von ihm abwendest, kann seine Kraft nicht mehr uneingeschränkt in dich hineinfließen.

Darum ermutige ich dich, an Gott angedockt zu bleiben. Richte deine Gedanken immer wieder auf ihn aus und entferne aus deinem Leben, was deiner Beziehung zu Gott vielleicht noch im Wege steht. Ich bin überzeugt: Wenn du dranbleibst, fließt Gottes Kraft in dich hinein und dies wird enorme, geniale Auswirkungen auf dein Leben haben. Durch diese Kraft werden sich in deinem Leben nämlich Geduld, Freude, Friede, Liebe und vieles mehr ausbreiten.

2. Oktober

Erziehe dein Kind schon in jungen Jahren – es wird die Erziehung nicht vergessen, auch wenn es älter wird.
Sprüche 22,6

Sprich diese Aufforderung heute in dein Leben hinein:

Ich DEIN NAME erziehe mein Kind schon in jungen Jahren – es wird die Erziehung nicht vergessen, auch wenn es älter wird.

Gott fordert Eltern auf, ihre Kinder zu leiten! Vielleicht beobachtest du manchmal, wie Eltern die Erziehung ihrer Kinder einfach dem Zufall überlassen oder dass sie ihnen keine Grenzen setzen. Wenn du selbst Kinder hast, dann leite sie. Deine Kinder brauchen deine klare Führung. Ich ermutige dich, deinen Kindern ein Vorbild zu sein. Fördere sie in ihrer Einzigartigkeit und schenke ihnen gute Erinnerungen an ihre Kindheit.

Denke dabei immer daran, dass du der Leiter bist. Deine Kinder brauchen klare Grenzen und Anweisungen von dir als Mama oder als Papa. Denn wenn Kinder keine Grenzen bekommen, dann setzen sie diese selbst und das überfordert sie maßlos. Bitte Gott um Weisheit in der Kindererziehung und erziehe deine Kinder in enger Absprache mit Gott. Denn einzig die Liebe Gottes schenkt deiner Erziehung Gelingen und lässt sie für alle Beteiligten zum Segen werden.

3. Oktober

Dies alles habe ich euch gesagt, damit ihr durch mich Frieden habt. In der Welt habt ihr Angst, aber lasst euch nicht entmutigen: Ich habe die Welt besiegt.

Johannes 16,33

Sprich diese Zusage heute in dein Leben hinein:

Dies alles hast du mir DEIN NAME *gesagt, damit ich durch dich Frieden habe. In der Welt habe ich* DEIN NAME *Angst, aber ich* DEIN NAME *lasse mich nicht entmutigen: Du hast die Welt besiegt.*

Innere Unruhe will Menschen verunsichern, doch Jesus bringt Frieden in jedes Herz! Wie oft lassen wir Menschen uns entmutigen und schauen ängstlich aus der Wäsche, wie ein kleiner ängstlicher Spatz. Doch Gott will deine innere Unruhe in Frieden verwandeln. Jesus selbst ist der Friede und er ist der Sieger über alles.

Darum ermutige ich dich heute, dich von deiner Angst nicht niederdrücken zu lassen. Satan freut sich, wenn du ängstlich durch die Welt schleichst. Doch Jesus möchte, dass du mit aufrechtem Rücken durchs Leben gehst. Er hat echten und kraftvollen Frieden für dich. Darum verbanne im Namen Jesu die Angst aus deinem Leben und empfange von Gott tiefe und wirklich entspannte Ruhe. Liebe dein Leben heute, weil Gottes Frieden für dich bereitsteht.

Bleibt wachsam und steht fest im
Glauben! Seid entschlossen und stark!
1. Korinther 16,13

Sprich diese Aufforderung heute in dein Leben hinein:

Ich DEIN NAME *bleibe wachsam und ich stehe fest im*
Glauben. Ich DEIN NAME *bin entschlossen und stark.*

Unentschlossene Menschen bewegen nicht viel, aber wer in Gottes Liebe verwurzelt ist, kann die Welt vom Kopf auf die Füße stellen! Die Bibel fordert uns Christen auf, nicht zu schlafen, sondern aufmerksam zu sein. Jeden Tag kannst du dich dazu entscheiden. Wir alle stehen in der Gefahr, im Glauben zu ermüden. Darum ermutige ich dich heute, dich täglich für deinen Glauben zu entscheiden. Sprich den oben stehenden Vers heute in dein Leben hinein und lass dich durch nichts erschüttern, sondern halte an Jesus fest. Gott hat genug Mut und Stärke für dich.

Darum lass dich davon inspirieren und lebe aus dieser Kraft. Ermutige mit dieser Entschlossenheit auch deine Glaubensgeschwister in deiner Gemeinde. Je mehr Christen fest in ihrem Glauben stehen und mutige Schritte wagen, desto mehr Menschen werden von der Liebe Gottes angesteckt werden.

5. Oktober

*Leidet jemand unter euch? Dann soll
er beten! Hat einer Grund zur Freude?
Dann soll er Gott Loblieder singen.*

Jakobus 5,13

Sprich diese Aufforderung heute in dein Leben hinein:

*Wenn ich DEIN NAME leide, dann kann ich beten! Wenn
ich DEIN NAME einen Grund zur Freude habe, dann will
ich Gott Loblieder singen.*

Egal von welcher Seite sich dein Leben zeigt, Gott ist immer für dich da! Wie oft rennen Menschen in schwierigen Situationen aus Beziehungen weg? Manchmal hast du auch Neider, weil es dir so gut geht. Doch Gott ist anders! Er ist in guten und schlechten Zeiten dein bester Freund. Er freut sich mit dir, wenn du erfolgreich bist. Darum juble ihm in diesen Momenten zu und danke ihm für seine Hilfe in deinem Leben.

Auch in schlechten Zeiten ist Gott ganz sicher für dich da. Er überlässt dich nicht einfach deinem Schicksal, sondern du kannst ihn um seine Hilfe bitten. Ich ermutige dich heute, jederzeit die Nähe Gottes zu suchen. Er versteht dich und er kann genau in deine Situation hineinwirken. Liebe heute dein Leben, weil du einen Gott kennst, der nicht launisch ist, sondern wirklich übernatürlich beziehungsfähig – er liebt dich!

6. Oktober

So spricht der Herr, der heilige Gott Israels:
»Kehrt doch um zu mir und werdet ruhig,
dann werdet ihr gerettet! Vertraut mir und
habt Geduld, dann seid ihr stark!«
Jesaja 30,15

Sprich diese Zusage heute in dein Leben hinein:

Ich DEIN NAME *kehre um zu Gott und werde ruhig, dann*
werde ich gerettet! Ich DEIN NAME*, vertraue Gott und*
habe Geduld, dann bin ich DEIN NAME *stark!*

Eine starke Persönlichkeit entwickelt sich aus der Beziehung zu Gott! Möchtest du gerne eine starke Person mit einflussreicher und stabiler Ausstrahlung werden? Was ist wirklich wichtig? Du kannst deine Intelligenz trainieren und weiterentwickeln oder deine Schönheit pflegen. Doch eine wirklich starke Person zeichnet sich durch einen starken Charakter aus. Und genau dies kannst du durch eine intensive Beziehung zu Gott erreichen.

Darum ermutige ich dich, aus der Gemeinschaft mit Gott heraus deine Lebenskraft zu empfangen. Gott selbst will dir helfen, innerlich stark zu werden. Vertraue ihm und glaube an seine verändernde Kraft auch in deinem Leben. Ich bin überzeugt, auch in dir werden sich Frieden, Treue, Geduld und Liebe ausbreiten.

Du hast eine Zukunft!
Du darfst neue Hoffnung schöpfen!
Jeremia 31,17

Sprich diese Zusage heute in dein Leben hinein:

Ich DEIN NAME *habe eine Zukunft! Ich* DEIN NAME *darf neue Hoffnung schöpfen.*

Niemals gibt Gott auf, denn er schenkt uns immer eine weitere Chance! Vielleicht hast du in einigen Bereichen deines Lebens die Hoffnung aufgegeben. Beziehungen, Zukunftspläne oder Gesundheit können plötzlich zerbrechen. Doch bei Gott gibt es immer Hoffnung. Selbst wenn es menschlich gesehen erscheint, als gäbe es keinerlei Hoffnung mehr, kann Gott doch noch eine gute Aussicht eröffnen. Du kennst einen ewigen Gott, der niemals seine Beziehungen abbricht. Seine Liebe zu dir wird für ewig nicht aufhören und seine Fürsorge wird dir immer gelten.

Darum ermutige ich dich heute, dein Leben zu genießen und daran zu denken, wie endlos lieb Gott dich hat. Bitte ihn um Hilfe für deine ausweglose Situation. Ich bin überzeugt, dass Gott sich dir auf liebevolle und verständnisvolle Art und Weise zeigen wird.

8. Oktober

Ehrt den Herrn und dient ihm treu von ganzem Herzen! Vergesst nie, wie viel er schon für euch getan hat! 1. Samuel 12,24

Sprich diese Aufforderung heute in dein Leben hinein:

Ich DEIN NAME ehre den Herrn und ich DEIN NAME diene ihm treu von ganzem Herzen!

Wer sich an Gottes Liebe erinnert, der wird von Herzen für Gott das Beste geben! Es gibt Christen, die irgendwann ihren Dienst für Gott beenden, weil sie keine Zeit oder keine Lust mehr haben, um in Gottes Reich zu investieren. Lass dich heute ermutigen und erinnere dich daran, was Gott schon alles für dich getan hat: Er hat dir alle deine Fehler vergeben, dich immer wieder gesegnet und dich auch getröstet. Gott gibt das Allerbeste für dich. Du dienst Gott nicht, weil du es musst oder dazu gezwungen bist. Auch dienst du Gott nicht, damit er dich mehr liebt oder um dadurch vor ihm gerecht zu werden. Alles, was du tust, soll deiner tiefen Dankbarkeit entspringen für all das, was er für dich getan hat. Liebe heute dein Leben, weil Gott alles für dich gegeben hat. Er wird dir immer treu bleiben und dich niemals verlassen. Es ist dein Privileg, mit deinen Talenten, mit deiner Persönlichkeit und mit all deiner Kraft Gott die Ehre zu geben. Ich bin überzeugt: Durch dein Handeln werden Menschen in deinem Umfeld Gottes Liebe entdecken. Lege los!

9. Oktober

Aber wir werden mit Jesus leben
aus Gottes Kraft!
2. Korinther 13,4b

Sprich diese Zusage heute in dein Leben hinein:

Ich DEIN NAME *lebe mit Jesus aus Gottes Kraft!*

Wer Jesus in seinem Herzen trägt, der hat Anschluss an die stärkste Energiequelle der Welt! Fühlst du dich manchmal ausgelaugt oder einfach demotiviert? Gottes Kraft steht heute für dich bereit! Du hast das Privileg, aus der Kraft des allmächtigen Gottes zu leben und zu handeln!

Versuche nicht länger, aus eigener Kraft dein Leben zu meistern, sondern strecke dich immer wieder nach der Kraft Gottes aus. Jesus hat am Kreuz bezahlt, damit du den direkten Zugang zu Gottes übernatürlicher und alles übersteigender Kraft hast. Ich ermutige dich heute, diese Kraft in deine Familie, an deinen Arbeitsplatz oder in deine Nachbarschaft zu bringen. Mit göttlicher Kraft ist alles möglich! Darum sprich den oben stehenden Vers erneut über dein Leben aus. Ich bin überzeugt, dass Gott dich reich segnen wird.

10. Oktober

Doch stärker als das Donnern gewaltiger Wasser, größer als die Wogen des Meeres, ist der Herr in der Höhe! Psalm 93,4

Sprich diese Wahrheit heute in dein Leben hinein:

Mein Gott in der Höhe ist doch stärker als das Donnern gewaltiger Wasser, größer als die Wogen des Meeres.

Gott ist immer noch viel größer als das Allergrößte, das sich Menschen vorstellen können! Fühlst du dich manchmal auch klein und unscheinbar auf dieser Welt? Vielleicht bekommst du nicht sehr viel Beachtung oder du fühlst dich gegenüber den Herausforderungen deines Lebens oft klein und schwach. Aber stell dir vor: Wenn Gott wirklich durch Jesus Christus in dir lebt, dann hast du die allergrößte Macht auf dieser Welt in deinem Herzen.

Darum ermutige ich dich heute, Gott nicht in eine Box zu stecken. Rechne mit der Kraft Gottes und gehe deine Probleme und Sorgen in seiner Kraft an. Sprich über deine Probleme die Größe Gottes aus und sage deinen kleinkarierten Gedanken den Kampf an. Du kennst die mächtigste und stärkste Gewalt der Welt. Darum liebe dein Leben jeden Tag, weil du den stärksten Gott an deiner Seite hast.

11. Oktober

Hört nie auf, zu bitten und zu beten!
Gottes Geist wird euch dabei leiten.
Bleibt wach und bereit. Bittet Gott
inständig für alle Christen. Epheser 6,18

Sprich diese Aufforderung heute in dein Leben hinein:

Ich DEIN NAME höre nie auf, zu bitten und zu beten!

**Jedes Gebet, das dem Willen Gottes entspricht, hat kraft-
volle Auswirkungen!** Fühlst du dich manchmal auch gestresst? Deine Termine hetzen dich durch den Alltag und
du kannst kaum zur Ruhe kommen? Gott gibt dir eine
Möglichkeit, wirklich zur Ruhe zu kommen. Er sieht und
hört alle deine Gebete, die du im Verborgenen sprichst.
Darum lass dich heute ermutigen, ein ruhiges Zimmer
aufzusuchen und ganz alleine eine Zeit des Gebets, Zeit
mit Gott zu verbringen. Gehe heute vor deinem großartigen Gott auf die Knie und lass dich von ihm leiten. Er wird
dir zeigen, was du beten sollst. Gott wird dir in den Sinn
geben, was er tun will. Wo du dich im Glauben mit seinem
Willen verbindest, wird die unsichtbare und die sichtbare
Welt aufgerüttelt werden, denn Gott ist mächtig.

Darum lass dich nicht vom Alltagsstress bestimmen
oder gar überrollen, sondern schaffe dir immer wieder
beruhigende Oasen in deinem Zimmer. Ich bin überzeugt, dass Gott dich dabei reich beschenken wird.

12. Oktober

Nur er ist ein schützender Fels und eine sichere Burg. Er steht mir bei und niemand kann mir schaden. Psalm 62,3

Sprich diese Zusage heute in dein Leben hinein:

Nur Gott allein ist mein DEIN NAME schützender Fels und meine sichere Burg. Er steht mir DEIN NAME bei und niemand kann mir DEIN NAME schaden.

Menschen können dir wertvolle Dinge wegnehmen, doch keiner kann dir deine immerwährende Beziehung mit Gott rauben. Gott bietet dir für alle Ewigkeit einen sicheren Ort. Auch wenn Menschen dir etwas wegnehmen oder dich sogar bewusst ausgrenzen, steht Gott dir doch jederzeit bei. Er schützt dich und gibt dir Sicherheit. Und genau diesen Schutz und diese Geborgenheit kann dir niemand wegnehmen.

Eine Burg hat wirklich dicke Mauern und bietet einen sicheren Schutz. Da können Menschen noch so verächtliche Pfeile auf dich schießen. Du bist in Sicherheit! Darum sprich diesen Vers erneut in dein Leben hinein und lass dich nicht länger von giftigen Pfeilen in die Enge treiben, sondern steh im Namen Jesu auf und glaube an den Schutz Gottes in deinem Leben.

13. Oktober

Seid mutig und stark! Habt keine Angst und lasst euch nicht von ihnen ein- schüchtern! Der Herr, euer Gott, geht mit euch. Er hält immer zu euch und lässt euch nicht im Stich! 5. Mose 31,6

Sprich diese Zusage heute in dein Leben hinein:

Ich DEIN NAME *bin mutig und stark! Ich* DEIN NAME *habe keine Angst und lasse mich nicht einschüchtern!*

Gott gibt Menschen manchmal sehr herausfordernde Auf- träge, aber er überfordert nie! Gott gibt dir manchmal Träume oder Aufgaben, die dir eigentlich eine Schuh- nummer zu groß sind. Das sind die Momente, in de- nen dich die Angst überfällt und du dich total unsicher fühlst. Doch Gott lässt dich mit deinem Projekt niemals im Stich. Er wird dir helfen, damit du entspannt in dei- ne Aufgabe hineinwachsen kannst.

Darum lass dich heute ermutigen: Gottes größe- re Pläne sollen dich nicht beängstigen. Gott will dich Schritt für Schritt zum Ziel führen. Ich bin überzeugt, dass er deine Angst in Mut verwandelt und dir jeden Tag den Weg zeigt. Erinnere dich jederzeit daran, dass Gott mit dir geht, egal wohin du gehen musst. Es gibt keinen Ort auf dieser Welt, an dem Gott nicht schon auf dich warten würde. Liebe dein Leben, denn Gott lässt dich niemals im Stich.

14. Oktober

Wir beten zum Herrn, dass die Liebe zu Gott euer Leben bestimmt und dass ihr standhaft im Glauben an Christus bleibt. 2. Thessalonicher 3,5

Sprich diese Wahrheit heute über deinem Leben aus:

Ich DEIN NAME bete zum Herrn, dass die Liebe zu Gott mein Leben bestimmt und dass ich standhaft im Glauben an Christus bleibe.

Liebe ist die genialste Botschaft, die du anderen Menschen zeigen kannst! Wir Menschen können total schnell nur noch an uns selbst denken und in unsere ichbezogene Isolation versinken. Oder wir können gute Werke tun, weil wir denken, das sei unsere Pflicht. Gott hat sich für dich aber einen anderen Lebensplan ausgedacht. Er wünscht sich nichts mehr, als dass seine Liebe durch dein Leben sichtbar wird. Du kannst die Liebe Gottes jeden Tag in dir stark werden lassen und dann aus Liebe zu deinem Gott handeln.

Darum ermutige ich dich, dein Leben ganz bewusst aus Gottes Liebe heraus zu leben. Gottes Liebe ist in dir drin. Darum verschenke sie großzügig an andere Menschen. Alles, was du heute tust, darfst du aus Liebe zu Gott erledigen. Ich bin überzeugt, dass eine solche innere Haltung dein Leben sehr bereichern wird.

Ja, er liebt sein Volk!
5. Mose 33,3a

Sprich diese Zusage heute in dein Leben hinein:

Ja, Gott liebt mich DEIN NAME*!*

Es gibt keinen Zweifel daran: Gott liebt dich! Kennst du diese Momente, in denen du darüber nachdenkst, ob Gott dich wirklich liebt, oder ob du vielleicht doch nicht gut genug bist, um Gottes Beachtung zu verdienen? Kein Mensch kann etwas tun, um Gott dazu zu bringen, ihn zu lieben. Dein Vater im Himmel funktioniert nicht so, wie es menschliche Gedanken dir manchmal einflüstern wollen. Gott ist voller Güte und Liebe. Er liebt dich bedingungslos. Du brauchst keine Leistung zu bringen, damit Gott dich liebt.

Darum ermutige ich dich heute, diese Liebe in deinem Herzen anzunehmen. Schließe einen Moment deine Augen und nimm die Liebe Gottes bewusst an. Ich bin überzeugt, dass sich dabei tief in deinem Herzen eine unendliche Dankbarkeit und Freude ausbreiten wird. Sprich erneut den obenstehenden Vers über dein Leben aus. Liebe dein Leben heute, weil der König der Könige dich liebt.

16. Oktober

Bei dir suche ich Zuflucht, bei dir bin ich geborgen wie ein Küken, das sich unter die Flügel seiner Mutter flüchtet, bis das Unwetter vorbeigezogen ist. Psalm 57,2

Sprich diese Zusage heute in dein Leben hinein:

Bei dir suche ich DEIN NAME Zuflucht, bei dir bin ich geborgen wie ein Küken, das sich unter die Flügel seiner Mutter flüchtet, bis das Unwetter vorbeigezogen ist.

Bei jeder Schwierigkeit bietet Gott uns Menschen seinen sicheren und kuscheligen Zufluchtsort an! Es gibt Momente, in denen uns Sorgen, Ängste oder auch Krankheit überfallen – ohne uns um Erlaubnis zu fragen. Diese Lebenssituationen rauben uns enorm viel Kraft. Doch Gott weiß darum. Darum bietet er dir einen sicheren und total wohltuenden Zufluchtsort an. Gott schenkt dir in solchen Situationen seine besondere und verständnisvolle Nähe. Er schenkt dir eine ermutigende Umarmung.

Darum lass dich in stürmischen Zeiten in die Hand Gottes fallen. Er ist für dich da und wird dich segnen, stärken, trösten und dich mit seiner Liebe umgeben. Ich ermutige dich heute, dich bei Gott einzukuscheln und nicht mehr länger alleine gegen die Stürme anzukämpfen. Gott ist für dich. Er schenkt dir Ruhe und Geborgenheit.

Jesus sprach zu ihr: »Meine Tochter, dein Glaube hat dir geholfen. Gehe in Frieden. Du bist geheilt.« Markus 5,34

Sprich diese Zusage heute in dein Leben hinein:

Jesus spricht zu mir: »Du DEIN NAME bist meine Tochter, mein Sohn, dein Glaube hat dir geholfen. Geh in Frieden. Du DEIN NAME bist geheilt.«

Gott schenkt Heilung, zu seiner Zeit! Zweifelst du manchmal an Gottes Heilungskraft in deinem Leben? Vielleicht denkst du manchmal darüber nach, ob Gott tatsächlich existiert oder ob er dich wirklich berühren kann? Jesus sagt dir heute: Du bist mein Kind und ich will dein Herz und auch deinen Körper heilen. Bei Jesus kannst du Frieden und vollständige Heilung finden. Blicke voller Vertrauen auf Jesus, er sieht den Glauben in deinem Herzen.

Ich ermutige dich heute, deinen Blick auf Jesus zu richten. Gott wird deinen Glauben sehen und in dein Leben eingreifen. Manchmal dauert es einige Zeit und wir müssen geduldig warten, aber Gott hat dich nicht vergessen und er wird dich zu seiner Zeit liebevoll berühren. Der vollständige Friede wird in der Kraft Gottes in dein Leben kommen. Bete heute dafür!

18. Oktober

Seid stark und mutig,
alle, die ihr dem Herrn vertraut!
Psalm 31,25

Sprich diese Aufforderung heute in dein Leben hinein:

Ich DEIN NAME bin stark und mutig, denn ich DEIN NAME
vertraue auf den Herrn!

Je mehr du realisierst, welche Kraft in dir wohnt, desto mutiger wirst du vorwärts gehen. Fühlst du dich heute mutlos oder erschöpft? Jeden Tag können dich verschiedenste Dinge nerven oder gar lahmlegen. Gerne erinnere ich dich daran, dass Jesus Christus in dir wohnt. Gottes Kraft ist in dir und diese Kraft will deine Mutlosigkeit in Unerschrockenheit verwandeln. Auch kannst du deine Müdigkeit durch Jesu Anwesenheit in Stärke verwandeln lassen.

Darum ermutige ich dich heute, diesen kraftvollen Vers aus Psalm 31 in dein Leben hineinzusprechen. Lass dich nicht durch Zweifel und Ängste ausbremsen. Jesus will in dir vielmehr Entschlossenheit bewirken. Du musst auch nicht aus eigener Kraft mutig oder stark sein. Überlass dies Jesus! Ich bin überzeugt, du wirst überrascht sein, welche starken und mutigen Schritte du plötzlich unternehmen wirst.

19. Oktober

Ich setze nicht die Waffen dieser Welt ein, sondern die Waffen Gottes. Sie sind mächtig genug, jede Festung zu zerstören, jedes menschliche Gedankengebäude niederzureißen. 2. Korinther 10,4

Sprich diese Wahrheit heute in dein Leben hinein:

Ich DEIN NAME setze nicht die Waffen dieser Welt ein, sondern die Waffen Gottes. Sie sind mächtig genug, in meinem Leben jede Festung zu zerstören, jedes menschliche Gedankengebäude niederzureißen.

Es gibt nichts Negatives auf dieser Welt, das nicht durch Gottes Macht zerbrochen werden könnte! Negative Gedanken oder negative Muster, die sich in deinem Leben festgefahren haben, können dein Leben ungut beeinflussen. Außerdem können ablehnende Worte, die andere Menschen über dir ausgesprochen haben, tief in deiner Seele ihr Unwesen treiben. Bist du zum Beispiel ein Mensch, der sich oft in negativen Gedanken verstrickt? Solche Gedankengänge können dich total einnehmen und dir die ganze Lebensfreude rauben. Ich ermutige dich heute, im Namen Jesu sämtliche negativen Gedanken zu zerbrechen. Weil Jesus in dir lebt, hat Gottes Kraft die Macht, alles Schlechte in dir zu zerstören, damit gute und friedliche Gedanken in dir Platz finden. Tue dies so lange, bis all das Negative aus deinem Leben verschwunden ist.

20. Oktober

Das eine wissen wir: Wer Gott liebt, dem dient alles, was geschieht, zum Guten.
Römer 8,28

Sprich diese Wahrheit heute in dein Leben hinein:

Das eine weiß ich: Ich DEIN NAME *liebe Gott und somit dient mir alles, was geschieht, zum Guten.*

Gott hat den besten Plan für jedes seiner Kinder! Manchmal können wir echt nicht verstehen, warum wir dies oder das erleben müssen. Vielleicht sorgst du dich manchmal um deine Zukunft, weil du dir nicht sicher bist, was noch alles geschehen wird. Vergiss nicht: Gott hat den besten Plan für dein Leben. Alles, was du noch erleben wirst, hat Gott schon im Griff. Es gibt nichts, was ihm entgehen könnte. Er hat dich im Blick und er wird nichts geschehen lassen, was du nicht in seiner Kraft überwinden könntest.

Vielleicht stehst du gerade mitten in einer herausfordernden Situation. Dann denke daran, dass dir alles zum Guten dienen wird. Vielleicht kannst du das jetzt noch nicht erkennen, aber Gott wird dich niemals im Stich lassen. Halte dich an ihm fest und springe in der Kraft Gottes über alle deine Hürden.

21. Oktober

Wer dir treu bleibt, den beschenkst du mit Frieden und Glück, den umgibst du mit deiner schützenden Liebe. Psalm 5,13

Sprich diese Zusage heute in dein Leben hinein:

Ich DEIN NAME bleibe dir treu, denn du beschenkst mich mit Frieden und Glück. Du umgibst mich DEIN NAME mit deiner schützenden Liebe.

Das einzig wahre Glück ist in der Liebe Gottes zu finden!

Wie oft suchen wir Menschen doch nach großartigem Glück. Doch die Lebenserfahrung zeigt, dass wir Glück weder verdienen noch festhalten können. Echte und wirklich erfüllende Glücksstimmung kann dir allein Gott schenken.

Darum ermutige ich dich heute, den Frieden Gottes in deinem Herzen anzunehmen. Dieses Geschenk von Glück und schützender Liebe steht dir zu. Darum packe es aus und empfange Gottes Freude in deinem Herzen. Gott erwartet dazu von dir, dass du an ihm dran bleibst. Dies ist dein Beitrag, alles andere darfst du von Gott empfangen. Du musst keine Freude produzieren. Du darfst einfach in Gott bleiben und heute seinen Segen empfangen. Liebe heute dein Leben, denn Gottes Glück ist bereits in dir drin.

22. Oktober

Da erschien ihm der Engel des Herrn und sagte zu ihm: »Der Herr steht dir bei, du starker Kämpfer!« Richter 6,12

Sprich diese Zusage heute in dein Leben hinein:

Der Herr steht mir DEIN NAME bei. Ich DEIN NAME bin eine starke Kämpferin, ein starker Kämpfer.

Siegreiche Stärke kommt aus der Beziehung zu Gott! Hast du manchmal auch den Eindruck, dass dir einfach alles zu viel wird? Treiben dich die Fragen des Arbeitsalltags und die Erwartungen deiner Familie oder auch große Lebensentscheidungen an den Rand deiner Kraft? Als Menschen stehen wir jeden Tag vor unterschiedlichen Herausforderungen, aber es gibt eine gute Nachricht: Gott steht dir in jeder Frage bei. Du musst diesen Lebenskampf nicht selbst führen. Gottes Kraft will durch dich wirksam werden.

Darum lass dich heute ermutigen, dein Leben zu lieben, indem du deine Herausforderungen in der Kraft Gottes angehst. Lass dich heute von Gott stärken und zurüsten. Er ist deine übernatürliche Kraft. Und genau diese Kraft gibt dir Weisheit, die richtige Strategie und die nötige Power.

23. Oktober

Vertraue Gott deine Pläne an,
er wird dir Gelingen schenken.
Sprüche 16,3

Sprich diese Aufforderung heute in dein Leben hinein:

Ich DEIN NAME *vertraue Gott meine Pläne an, er wird*
mir DEIN NAME *Gelingen schenken.*

Jeder Mensch hat die Chance, mit Gottes Gunst das Größere zu tun! Welches sind deine nächsten Projekte oder wie heißen deine Zukunftspläne? Bestimmt gibt es dazu einiges aufzuzählen. Gott selbst möchte in deine nächsten Absichten involviert werden. Darum möchte ich dich heute ermutigen, mit Gott darüber zu sprechen. Er hat großartige Möglichkeiten und steht dir in all diesen Vorhaben beratend zur Seite. Er kann verschlossene Türen öffnen oder dich mit den richtigen Menschen in Kontakt bringen.

Darum lass dich heute ermutigen, deine Zukunft unter den Segen Gottes zu stellen und dabei mit der Gunst Gottes in deinem Leben zu rechnen. Höre auf, aus eigener Kraft die Dinge ins Rollen zu bringen. Gott allein kennt den besten Weg für dein Projekt. Liebe dein Leben, weil dir der genialste aller Projektleiter beratend zur Seite steht.

24. Oktober

Als ich den Herrn um Hilfe bat,
antwortete er mir und befreite
mich von meinen Ängsten.
Psalm 34,5

Sprich diese Wahrheit in dein Leben hinein:

Ich DEIN NAME bitte dich, Herr, um Hilfe, und du ant-
wortest mir und befreist mich von meinen Ängsten.

Für Gott ist nichts zu klein, dass er sich nicht von gan-
zem Herzen darum kümmern würde. Wusstest du schon,
dass Gott sich auch um Kleinigkeiten kümmern möchte? Vielleicht denkst du manchmal, Gott würde nur die
größeren Dinge regeln, an deinen Kleinigkeiten habe er
kein Interesse. Aber Gott ist bereit, sich aller deiner Anliegen anzunehmen.

Darum ermutige ich dich heute, deinem Gott dein
Herz zu öffnen. Erzähle ihm auch das, was dich verängstigt oder worauf du eine Antwort brauchst. Gott ist
immer daran interessiert, Menschen von ihren Sorgen
und Ängsten zu befreien. Ständig möchte er dich durch
deine Gedanken leiten und dir so seine Hilfe anbieten.
Darum zerbrich heute im Namen Jesu deine Ängste und
lass dich von ihm mit Zuversicht und Stärke volltanken.

25. Oktober

*Die Worte eines gedankenlosen Schwätzers
verletzen wie Messerstiche; was ein weiser
Mensch sagt, heilt und belebt.*

Sprüche 12,18

Sprich diese Wahrheit heute in dein Leben hinein:

Wenn ich DEIN NAME *gedankenlos rede, verletzt dies wie
Messerstiche; was ich* DEIN NAME *aber mit Weisheit sage,
heilt und belebt.*

Liebevolle Worte entspringen aus der Beziehung zu Gott.

Wie oft hast du schon Dinge gesagt, die du eigentlich
besser nicht ausgesprochen hättest? Mit deinen Worten
kannst du Menschen sehr schnell tief verletzen. Selbst
wenn du es gar nicht böse meinst, können deine Worte
doch falsch verstanden werden. Du hast die Möglichkeit, in Gottes Gegenwart Weisheit zu erlangen.

Darum ermutige ich dich, deinen Mund täglich unter
den Segen Gottes zu stellen und dein Herz mit Weisheit
von Gott füllen zu lassen. Entscheide dich bewusst dafür, positive Worte auszusprechen. Gott hat dich dazu
bestimmt, andere Menschen zu ermutigen und Leben in
die Welt zu bringen. Plane heute, wie du deine Familie,
deine Arbeitskollegen und auch deine Freunde ermutigen kannst. Ich bin überzeugt, dass Gott dir die richtigen Worte schenkt und dass die Menschen um dich herum gerne mit dir zusammen sein werden.

26. Oktober

*Kommt alle her zu mir, die ihr euch
abmüht und unter eurer Last leidet!
Ich werde euch Ruhe geben.*

Matthäus 11,28

Sprich diese Zusage heute in dein Leben hinein:

*Ich DEIN NAME komme zu dir, denn ich mühe mich ab
und leide unter meiner Last. Du wirst mir DEIN NAME
Ruhe geben.*

**Jede Unruhe kann durch Gottes Kraft in entspannte Ruhe
verwandelt werden!** Manche Momente im Leben können uns Menschen total beunruhigen und verunsichern. Vielleicht trägst du momentan eine Sorge mit dir
herum, die dich beinahe zerdrücken will. Gott schenkt
dir täglich eine Einladung: Bei ihm kannst du alles, was
dich belastet, loslassen. Er hat Verständnis für deine Situation und er möchte, dass du deine Last nicht mehr
länger alleine trägst. Gott wird deine Lebenssituation
für dich tragen und du darfst wieder frei sein.

Darum übergib alles, was dich beeinträchtigt, bei
Gott ab. Lass ihn deine Unruhe in Ruhe verwandeln.
Deine Situation kann noch so beunruhigend sein, bei
Gott wirst du mit Sicherheit wieder Ruhe finden, weil
er selbst der Friede ist. Liebe dein Leben heute, weil bei
Gott alles möglich ist.

27. Oktober

Wer meine Worte hört und danach handelt, der ist klug. Man kann ihn mit einem Mann vergleichen, der sein Haus auf felsigen Grund baut. Matthäus 7,24

Sprich diese Wahrheit in dein Leben hinein:

Wenn ich DEIN NAME *Gottes Wort höre und danach handle, bin ich klug. Es ist so, wie wenn ich* DEIN NAME *mein Haus auf felsigen Grund baue.*

Die stärkste Kraft im Leben eines Menschen ist Gottes Wort! Alles in der Welt kann sich sehr schnell verändern. Wir sehen, wie unsere Umwelt gefährdet ist und wie viele Beziehungen wanken. Im Gegensatz dazu ist Gottes Wort fest wie ein starker Felsen. Das Reden Gottes durch die Bibel oder direkt in deine Gedanken hinein ist dagegen eine immer gleich bleibende und wirklich verlässliche Grundlage für dein Leben. Gott wird sich nie verändern, denn er ist der ewige Gott.

Darum ermutige ich dich, täglich Gottes Wort in dein Leben hineinzusprechen und danach zu handeln. Dies wird deinem Leben eine großartige Stärke geben, die dir niemand wegnehmen kann. Liebe heute dein Leben, weil du die stärkste Macht der Welt kennst.

28. Oktober

Die ihn aber aufnahmen und an ihn glaubten, denen gab er das Recht, Kinder Gottes zu werden. Johannes 1,12

Sprich diese Zusage heute in dein Leben hinein:

Ich DEIN NAME habe Jesus aufgenommen und glaube an ihn, darum gibt er mir DEIN NAME das Recht, ein Kind Gottes zu sein.

Wer Jesus annimmt, der bleibt für immer Kind Gottes!

Gibt es Momente, in denen du daran zweifelst, ob du wirklich in den Himmel kommst? Was passiert, wenn ein Kind Gottes einen Fehler macht, wird Gott es dann ablehnen? Nein, Gott wird seine Kinder niemals verstoßen. Wer Jesus in seinem Herzen angenommen hat, der wird Kind Gottes genannt. Für ihn hat die ewige Gemeinschaft mit Gott jetzt schon begonnen.

Niemand kann dir deine Gotteskindschaft wegnehmen. Auch Satan nicht, auch wenn er dir noch so oft ins Ohr flüstert, wie schlecht du wärst und dass du den Himmel nicht verdient hättest. Kein Mensch kann sich den Himmel verdienen, es ist ein Geschenk Gottes. Selbst wenn dir Fehler passieren, wirst du immer einen Fürsprecher namens Jesus haben. Aus diesem Grund kannst du die tiefe Gewissheit haben, dass Gott dich im Himmel mit offenen Armen empfangen wird.

29. Oktober

*Herr, du machst die Finsternis
um mich hell, du bist mein Licht.*
2. Samuel 22,29

Sprich diese Zusage heute in dein Leben hinein:

Herr, du machst die Finsternis um mich DEIN NAME *hell,
du bist mein Licht.*

**Wo Menschen unter belastender Dunkelheit im Herzen
leiden, will Gottes Licht Helligkeit und Freiheit bringen.**
Fühlst du dich manchmal einsam, traurig, unverstanden oder einfach freudlos? Es gibt Momente, da kann
das Leben total finster erscheinen und dies kann uns
alle Energie rauben bis hin zu depressiven Phasen. Jesus
sieht diese Momente in deinem Leben, und es ist ihm
niemals egal, wie es dir geht. Jesus selbst ist das Licht
dieser Welt und er will deine Dunkelheit hell machen.

Darum lass dich heute ermutigen, mit Gott über deine Gefühle der Einsamkeit zu reden und über all das,
was dein Leben verfinstert. Wo brennendes Licht in einen dunklen Raum kommt, muss die Finsternis weichen. Genau dies will Jesus in deinem tiefsten Herzen
tun. Darum öffne ihm dein Herz und lass ihn es mit seinem herrlichen und alles durchdringenden Licht durch-
leuchten.

30. Oktober

Denn Gott hat sie schon vor Beginn der Zeit auserwählt und hat sie vorbestimmt, seinem Sohn gleich zu werden, damit sein Sohn der Erstgeborene unter vielen Geschwistern werde. Römer 8,29 (NLB)

Sprich diese Bestimmung heute in dein Leben hinein:

Ich DEIN NAME bin dazu bestimmt, dem Sohn Gottes gleich zu werden, damit Jesus der Erstgeborene unter vielen Geschwistern werde.

Je besser jemand Jesus kennt, desto mehr möchte er so leben wie Jesus! Es gibt keinen vollkommeneren Menschen als Jesus Christus. Er ist voller Liebe! Als Jesus auf dieser Erde lebte, kümmerte er sich um Kranke, er sprach mit den Menschen und opferte sein Leben am Kreuz. Sein Leben war erfüllt von Barmherzigkeit, Geduld, Treue, Freude und Liebe. Gott wünscht sich, dass auch du diesen Lebensstil pflegst.

Du bist dazu bestimmt, in dieser Welt etwas zu bewirken. Jesus Christus lebt in dir und damit hast du alles in dir, was du für diesen Lebensstil benötigst. Ich ermutige dich heute, Jesus immer besser kennenzulernen. Je mehr er in dir zunimmt, desto mehr nimmst du auch sein Handeln und seine Gesinnung an. Ich bin überzeugt, dass dies positive Auswirkungen auf deine Mitmenschen haben wird.

31. Oktober

Habt keine Angst mehr, denn euer Gott ist bei euch! Jetzt wird er euren Feinden alles Unrecht vergelten, das sie euch angetan haben. Gott selbst kommt, um euch zu helfen und euch zu befreien. Jesaja 35,4

Sprich diese Zusage heute in dein Leben hinein:

Ich DEIN NAME habe keine Angst mehr, denn mein Gott ist bei mir! Jetzt wird er meinen Feinden alles Unrecht vergelten, das sie mir DEIN NAME angetan haben. Gott selbst kommt, um mir zu helfen.

Wenn seine Kinder in Schwierigkeiten sind, wird Gott sie eigenhändig aus dem Sumpf ziehen! Wenn Gott auf den Platz kommt, dann müssen alle Angreifer verschwinden. Manchmal denkst du vielleicht, Gott würde sehr lange warten, bis er etwas tut. Aber Gott kommt niemals zu spät. Selbst wenn uns alles verloren erscheint, kann Gott Rettung bringen.

Lass dich heute ermutigen und glaube, dass Gott selbst bei dir ist. Er sendet dir nicht eine SMS und schickt auch nicht seinen Stellvertreter vorbei, sondern kommt persönlich, in seiner Macht und Herrlichkeit, zu dir. Darum lege deine Angst beiseite und rechne heute mit Gottes Hilfe für dich. Liebe heute dein Leben, denn du kennst einen Gott, der jeden Feind besiegen kann.

Der Weg aus der Einsamkeit

Nachdem Gott klar und deutlich zu uns gesprochen hatte, zogen mein Mann und ich mit den beiden Kindern aus der Schweiz nach Stuttgart, und schon nach wenigen Wochen fühlte ich mich am neuen Wohnort enorm einsam. Alle meine Freunde waren weit weg, mein soziales Umfeld war komplett weggebrochen. Keiner klingelte mehr an der Haustür. Gefühle der Einsamkeit und der Verlorenheit überfielen mich wie eine Krankheit. In dieser großen Stadt fühlte ich mich wie eine Stecknadel im Heuhaufen. Ich fühlte mich allein, einsam und war zutiefst traurig.

Wie gut, dass zumindest der Mann vom Tiefkühl-Heimservice kam! Er interessierte sich für mich »persönlich«. Zumindest wollte er wissen, welche Fischstäbchen ich mochte oder welche Gemüsesorten mir schmeckten ... kein Wunder, dass ich zu einer guten Kundin wurde!

Einsamkeit kann jeden Menschen überfallen. Warst du auch schon einsam? Vielleicht ist jemand in deinem näheren Umfeld gestorben, du bist umgezogen oder du hast eine Scheidung hinter dir. All das kann Gefühle der Einsamkeit, eine Depression oder gar Selbstmordgedanken auslösen. Es gibt jedoch eine gute Nachricht für dich: Du bist niemals allein. Gott ist immer bei dir. Er kann dich nicht verlassen, weil er dich unendlich liebt.

Gott möchte dir in deiner Einsamkeit begegnen und deine Leere mit seiner Liebe und einem perfekt auf dich zugeschnittenen Auftrag ausfüllen. So fing ich in dieser Einsamkeit an, Bücher zu schreiben. Heute sind diese Schriften ein Segen für andere Menschen.

1. November

Warum bin ich so traurig? Warum ist mein Herz so schwer? Auf Gott will ich hoffen, denn ich weiß: Ich werde ihm wieder danken. Er ist mein Gott, er wird mir beistehen! Psalm 42,12

Sprich diese Zusage heute in dein Leben hinein:

Auf Gott will ich DEIN NAME *hoffen, denn ich weiß: Ich* DEIN NAME *werde ihm wieder danken. Er ist mein Gott, er wird mir* DEIN NAME *beistehen!*

Gott tröstet traurige Menschen, bis ihre Freude zurückkehrt! Es gibt so manches, was uns Menschen zutiefst traurig macht. Mitmenschen, Situationen oder Geschehnisse können uns über längere Zeit das Herz schwer machen. Gott weiß es, wenn du solche Zeiten durchmachst. Darum lässt er dich in solchen Momenten nicht allein, sondern er steht dir tröstend und verständnisvoll zur Seite.

Ich ermutige dich heute, auf Gott zu hoffen. Er wird deine Traurigkeit wieder in Freude verwandeln. Darum lass deine Tränen vor Gott fließen und zeige ihm dein schweres Herz. Ich bin überzeugt, dass Gott dir seinen Frieden schenken wird und du wieder eine neue Perspektive für dein Leben entdeckst. Liebe dein Leben heute, weil Gott dich jederzeit trösten und wieder aufrichten kann.

2. November

Die Liebe Christi haben wir daran er-
kannt, dass er sein Leben für uns opferte.
Ebenso müssen auch wir bereit sein, unser
Leben für unsere Geschwister hinzugeben.
1. Johannes 3,16

Sprich diese Aufforderung heute in dein Leben hinein:

Die Liebe Christi habe ich DEIN NAME *daran erkannt,*
dass er sein Leben für mich DEIN NAME *opferte.*

Alles, was uns und anderen Menschen gut tut, kostet uns etwas! Wenn du abnehmen möchtest, braucht es eine disziplinierte Diät dazu. Wenn du fit werden möchtest, solltest du Sport treiben. Wenn du dir einen teuren Urlaub leisten möchtest, dann solltest du dafür Geld sparen. All diese Dinge kosten dich etwas. Auch Gott hat seine Liebe zu uns etwas gekostet, nämlich das Leben seines geliebten Sohnes. Ich ermutige dich heute, ein Opfer für deine Mitchristen zu bringen, indem du sie besuchst, ihnen ein Kompliment machst oder ihnen eine Überraschung vorbeibringst. Gott sehnt sich danach, dass du heute deinen Blick von dir weg auf andere Menschen ausrichtest und ihnen Gutes tust. Dies kann ganz klein beginnen, in deiner Familie.

Darum lass dich heute ermutigen und überrasche deine Mitmenschen mit Liebe. Ich bin überzeugt, dass du dabei selbst viel Freude erleben wirst.

3. November

Der Herr aber war bei mir
und er hat mir Kraft gegeben.
2. Timotheus 4,17a

Sprich diese Zusage heute in dein Leben hinein:

Der Herr aber ist mit mir DEIN NAME *und er gibt mir*
DEIN NAME *Kraft.*

Versinke niemals im Gefühl der Einsamkeit, denn Gott ist ständig bei dir. Kennst du auch diese Momente im Leben, in denen man sich allein, verlassen oder ausgegrenzt fühlt? Kennst du Momente, in denen keiner einfach so mal nachfragt: »Wie geht es dir?« Aber auch wenn du das Gefühl hast, dass alle dich im Stich gelassen haben, darfst du wissen: Gott ist immer mit dir. Er hat immer Zeit für dich, er geht niemals einfach auf und davon. Ich ermutige dich heute, Gottes Nähe zu suchen.

Lass dich in seiner Gegenwart stärken, indem du heute deinem Gott von deiner Einsamkeit erzählst. Ich bin überzeugt, dass Gott heute eine Menge an Kraft für dich vorbereitet hat. Er kennt deine heutigen Herausforderungen und es liegt ihm nichts mehr am Herzen, als dich zu kräftigen und zu ermutigen. Gott hat täglich unübertreffliche Liebe und innere Ruhe für dich und deine Familie. Darum rechne heute mit der Kraft aus der übernatürlichen Gemeinschaft mit Gott.

4. November

Bemüht euch um das Wohl der Stadt, in die ich euch wegführen ließ, und betet für sie. Wenn es ihr gut geht, wird es auch euch gut gehen. Jeremia 29,7

Sprich diese Aufforderung heute in dein Leben hinein:

Ich DEIN NAME bemühe mich um das Wohl der Stadt, in der ich wohne und ich DEIN NAME bete für sie. Wenn es ihr gut geht, dann wird es auch mir DEIN NAME gut gehen.

Jeder Mensch hat die Chance, seine Stadt zum Guten zu verändern! Wie oft vergessen wir doch, für unsere Regierung und unsere Stadt zu beten. Politische Entscheidungen überlassen wir einfach dem Zufall. Aber Gott fordert dich heute zum Gebet für die Politik auf. Deiner Stadt soll es gut gehen und deine Landesregierung soll gesegnet sein.

Darum ermutige ich dich heute, dir dafür Zeit zu nehmen. Vielleicht kannst du auch gemeinsam mit deiner Familie oder mit deiner Gemeinde für deine Stadt beten. Ich bin überzeugt, dass deine Gebete eine gute Veränderung bewirken. Darum bete heute für den Bürgermeister, den Stadtrat und für die Politiker in deinem Land. Gott wird durch dein Gebet ihre Entscheidungen zum Guten beeinflussen.

5. November

Aber alle, die ihre Hoffnung auf den Herrn setzen, bekommen neue Kraft. Sie sind wie Adler, denen mächtige Schwingen wachsen. Sie gehen und werden nicht müde, sie laufen und sind nicht erschöpft.
Jesaja 40,31

Sprich diese Ermutigung heute in dein Leben hinein:

Aber ich DEIN NAME, setze meine Hoffnung auf dich, Herr, und bekomme neue Kraft.

Die größte Erschöpfung kann durch Gottes übernatürliche Kraft in einen energiegeladenen und stabilen Höhenflug verwandelt werden. Fühlst du dich manchmal auch müde und kraftlos? All die täglichen Herausforderungen im Leben können dich ganz schön fertig machen und dir vielleicht schon am Morgen das Aufstehen erschweren. Gott kennt deine Grenzen, deinen Energieverbrauch und alle deine Herausforderungen bis ins Detail. Darum hat er vorgesorgt und er stellt dir täglich eine nie endende Energie zur Verfügung.

Ich ermutige dich heute, diese Energie in dich hineinzuziehen. Gott wirft dir nicht einfach eine halb leere Batterie vor die Füße. Er hat die einzigartige Fähigkeit, dich mit einer unaufhaltsamen Kraft zu stärken, die alle deine Vorstellungen weit übersteigt. Darum fliege gestärkt jeden Tag ein Stück höher.

6. November

Sprich diese Aufforderung heute in dein Leben hinein:

Ich DEIN NAME *bin jetzt still vor dir Gott, meinem Herrn!*

Ein hektisches Leben macht Menschen müde, doch Stille vor Gott bringt kraftvolle Lebensstärke! Wie oft haben wir doch Stress in unserem Alltag und hetzen von einem Termin zum nächsten? Gott spricht zu uns und ermutigt uns – und das tut er oft in der Stille. Auch heute möchte er mit dir kommunizieren und dich seine Stimme vernehmen lassen.

Darum ermutige ich dich, dir eine ruhige Oase zu suchen, in der du ganz allein mit Gott Zeit verbringen kannst. Lass deine Gedanken bei ihm sein und höre, was er dir heute sagen möchte. Ich bin überzeugt, dass du Gedanken des Friedens und der Ruhe bekommen wirst. Schreibe deine Gedanken auf und tue das, was Gott dir aufs Herz legt. Ruhige Zeiten mit Gott schenken dir eine Lebensstärke, die du sonst nirgends auf dieser Welt finden kannst.

7. November

Freue dich über den Herrn,
er wird dir alles geben, was du
dir von Herzen wünschst.
Psalm 37,4

Sprich diese Aufforderung heute in dein Leben hinein:

Ich DEIN NAME freue mich über den Herrn, er wird mir
DEIN NAME alles geben, was ich mir von Herzen wünsche.

Je mehr ein Mensch Gott in der Tiefe kennenlernt, desto mehr Freude wird sich in seinem Leben breit machen. Was sind deine tiefsten Herzenswünsche? Vielleicht kannst du heute einfach mal alle deine heimlichen Wünsche aufschreiben. Gott kennt dein Herz und er weiß, wonach du dich am meisten sehnst. Rede heute mit Gott über deine Herzenswünsche und lass dich von ihm überraschen, was er in deinem Leben noch tun wird.

Lass dich heute ermutigen, deine Beziehung zu Gott zu vertiefen. Erinnere dich daran, was er bereits alles für dich getan hat. Ich bin überzeugt, dass sich dabei eine großartige Freude in deinem Inneren ausbreiten wird. Gott hat alle deine Herzenswünsche auf seinem Bildschirm. Zu seiner Zeit wird er dir alles schenken. Liebe heute dein Leben, weil Gott alle deine Herzenswünsche im Blick hat.

8. November

Gottes Wort ist voller Leben und Kraft. Es ist schärfer als die Klinge eines beidseitig geschliffenen Schwertes; dringt es doch bis in unser Innerstes, bis in unsere Seele und unseren Geist. Hebräer 4,12a

Sprich diese Wahrheit über deinem Leben aus:

Gottes Wort ist voller Leben und Kraft. Es dringt bis in mein Innerstes, bis in meine Seele und meinen Geist.

Gottes Wort bringt die genialste und kraftvollste Veränderung in ein menschliches Herz! Wie oft suchen wir Menschen doch nach Kraft oder Wegweisung für unser Leben? Wir hätten zum Beispiel gerne Antworten für die Entscheidungen, die wir treffen sollten. Gott ist dein Wunderrat und kann dir täglich hilfreiche Anweisungen geben. Seine Worte haben eine großartige Kraft für dein Leben. Seine Worte sind nicht einfach nur so dahergesagt, sondern haben Kraft und bringen Leben mit sich. Seine Worte sind göttliche Anweisungen für dein Leben.

Darum ermutige ich dich heute, Gottes Wort als Schwert Gottes einzusetzen. Lass diese kraftvollen Worte tief in deinen Geist einwirken und erlebe, dass dein Leben durch Gottes Wort zum Positiven verändert wird.

9. November

Wenn aber jemand von euch Weisheit mangelt, so bitte er Gott, der allen willig gibt und keine Vorwürfe macht, und sie wird ihm gegeben werden. Jakobus 1,5 (ELB)

Sprich diese Aufforderung heute in dein Leben hinein:

Wenn es mir DEIN NAME an Weisheit fehlt, werde ich DEIN NAME Gott darum bitten und er wird sie mir geben. Gott wirft mir nichts vor, er beschenkt mich DEIN NAME reich.

Die größte Weisheit findet ein Mensch in der Beziehung mit Gott! Wie oft sind wir Menschen doch am Ende unseres Lateins. Mediziner, Wissenschaftler, Gelehrte kommen irgendwann an die Grenzen ihres Denkens. Wir Menschen können vieles nicht erklären, weil wir nicht den gesamten Durchblick haben. Aber Gott hat die vollständige Erkenntnis über das gesamte Universum. Nichts bleibt ihm verborgen, denn er hat alles erschaffen.

Darum ermutige ich dich heute, deine Weisheit bei Gott abzuholen. Er beschenkt dich mit Erkenntnis und Wissen. Er kann dir verborgene Dinge aufzeigen, die kein Mensch sehen kann. Gott verspricht, dir von seiner Weisheit zu schenken. Darum liebe heute dein Leben, denn du hast Zugang zu der alles durchdringenden Weisheit Gottes.

10. November

*Ihr seid Gottes geliebte Kinder, daher
sollt ihr in allem seinem Vorbild folgen.*

Epheser 5,1

Sprich diese Aufforderung heute in dein Leben hinein:

Ich DEIN NAME *bin Gottes geliebtes Kind, daher werde
ich* DEIN NAME *seinem Vorbild folgen.*

**Je mehr ein Mensch Gottes Liebe erkennt, desto mehr
wird er aus dieser Liebe leben!** Vergiss in deinem hektischen Alltag nicht, dass du wirklich zur Familie Gottes
gehörst! Du bist Gottes Kind und du hast Anrecht auf
ein ewiges Erbe bei deinem Vater im Himmel. Diese Zu-
gehörigkeit hast du dir weder verdient noch konntest du
deine Gotteskindschaft kaufen.

Du bist ein Kind Gottes, weil Gott dich liebt und weil
du dieses Geschenk, weil du Jesus in deinem Herzen angenommen hast. Und genau darum hast du das Privileg,
aus dieser Liebe zu leben. Alles, was du tust, kannst du
aus der Kraft der Liebe Gottes tun. Alle deine Liebestaten sind Antworten auf die Liebe Gottes. Liebe heute
dein Leben und verteile diese Liebe großzügig auf dieser
Welt, denn du bist schon lange von Gott geliebt.

11. November

Sein Schwiegervater sagte zu Mose:
»Hör zu! Ich gebe dir einen guten Rat,
und Gott möge dir helfen.«
2. Mose 18,19

Sprich diese Aufforderung heute in dein Leben hinein:

Ich DEIN NAME will zuhören, wenn andere Menschen mir
einen guten Rat geben. Gott wird mir DEIN NAME helfen.

Exzellente Kommunikatoren können gut zuhören! Wie oft hören wir anderen Menschen nicht richtig zu. Auf diese Weise entstehen Missverständnisse. Lass dich heute ermutigen, anderen Menschen aufmerksam zuzuhören. Vielleicht haben erfahrene Menschen heute gute Hinweise für dich. Lass dir heute von anderen Menschen in dein Leben hineinsprechen und lerne, dein Leben zu verbessern. Je aufmerksamer du anderen zuhören kannst, desto lieber sprechen die Menschen mit dir.

Mose war ein guter Zuhörer und er konnte deshalb vieles zum Guten verändern. Auch Gott möchte dir heute wichtige Hinweise für dein Leben geben. Darum höre ihm aufmerksam zu. Je besser du zuhören kannst, desto reicher wird dein Leben werden.

Denn Gott ist nicht ungerecht. Er vergisst nicht, was ihr getan habt und wie ihr aus Liebe zu ihm anderen Christen geholfen habt und immer noch helft. Hebräer 6,10

Sprich diese Wahrheit heute in dein Leben hinein:

Gott vergisst nicht, was ich DEIN NAME getan habe und wie ich DEIN NAME aus Liebe zu ihm anderen Christen geholfen habe und immer noch helfe.

Jeder kleine Liebesdienst wird von Gott registriert! Jeder von uns wünscht sich, geliebt zu werden und einfach angenommen zu sein. Genauso ist Gott. Er liebt ständig, weil er selbst die Liebe ist. Er hört keine Sekunde auf, dich zu lieben. So ist Gott! Und genau darum ermutige ich dich, heute anderen Menschen Liebe zu zeigen. Nicht, weil du dies einfach tun müsstest, sondern weil du damit der Welt die Liebe Gottes demonstrierst.

Höre niemals auf, auf dieser Welt diese kostbare Liebe zu zeigen. Denn genau daran werden andere Menschen Gott erkennen! Selbst wenn du denkst, dass keiner deine treuen Liebesdienste im Hintergrund sieht. Gott registriert alles! Liebe dein Leben, weil bei Gott nicht nur das Sichtbare, sondern auch das Unsichtbare zählt.

13. November

Unterstellt euch Gott,
und widersetzt euch dem Teufel.
Jakobus 4,7

Sprich diese Aufforderung heute in dein Leben hinein:

Ich DEIN NAME *unterstelle mich Gott und widersetze*
mich dem Teufel.

Gottes Autorität führt immer in die Freiheit! Jeder Mensch darf sich entscheiden, ob er unter Gottes Herrschaft leben möchte oder nicht. Gott möchte keine Sklaven. Er zwingt keinen Menschen dazu, ihn zu lieben. Gott hat dich von Anfang an geliebt und er wird dich für immer lieben. Wenn du dein Leben Jesus Christus anvertraut hast, dann lebst du unter der neuen Herrschaft Gottes und Satan muss weichen. Selbst wenn Satan immer wieder versucht, dich anzugreifen, indem er dir beispielsweise anklagende Gedanken ins Ohr flüstert oder indem er dich durch Menschen oder Situationen fertigmachen will, hast du doch die größere Macht in dir.

Darum ermutige ich dich heute, im Namen Jesu Anklage abzuwehren und aus deinem Leben zu verbannen. Du lebst bereits in der Freiheit; Satan hat kein Recht mehr, dir dieses Privileg zu rauben. Liebe dein Leben, denn du bist ein freier Mensch!

14. November

Aber ihr werdet den Heiligen Geist empfangen und durch seine Kraft meine Zeugen sein in Jerusalem und Judäa, in Samarien und auf der ganzen Erde.
Apostelgeschichte 1,8

Sprich diese Zusage heute in dein Leben hinein:

Ich DEIN NAME werde den Heiligen Geist empfangen und durch Gottes Kraft Zeuge für Jesus sein, genau da, wo ich DEIN NAME bin und noch hingehen werde.

Jedem Christen steht eine gewaltige Stärke zur Verfügung, um an jedem Ort die großartige Gegenwart Gottes sichtbar zu machen. Kann es sein, dass du manchmal total vergessen hast, was eigentlich Gottes Plan für dich hier auf dieser Erde ist? Du kannst dich mit vielen belanglosen Dingen dieser Welt beschäftigen.

Lass dich heute ermutigen, deine Zeit sinnvoll für Jesus einzusetzen, wo andere ihre Zeit verschwenden oder gar totschlagen. Du hast die einzigartige, exzellente Kraft Gottes in dir, mit der du dein Umfeld heute vom Kopf auf die Füße stellen kannst. Rechne damit, dass diese Kraft heute durch dich sichtbar wird. Bete für jemanden, der krank ist, erzähle einem Menschen von Gottes Liebe oder tröste eine Person in der Kraft Gottes. Der Heilige Geist lebt in dir und wartet darauf, dass er seine Kraft sichtbar werden lassen darf.

15. November

Ich aber, Herr, vertraue dir.
Du bist mein Gott,
daran halte ich fest! Psalm 31,15

Sprich diese Aufforderung heute in dein Leben hinein:

Ich DEIN NAME *aber, Herr, vertraue dir. Du bist mein*
Gott, daran halte ich DEIN NAME *fest.*

Menschen, die glauben, während andere zweifeln, werden Gottes Treue sehen! Kennst du auch diese Momente, in denen du am liebsten aufgeben möchtest? Vielleicht fühlst du dich zu wenig talentiert. Vielleicht wurdest du verletzt und du hast einfach keine Lust mehr, dein Herz für Jesus zu investieren.

Lass dich heute ermutigen: Höre auf, deine Hoffnung auf irgendwelche Menschen oder gar auf dich selbst zu setzen. Glaube an die kraftvolle Macht Gottes in deinem Leben! Vertraue dein Herz neu Jesus an und glaube, dass durch seine Kraft etwas Neues in deinem Leben entstehen kann.

Gott hält heute einen Weg für dich bereit, den du selbst noch nicht sehen kannst. Sprich heute Gott dein Vertrauen aus und höre auf seine Wegweisung für den neuen Tag. Liebe dein Leben, denn du kennst einen Gott, der für alle Zeiten den verlässlichsten Bestand bietet.

16. November

In allen Schwierigkeiten ermutigt er uns und steht uns bei, sodass wir auch andere trösten können, die wegen ihres Glaubens leiden müssen. Wir trösten sie, wie Gott auch uns getröstet hat. 2. Korinther 1,4

Sprich diese Zusage heute in dein Leben hinein:

In allen Schwierigkeiten ermutigt er mich DEIN NAME *und steht mir* DEIN NAME *bei, sodass ich auch andere trösten kann.*

Gott legt alles in dich hinein, was du benötigst, um andere Menschen zu stärken. Wie oft hast du es schon erlebt, dass Gott dich ermutigt und gestärkt hat? Ich bin überzeugt, dass Gott sich dir immer wieder gezeigt und dich gesegnet hat. Und genau darum hast du die Stärke in dir, andere Menschen zu segnen. Ich ermutige dich heute, deine Mitmenschen in der Kraft Gottes zu trösten, zu ermutigen oder ihnen auf praktische Art und Weise zu helfen. Du bist eine total wertvolle Perle auf dieser Welt, durch die andere Menschen die Schönheit, Freundlichkeit und Güte Gottes erkennen können. Darum lass dich heute von Gottes Stärke, seinem Trost und seiner Energie auffüllen, um dann andere Menschen zu ermutigen. Gott erwartet von dir nicht, dass du dies aus deiner eigenen Kraft tust. Seine übernatürliche Energie will durch dich zu anderen Menschen fließen.

17. November

*Ertragt einander und seid bereit,
einander zu vergeben, selbst wenn ihr
glaubt, im Recht zu sein. Denn auch
Christus hat euch vergeben. Kolosser 3,13*

Sprich diese Aufforderung heute in dein Leben hinein:

Ich DEIN NAME *ertrage andere Menschen und bin bereit,
anderen Menschen zu vergeben.*

**Wer am Streit festhält, wird in Bitterkeit versinken, doch
wenn wir uns entscheiden, dem anderen zu vergeben, finden wir zur Freiheit!** Gibt es Menschen in deinem Umfeld, mit denen du bewusst und willentlich im Streit
lebst? Ich ermutige dich heute, allen Menschen zu vergeben, selbst dann, wenn deine Angreifer nicht im Recht
sind. Menschen, denen du nicht vergibst, sind wie Ketten, die dich gefangen nehmen. Wenn du jedoch diese
Leute im Namen Jesu loslässt, haben sie kein Anrecht
mehr, dich in irgendeiner Art und Weise zu versklaven.
Du bist nicht verantwortlich dafür, was andere Menschen tun und lassen. Du bist alleine für dein eigenes
Leben verantwortlich.

Darum ermutige ich dich heute, dem Vorbild von Jesus zu folgen. Vergib, auch wenn andere Menschen weiterhin streiten wollen, und lass Jesus Christus dir deine Freiheit zurückgeben. Liebe dein Leben, weil du die
Freiheit in Jesus kennst.

18. November

Das Volk antwortete:
»Wir wollen dem Herrn, unserem Gott,
dienen und auf ihn hören!«
Josua 24,24

Sprich diese Entscheidung heute in dein Leben hinein:

Ich DEIN NAME *sage: »Ich will dem Herrn, meinem Gott,*
dienen und auf ihn hören!«

**Wünsche dir nicht, ein toller Christ zu sein, sondern ent-
scheide dich dazu, kompromisslos nach Gottes Willen zu
leben!** Wie oft leben wir doch einfach so in den Tag hinein, ohne dabei überhaupt an Gott zu denken! Gott hat
dich dazu geschaffen, ihm zu dienen und ihm mit deinem Leben die Ehre zu geben.

Ich ermutige dich, heute bewusst auf Gott zu hören.
Gott möchte nicht, dass du einfach irgend etwas tust,
sondern er hat einen guten Plan für dein Leben. Er weiß
genau, was dir und anderen Menschen gut tut. Und genau dazu möchte er dir die besten Anweisungen geben.
Darum studiere Gottes Wort. Lass andere Menschen
träumen, aber du lerne Jesus immer besser kennen. Ich
bin überzeugt: Je besser du Gott kennenlernst, desto
mehr wirst du ihm dienen, weil du die Liebe Gottes immer besser erkennst.

19. November

Jeder von uns soll sich so verhalten, dass er seinen Mitmenschen zum Guten ermutigt und ihn im Glauben stärkt. Römer 15,2

Sprich diese Aufforderung heute in dein Leben hinein:

Ich DEIN NAME will mich so verhalten, dass meine Mitmenschen zum Guten ermutigt und im Glauben gestärkt werden.

Kritisieren macht das Leben krank, ermutigende Worte bauen immer auf. Wie oft stehen wir doch in der Gefahr, negativ über andere Menschen zu denken oder gar zu reden. Auch können wir andere Menschen durch unser Verhalten ausgrenzen und damit tief verletzen. Kein Mensch wünscht sich so etwas.

Jesus hatte einen perfekten Lebensstil. Und genau dieser Jesus möchte dein Reden und Handeln in eine kostbare Ermutigung verwandeln. Heute kannst du dich dafür entscheiden. Ich ermutige dich, heute deine Worte unter den Segen Gottes zu stellen und in göttlicher Weisheit den Glauben deiner Freunde zu stärken. Vielleicht schreibst du dazu eine SMS, machst einen Telefonanruf oder verbringst bewusst Zeit mit Menschen, um sie zu stärken. Halte deine Augen offen und nutze jede Begegnung, um Menschen positiv zu überraschen. Nach dieser Begegnung mit dir soll sich der andere besser fühlen. Fang an!

20. November

Doch mir gibst du Kraft, wie ein wilder Stier sie hat; du schenkst mir Freude und neuen Mut. Psalm 92,11

Sprich diese Zusage heute in dein Leben hinein:

Du gibst mir DEIN NAME *Kraft, wie ein wilder Stier sie hat; du schenkst mir* DEIN NAME *Freude und neuen Mut.*

Göttliche Energie sprengt jede menschliche Vorstellungskraft! Leider pressen wir Menschen unseren Gott in ein viel zu kleines Schema. Wir bilden uns ein, dass wir doch wissen, was bei Gott alles möglich sein könnte. Doch Gottes Kraft übersteigt alle unser Vorstellung! Gott kann deine tiefste Traurigkeit in strahlende Freude verwandeln. Genauso hat Gott auch die Fähigkeit, deine intensivste Erschöpfung in unendlich kraftvolle Stärke zu verändern. Gott hat Möglichkeiten, die du als Mensch weder sehen noch hervorbringen kannst. Es ist ein großartiges Privileg, diese göttliche Kraft in sich zu tragen.

Ich ermutige dich heute, diese Kraft in dein Leben hineinfließen zu lassen. Lass dich jetzt in diesen Minuten von Gottes Mut erfrischen und zurüsten, damit du allen Herausforderungen des Lebens in Gottes Stärke begegnen kannst. Liebe dein Leben, denn Gottes Kraft steckt in dir.

21. November

*Aber zu dir sage ich, der Herr: Ich will dich
wieder gesund machen und deine Wunden
heilen, auch wenn deine Feinde meinen,
du seist von mir verstoßen worden.*
Jeremia 30,17

Sprich diese Zusage heute in dein Leben hinein:

Der Herr sagt zu mir: Ich will dich DEIN NAME *wieder
gesund machen und deine Wunden heilen.*

Gott gibt immer eine neue Chance und er kann jede Verletzung heilen! Wie oft verurteilen Christen andere Menschen und meinen zu wissen, was Gott über sie denkt. Es steht uns Menschen aber nicht zu, über andere Menschen zu urteilen und noch weniger über Gott. Ich bin überzeugt: Gottes Herz für uns Menschen ist immer noch viel größer, als wir uns vorstellen können.

Gott geht nicht über Leichen, sondern er hat jeden Menschen liebevoll im Blick. Jesus kam für die Armen, die Kranken und die Menschen, die Fehler machen. Seine Gnade ist immer da und alle Menschen haben täglich die Chance zu einem Neubeginn. Es liegt in Gottes Natur, Neues zu schaffen. Er will Menschen berühren, verändern und er will uns immer in die Freiheit führen. Darum rechne heute damit, dass Gott dein Herz berührt. Er ist bereit, dich zu segnen und dir vollständige Heilung zu bringen.

22. November

Meine Schafe erkennen meine Stimme;
ich kenne sie, und sie folgen meinem Ruf.
Johannes 10,27

Sprich diese Wahrheit heute in dein Leben hinein:

Ich DEIN NAME kenne die Stimme von Jesus; ich kenne sie
und ich folge Gottes Ruf.

Je besser ein Mensch Gottes Stimme kennt, desto größere Erkenntnisse werden ihn überraschen. Sehnst du dich auch oft danach, Gottes Stimme zu hören? Gott spricht jeden Tag zu dir, weil er dir wertvolle Hinweise für dein Leben geben möchte.

Darum ermutige ich dich heute, auf diese innere Stimme zu achten. Der Heilige Geist wohnt in dir und gibt dir ständig Zeichen und gute Gedanken. Je mehr du darauf achtest, desto besser wirst du diese Stimme kennenlernen. Gott will dir bereits im Kleinen wertvolle Hinweise geben, zum Beispiel beim Einkaufen. Auch kann Gott dir heute mehr über deine Zukunft zuflüstern. Gott möchte ständig mit dir in Kontakt sein, denn er hat die besten Tipps für dein Leben und möchte, dass du sie auch erfährst. Fahre deine Antenne aus und höre auf Gott, handle entsprechend und mache immer intensivere Erfahrungen mit deinem Gott.

23. November

Denn nur durch seine unverdiente Güte seid ihr vom Tod errettet worden. Ihr habt sie erfahren, weil ihr an Jesus Christus glaubt. Dies alles ist ein Geschenk Gottes und nicht euer eigenes Werk. Epheser 2,8

Sprich diese Wahrheit heute in dein Leben hinein:

Denn nur durch seine unverdiente Güte bin ich DEIN NAME vom Tod errettet worden. Ich DEIN NAME habe sie erfahren, weil ich an Jesus Christus glaube.

Keine Leistung macht dich besser vor Gott; allein die Gnade qualifiziert dich dafür, Gott von Herzen zu genießen. Manche Menschen verfallen der Lüge und glauben, sie müssten erst ein wirklich guter Christ sein und etwas dazu beitragen, damit Gott sie wirklich lieben könnte. Nun, du kannst dich noch so sehr anstrengen und versuchen, alles richtig zu machen – du wirst dabei kläglich scheitern. Aber Gott hat dich mit seiner großartigen Liebe schon lange voll und ganz angenommen. Darum ermutige ich dich heute, dankbar das Geschenk der Güte Gottes anzunehmen und keine Sekunde mehr daran zu zweifeln. Jesus hat am Kreuz für dich bezahlt und somit ist alle deine Schuld vergeben. Lass dich nicht von anklagenden Gedanken fertigmachen, die Satan dir ins Ohr flüstert. Du bist zur Freiheit berufen und diese Freiheit kann dir niemand wegnehmen. Darum liebe dein Leben, weil du Gottes Gegenwart genießen darfst.

24. November

Wer das Urteil der Menschen fürchtet,
gerät in ihre Abhängigkeit; wer dem
Herrn vertraut, ist gelassen und sicher.

Sprüche 29,25

Sprich diese Wahrheit heute in dein Leben hinein:

Wenn ich DEIN NAME *das Urteil der Menschen fürchte,*
dann gerate ich in ihre Abhängigkeit. Wenn ich DEIN
NAME *dem Herrn vertraue, bin ich gelassen und sicher.*

Sich mit anderen zu vergleichen, macht nervös und bringt einen in Gefangenschaft; wer jedoch auf Gott schaut, der erlangt eine Selbstsicherheit, die ein Geschenk Gottes ist. Wie oft stehst du in Gefahr, dich mit anderen Menschen zu vergleichen? Menschen können dich kritisieren und mit ihren Worten enorm in die Enge treiben.

Lass dich heute ermutigen und höre auf, dich von Menschen bestimmen zu lassen. Wenn du immer versuchst, allen Menschen zu gefallen, sperrst du dich selbst in dein eigenes Gefängnis. Richte darum deinen Blick auf Gott und lass dir von ihm sagen, wer du wirklich bist. Er hat dich wunderbar und einzigartig erschaffen und er will dir echte innere Ruhe und Sicherheit schenken. Sprich heute Gelassenheit in dein Herz hinein und lass dich von Gottes Gegenwart bereichern. Nicht Menschen sollen deinen Alltag bestimmen. Du hängst einzig und allein von Gott ab.

25. November

Denn ich allein weiß, was ich mit euch vor-
habe. Ich, der Herr, werde euch Frieden
schenken und euch aus dem Leid befreien.

Jeremia 29,11

Sprich diese Zusage heute in dein Leben hinein:

Denn Gott allein weiß, was er mit mir DEIN NAME *vor-*
hat. Der Herr wird mir DEIN NAME *Frieden schenken*
und mich aus dem Leid befreien.

Gott hat einen Plan mit deinem Leben und dafür will er dich freisetzen! Hast du dich auch schon gefragt, warum du auf dieser Erde lebst und was überhaupt dein Auftrag auf dieser Welt ist? Gott hat sich für dich etwas ausgedacht, das absolut optimal zu dir passt, und er wird alles dafür tun, damit du diesen genialen Plan auch ausführen kannst.

Darum ermutige ich dich, täglich herauszufinden, welchen Weg Gott mit dir gehen möchte. Lass dich täglich durch seinen Heiligen Geist leiten, denn so wird Gott dir aufzeigen, welche Worte du aussprechen kannst, wie du entscheiden sollst und welche Werke du tun darfst. Gott möchte dir auf deinem Lebensweg Frieden schenken und dich immer wieder aus Schwierigkeiten befreien. Voraussetzung dafür ist, dass du an Gottes Plan für dein Leben festhältst.

26. November

Nicht ihr habt mich erwählt, sondern ich euch, damit ihr euch auf den Weg macht und Frucht bringt, die bleibt. Dann wird euch der Vater alles geben, worum ihr ihn in meinem Namen bittet. Johannes 15,16

Sprich diese Zusage heute in dein Leben hinein:

Nicht ich DEIN NAME habe ihn erwählt, sondern er mich, damit ich DEIN NAME mich auf den Weg mache und Frucht bringe, die bleibt. Dann wird mir der Vater alles geben, worum ich ihn im Namen Jesu bitte.

Wer die Welt verändern will, muss sich auf den Weg machen. Ist es auch dein Herzenswunsch, auf dieser Welt viel Gutes zu tun und wirklich positive Spuren zu hinterlassen? Gott hat dich dazu ausgewählt. Er möchte, dass du die Welt zum Guten veränderst. Alles, was dazu nötig ist, hat er bereits in dich hineingelegt. Auch bietet dir Gott täglich Unterstützung an für alles, was du für deinen Auftrag auf dieser Welt benötigst.

Darum lass dich heute ermutigen und mache dich auf den Weg. Während andere sitzen bleiben, kannst du aufstehen und in der Kraft Gottes Frucht bringen. Ich bin überzeugt: Andere Menschen werden dich dabei beobachten und anfangen, dasselbe zu tun. Liebe heute dein Leben, denn du bist erwählt, auf dieser Welt Gutes zu tun.

27. November

Deshalb beugt euch unter Gottes mächtige Hand. Gott wird euch aufrichten, wenn seine Zeit da ist.

1. Petrus 5,6

Sprich diese Wahrheit heute in dein Leben hinein:

Deshalb beuge ich DEIN NAME mich unter Gottes mächtige Hand. Gott wird mich DEIN NAME aufrichten, wenn seine Zeit da ist.

Jeder Mensch, der sich an Gott wendet, wird Hilfe bekommen! Gab es auch schon Zeiten in deinem Leben, in denen du immer wieder intensiv für ein Anliegen gebetet hast? Und hattest du dabei das Gefühl, dass Gott einfach nichts tat? Ich ermutige dich heute, dich immer wieder deinem Gott anzuvertrauen. Bringe deine Sorgen, deine Krankheiten und deine Herausforderungen zu Gott. Seine Hand ist mächtig, denn er kann Unmögliches möglich machen. Nichts ist bei Gott unmöglich!

Aber manchmal fordert Gott dich dazu heraus, geduldig auf seine Hilfe zu warten. Gott weiß haargenau, was er wann und wie tun muss. Darum bleibe an ihm dran und bringe deine Sorgen voll Vertrauen zu ihm. Ich bin überzeugt, dass Gottes Hilfe auch für dich niemals zu spät kommen wird.

28. November

Er fürchtet sich nicht vor schlechter
Nachricht, denn sein Glaube
ist stark – er vertraut dem Herrn.
Psalm 112,7

Sprich diese Wahrheit heute in dein Leben hinein:

Ich DEIN NAME *fürchte mich nicht vor schlechter Nach-*
richt, denn mein Glaube ist stark – ich DEIN NAME *ver-*
traue dem Herrn.

Menschen, die tiefe Wurzeln in Gottes Liebe haben, be-
trachten das Leben aus einer anderen Perspektive. Was
passiert in deinen Gedanken, wenn du eine schlechte
Nachricht erhältst? Wie reagierst du? Du und ich, wir
leben in einer Welt, die aus den Fugen geraten ist. Auf
diesem Planeten gibt es ständig schlechte Nachrichten.

Darum lass dich ermutigen, schlage deine Wurzeln
noch tiefer. Sei verwurzelt in der Liebe Gottes. Stärke
deinen Glauben, indem du Gottes Wort liest, mit Gott
sprichst und mit anderen Christen Gemeinschaft hast.
Vergiss nicht: Niemand kann dich aus Gottes Hand reißen und niemand hat das Recht, dir die ewige Gemeinschaft mit Gott im Himmel abzusprechen. Darum stärke heute deinen Glauben an Jesus Christus.

29. November

Gott ist denen fern, die von ihm nichts wissen wollen; aber er hört auf das Gebet derer, die ihn lieben. Sprüche 15,29

Sprich diese Zusage heute in dein Leben hinein:

Gott hört auf mein Gebet, weil ich DEIN NAME *ihn liebe.*

Menschen, die in der Verbindung mit Gott leben, haben wertvolle Privilegien. Wir Menschen lieben es, wenn andere Menschen in unserer Nähe sind. Wir lieben es, wenn wir Freunde haben, die sich für uns interessieren und uns zuhören. Gott ist dir immer ganz nah. Er ist nicht ein Gott, der dich distanziert beobachtet oder dich gar ignoriert. Auch trägt Gott keine Altlasten mit sich herum; mit ihm kann man über alles reden und er schlägt nicht zurück.

Wenn du mit Gott redest, dann hört er dir aufmerksam zu, schaut dich mit leuchtenden Augen an und gibt dir mit leiser Stimme liebevolle Antworten. Seine Aufmerksamkeit gilt dir voll und ganz. Bei ihm hast du einen geschützten Rahmen, hier gibt es weder Eifersucht noch Neid. Genieße heute dein Leben, denn Gottes Liebe macht dich reich.

30. November

Er, der ewige Gott, breitet seine Arme aus, um euch zu tragen und zu schützen.

5. Mose 33,27a

Sprich diese Zusage heute in dein Leben hinein:

Er, der ewige Gott, breitet seine Arme aus, um mich DEIN NAME *zu tragen und zu schützen.*

Wenn Gott seine Arme ausbreitet, dann hat jeder Mensch Gelegenheit, umarmt zu werden. Wie oft suchen wir doch in schwierigen Lebenslagen nach Hilfe und Lösungen! Manchmal ist es fast zum Verzweifeln und wir fühlen uns gewissen Menschen oder Situationen ausgeliefert. Aber der allmächtige Gott breitet seine Arme für dich aus. Er steht mit ausgestreckten Armen über dieser Welt und freut sich, wenn du zu ihm kommst.

Dann umarmt er dich liebevoll und möchte dich wie eine kostbare Perle durch deine Situation hindurchtragen. Du musst nicht länger selbst gehen oder versuchen, dich zu schützen. Gott ist ein sicherer und ewig bestehender Zufluchtsort für dich. Darum lass dich heute ermutigen: Gott will dich in seine Arme schließen. Liebe dein Leben, weil es immer zwei ausgestreckte Arme gibt, die liebevoll und herzlich auf dich warten.

Dezember

Unerwartet beschenkt

Vor drei Jahren fuhr ich mit einigen anderen Pastorenfrauen aus Europa zum Coaching ans Rote Meer nach Ägypten. Eine ganze Woche lang hatten wir Zeit, um uns gegenseitig zu stärken und zu ermutigen.

Eines Abends beteten wir im kleinen Kreis füreinander. Mitten im Gebet meinte eine Frau zu mir, sie habe mich vor ihrem inneren geistlichen Auge gesehen, wie ich mit meinem eigenen Buch in der Hand auf einer Bank sitze. Diese Pastorin kannte mich nicht, aber damals lagen bereits meine ersten Notizen in der Schublade.

Nach dieser Ermutigungswoche begann ich frisch gestärkt, mein erstes Buch zu schreiben. Dieses Werk sollte zu unserer ersten Frauenkonferenz in Stuttgart erscheinen. Doch schon bald merkte ich: Es war gar nicht so einfach, einen Verlag dafür zu finden. Eines Tages fragte ich Thilo, einen Leiter unserer Gemeinde, wen ich denn noch als Sprecherin zu unserer Frauenkonferenz einladen könnte. Thilo meinte: »Lade Elisabeth Mittelstädt ein!« Diese Frau kannte ich nicht; deshalb besuchte ich eine Woche später eine Konferenz, auf der sie sprach. Von ihrer Predigt war ich einfach begeistert! Ich bedankte mich bei Thilo für den guten Tipp, worauf er nur meinte, diesen Namen hätte er mir nie gesagt. Manchmal spricht der Geist Gottes mit der Stimme eines anderen Menschen! Als erfahrene Autorin konnte mir diese Frau beim weiteren Vorgehen helfen – ein wichtiger Schritt zum ersten Buch!

Kurze Zeit später war ich auf der Suche nach einer Lektorin. Ich betete zu Gott und nur wenige Tage später lernte ich in der Schulküche eine Mutter kennen, die Lektorin war und Zeit hatte, das Buch zu korrigieren. Zwei Wochen später bekamen wir vom Grace today Verlag ein Paket mit zwei Büchern – Leseexemplare. Dieser Verlag war uns bis zu jenem Zeitpunkt nicht bekannt gewesen, aber wir wussten sofort: Das war kein Zufall. So entstand der Kontakt zum Grace today Verlag und eine wunderbare Zusammenarbeit begann.

Gott ist ein Gott der Wunder. Genauso wie Gott in meinem Leben Wunder getan hat, so will er auch in deinem Leben Wunder tun.

1. Dezember

Der Herr, euer Gott, ist in eurer Mitte; er ist stark und hilft euch! Von ganzem Herzen freut er sich über euch. Weil er euch liebt, redet er nicht länger über eure Schuld. Ja, er jubelt, wenn er an euch denkt! Zefanja 3,17

Sprich diese Zusage heute in dein Leben hinein:

Der Herr, mein Gott, ist in unserer Mitte; er ist stark und hilft mir DEIN NAME! *Er freut sich über mich* DEIN NAME.

Gott feiert jeden Tag Party, weil er begeistert an dich denkt. Vielleicht hast du noch immer ein Bild von einem strafenden Gott, der mit erhobenem Zeigefinger auf dein Leben schaut. Gott ist nicht so! Er ist begeistert von dir, weil er von ganzem Herzen gut über dich denkt. Seine Liebe zu dir ist so groß, dass er dir durch Jesus schon längst alle Schuld vergeben hat. Sogar seine Gefühle spielen verrückt, wenn er an dich denkt. Ja, Gott hat Schmetterlinge im Bauch, wenn er dich beobachtet!

Ich ermutige dich heute, all deine verkehrten Prägungen loszulassen. Glaube nicht an menschengemachte, einengende, bedrückende und zermürbende Gottesbilder, sondern entdecke in der Bibel einen starken, helfenden, fröhlichen, vergebenden und verliebten Gott. Sprich diese Schriftstelle erneut in dein Leben hinein und genieße den heutigen Tag. Liebe dein Leben, weil Gott dich unbeschreiblich zärtlich liebt.

2. Dezember

Siehe, das Auge des Herrn ruht auf denen, die ihn fürchten, die auf seine Gnade harren.

Psalm 33,18

Sprich diese Zusage heute in dein Leben hinein:

Siehe, das Auge des Herrn ruht auf mir DEIN NAME, *denn ich* DEIN NAME *fürchte Gott und ich* DEIN NAME *harre auf seine Gnade.*

Gott schaut dir in jeder Sekunde entspannt zu. Wie oft denken wir doch, wir müssten erst noch beten und Gott davon unterrichten, was heute alles passiert ist. Doch Gott ist bereits über alles informiert, weil er dich ständig im Blick hatte. Dabei ist er nicht unruhig oder gerade auf dem Sprung zum nächsten Termin. Gottes Auge ruht und er hat keinen Stress bei seiner Arbeit.

Wer an Gott glaubt, den lässt er nicht aus den Augen. Ununterbrochen leitet Gott dich durch das Leben. Nie lässt er zu, dass du gegen die Wand läufst. Liebevoll schaut er dich an und bringt dir mit jedem Blick Anerkennung und Wertschätzung entgegen! Gott ist der aufmerksamste Vater der Welt und für ihn bist du das Wertvollste, das er sich vorstellen kann. Liebe dein Leben und genieße den Blick Gottes, der wohlwollend auf dir ruht.

3. Dezember

Hört niemals auf,
zu beten.
1. Thessalonicher 5,17

Sprich diese Aufforderung heute in dein Leben hinein:

Ich DEIN NAME *höre niemals auf, zu beten.*

Jeder Mensch hat die Möglichkeit, ständig mit Gott in Kontakt zu sein! Hast du manchmal auch ein schlechtes Gewissen, weil du denkst, du hättest zu wenig gebetet oder zu wenig in der Bibel gelesen? Gott möchte immer mit dir kommunizieren. Das bedeutet nicht, dass er von dir täglich ein auswendig gelerntes Gebet erwarten würde. Gott möchte vielmehr ständig Raum haben in deinen Gedanken und deinen Entscheidungen.

Darum lass dich heute ermutigen, den ganzen Tag über so zu leben, als würde Gott wie ein guter Freund neben dir her gehen. Dabei kannst du ständig mit ihm reden über alles, was dir begegnet. Sprich mit Gott über den Parkplatz, über deine Einkäufe, deine Beziehungen, deine Gemeinde, deine Berufung oder auch über deinen Arbeitsplatz. Höre nicht auf, mit Gott über alles zu sprechen. Ich bin überzeugt, dies wird dir eine innere Sicherheit und Geborgenheit schenken. Liebe dein Leben, denn Gott hört dir immer zu!

4. Dezember

Wer faul ist, kümmert sich nicht um seine Saat; wenn er dann ernten will, sucht er vergeblich. Sprüche 20,4

Sprich diese Wahrheit heute in dein Leben hinein:

Wenn ich DEIN NAME faul bin, kümmere ich mich nicht um meine Saat; wenn ich DEIN NAME dann ernten will, suche ich vergeblich.

Verschwendete Zeit kann niemand zurückholen. Wie oft verschwendest du deine Zeit vor dem Bildschirm oder weil du deine Zeit nicht richtig einteilst? Wir Menschen können stundenweise wertvolle Zeit totschlagen. Die Bibel warnt uns Menschen davor, ein Faulpelz zu sein. Deine Zeit ist beschränkt und daher ist es so entscheidend wichtig, wie du deine Zeit füllst.

Ich ermutige dich heute, deine Zeit zu nutzen und den guten Samen richtig großzügig auf dieser Welt auszustreuen. Ein Faulpelz hinterlässt die Welt nicht besser, als er sie vorgefunden hat. Doch du hast die Möglichkeit, auf Erden Gutes zu tun. Gott möchte dich als Persönlichkeit gebrauchen, um einen guten Plan auszuführen. Viele Menschen warten auf die Liebe Gottes, ihre Herzen brauchen Heilung ihrer Herzen. Mach dich heute auf den Weg, plane deine Zeit und tue das Richtige. Ich bin überzeugt, dass du eine gute Ernte einfahren wirst.

5. Dezember

Doch ich verlasse mich auf den Herrn, ich warte auf seine Hilfe. Ja, mein Gott wird mich erhören! Micha 7,7

Sprich diese Zusage heute in dein Leben hinein:

Ich DEIN NAME verlasse mich auf den Herrn, ich warte auf seine Hilfe. Ja, mein Gott wird mich DEIN NAME erhören.

Selbst wenn alle Menschen deine Stimme ignorieren, hört dir Gott jede Sekunde aufmerksam zu! Kennst du das? Du erzählst jemandem etwas, doch dein Gesprächspartner schaut ständig zu anderen Menschen und wendet seinen Blick immer wieder von dir ab? Vielleicht schaut er auch auf die Uhr und dir scheint, als hörte er dir überhaupt nicht zu. Wie oft hören wir Menschen einander einfach nicht zu!

Gott ist anders. Er hat jederzeit ein offenes Ohr für dich. Auf deinen Gott kannst du dich zu hundert Prozent verlassen. Er versteht dich auch niemals falsch, weil er alle deine Gedanken kennt. Ihm ist bestens bekannt, was du fühlst und was du schon alles erlebt hast. Gott kann nicht anders als dir zuzuhören, weil er dich einfach unendlich lieb hat. Darum ermutige ich dich heute, deine Hilfe von Gott zu erwarten. Liebe dein Leben, weil du einen verlässlichen Gesprächspartner an deiner Seite hast.

6. Dezember

Nur in Christus ist Gott wirklich zu finden, denn in ihm lebt er in seiner ganzen Fülle. Deshalb lebt Gott auch in euch, wenn ihr mit Christus verbunden seid.

Kolosser 2,9–10a

Sprich diese Zusage heute in dein Leben hinein:

Gott lebt in mir, denn ich DEIN NAME bin mit Christus verbunden.

Jeder Mensch kann die alles übertreffende Kraft Gottes in seinem Herzen tragen. Menschen, die an Jesus Christus glauben, werden so mit der Fülle Gottes beschenkt. Gott überrascht dich nicht einfach nur mit einer Kleinigkeit. Gott legte durch Jesus seine ganze Fülle in dich hinein. Stell dir das vor, da gibt es keinen weiteren Platz mehr. Gott lebt mit seinem ganzen Wesen in dir.

Darum ermutige ich dich, heute dein Leben zu lieben, denn alles, was du für dein Leben wirklich brauchst, hat Gott durch Jesus bereits in dich hineingelegt. Du hast heute die Möglichkeit, diese ganze Kraft wirken zu lassen. Höre auf, aus eigener Kraft zu laufen, sondern lebe in dieser göttlichen Energie. Ich bin überzeugt, dass du dein Leben entspannter und kraftvoller meistern wirst.

7. Dezember

Ich habe dein Gebet gehört
und deine Tränen gesehen.
Ich will dich gesund machen.

2. Könige 20,5

Sprich diese Zusage heute in dein Leben hinein:

Gott hat mein Gebet gehört und meine Tränen gesehen.
Gott will mich DEIN NAME *gesund machen.*

Jedes Gebet und jede Träne wird Gott früher oder später in einen großartigen Sieg verwandeln. Menschen, die gegen Krankheit kämpfen oder von Sorgen geplagt werden, dürfen wissen, dass Gott alles sieht. Alle deine Gebete, die du unter Tränen gesprochen hast, sind nicht spurlos an Gott vorbeigegangen, sondern bewegen sein Innerstes, berühren sein Herz.

Darum ermutige ich dich, weiter im Gebet dranzubleiben und zu vertrauen, dass Gott zur richtigen Zeit seine Hilfe senden wird. Glaube an die Kraft des Gebets und halte an deiner Hoffnung auf Jesus fest. Liebe heute dein Leben, weil du einen Gott kennst, der heilen will.

8. Dezember

Vergrößere dein Zelt! Spann die Zelt-decken weiter aus! Spare nicht! Verlängere die Seile, und schlage die Pflöcke fest ein.

Jesaja 54,2

Sprich diese Aufforderung heute in dein Leben hinein:

Ich DEIN NAME vergrößere mein Zelt! Ich spanne die Zelt-decken weiter aus. Ich spare nicht! Ich DEIN NAME verlän-gere die Seile und schlage die Pflöcke fest ein.

Neues Land gewinnt man durch mutige Schritte. Hast du auch manchmal Sehnsucht danach, mehr zu erreichen?

Vielleicht ist es dein großer Traum, vielen Menschen zu helfen oder benachteiligte Kinder zu unterstützen? Gott fordert dich heute heraus, dein Zelt zu vergrößern und darin Platz für etwas Neues zu schaffen. Du bist be-rufen, in deinem Leben immer wieder mutige Schritte vorwärts zu gehen. Ich ermutige dich heute, in deinem Leben nicht stehen zu bleiben oder gar Rückschritte zu machen. Du hast die Chance und die Fähigkeit, einen Schritt vorwärts zu gehen. Lass dir heute den Weg dazu von Jesus aufzeigen und suche dir vielleicht auch einen Coach, der dich auf deinem Weg begleitet. Ich bin über-zeugt, dass Gott dir zeigen wird, wie und wofür du neu-en Raum schaffen kannst. Liebe heute dein Leben, denn du bist zu Größerem berufen.

9. Dezember

*Denn der Geist Gottes, der in euch
wirkt, ist stärker als der Geist der Lüge,
von dem die Welt beherrscht wird.*

1. Johannes 4,4

Sprich diese Zusage heute in dein Leben hinein:

Denn der Geist Gottes, der in mir DEIN NAME *wirkt, ist
stärker als der Geist der Lüge, von dem die Welt beherrscht wird.*

**Menschen, die den Heiligen Geist in sich tragen, können
von keiner anderen Macht besiegt werden.** Vielleicht
fühlst du dich manchmal verängstigt oder in dir to-
ben immer wieder Machtkämpfe. Aber Gott hat dir den
Heiligen Geist geschenkt, und genau diese Kraft übersteigt jede andere Macht auf dieser Welt.

Du brauchst keine Angst zu haben oder dich irgendwo zu verstecken. Ich ermutige dich, im Namen Jesu den
Sieg auszusprechen. Selbst wenn Satan dir immer wieder verwirrende Anfeindungen oder Anklagen ins Ohr
flüstert, hat er doch keine Macht über dich. Jesus ist und
bleibt der Sieger über dich und diese Welt. Darum liebe heute dein Leben, denn der weltbeste, unübertroffene
Sieger kennt dich persönlich!

10. Dezember

Wer Gott missachtet, sammelt nur trügerischen Gewinn; wer Gott treu bleibt, erhält beständigen Lohn.
Sprüche 11,18

Sprich diese Wahrheit heute in dein Leben hinein:

Wenn ich DEIN NAME Gott treu bleibe, erhalte ich beständigen Lohn.

So mancher Gewinn zerrinnt unter den Händen – aber bei Gott bekommst du ewiges Gehalt. Vielleicht hast du in diesem Jahr großen Gewinn gemacht, dann freue dich darüber. Es kann aber auch Zeiten geben, in denen es anders kommt, als du es dir vielleicht vorgestellt hast. Erinnere dich heute daran: Kein Mensch kann am Ende seines Lebens auch nur ein wenig von seinen materiellen Gütern mit ins Grab nehmen. Wer stirbt, lässt alles auf dieser Erde zurück – aber Gottes Reichtum hat Bestand bis in alle Ewigkeit.

Ich ermutige dich heute, deinen Blick weiterhin auf Gott zu richten. Ich bin überzeugt, dass Gott dir nicht nur eine sorgenfreie Ewigkeit bereithält. Er will dich auch hier und jetzt versorgen. Gott ist viel großzügiger, als wir alle zusammen es uns vorstellen könnten. Darum halte treu an deinem Gott fest und investiere in Gottes Reich.

11. Dezember

Wer mit Weisen umgeht, wird weise; aber wer sich mit Toren einlässt, dem wird es schlecht gehen. Sprüche 13,20 (ELB)

Sprich diese Wahrheit heute in dein Leben hinein:

Wenn ich DEIN NAME mit weisen Menschen Umgang pflege, werde ich selbst weise. Wenn ich DEIN NAME mich mit Toren einlasse, schade ich mir nur.

Wer sich positiv entwickeln will, muss sich mit entsprechenden Leuten umgeben. Andere Menschen können dich mit ihren Worten oder ihren Taten prägen und beeinflussen. Vielleicht erlebst du auch Menschen, die dich regelrecht bedrängen und die dich beherrschen wollen. Es ist ausschlaggebend, mit welchen Menschen du deine wertvolle Zeit verbringst. Ob du nun oft mit Menschen zusammen bist, die negativ reden, oder im Gegensatz dazu mit Menschen, die sich bewusst um arme Menschen kümmern, beides wird großen Einfluss auf dich haben.

Ich ermutige dich, dein Leben von weisen Menschen prägen zu lassen. Suche dir Freunde, die dich weiterbringen, die dir helfen, charakterlich und im Glauben zu wachsen. Verbanne immer wieder negatives Reden aus deinem Leben und baue dir ein Netzwerk von Freunden auf, die dich weiterbringen.

12. Dezember

*Du lädst mich ein und deckst mir den Tisch
vor den Augen meiner Feinde. Du begrüßt
mich wie ein Hausherr seinen Gast und
gibst mir mehr als genug. Psalm 23,5*

Sprich diese Zusage heute in dein Leben hinein:

Du lädst mich DEIN NAME *ein und deckst mir den Tisch
vor den Augen meiner Feinde. Du begrüßt mich* DEIN
NAME *wie ein Hausherr seinen Gast und gibst mir
mehr als genug.*

**Mitten im größten Sturm serviert dir Gott alles, was du
brauchst.** Es gibt Momente im Leben, in denen andere
Menschen dich ausgrenzen, dich ignorieren oder sogar
dich persönlich angreifen. In diesen Momenten kannst
du dich mit Gott an den Tisch setzen. Gott sieht jedes
Leid, das Menschen sich gegenseitig antun. Er ist damit
nicht einverstanden, denn sein Plan für seine Kinder ist
Liebe. Und genau deshalb kümmert er sich um Menschen, die angefeindet werden.

Deswegen ermutige ich dich heute, dich in solchen Situationen an Gottes Tisch zu setzen. Lass dich von Gott
überraschen, mit welch verständnisvoller und großzügiger Liebe er dir begegnen wird. Sein Wesen ist Liebe!
Darum lass dich nicht von Menschen unterkriegen. Lass
dich von Gottes Liebe umarmen!

13. Dezember

Fürchte dich nicht vor ihnen, ich bin bei dir und werde dich beschützen. Darauf gebe ich, der Herr, mein Wort. Jeremia 1,8

Sprich diese Zusage heute in dein Leben hinein:

Ich DEIN NAME fürchte mich nicht, denn du bist bei mir und beschützt mich. Darauf gibst du, Herr, mir dein Wort.

Gott macht keine leeren Versprechungen! Hast du manchmal Zweifel, ob Gott wirklich an deiner Seite ist oder fragst du dich gar, ob er überhaupt existiert? Oder denkst du manchmal, Gott habe sicher kein Interesse daran, ausgerechnet dir einen größeren Auftrag anzuvertrauen? Genauso, wie Gott damals Jeremia ermutigte, will er dich heute inspirieren. Was auch immer heute bei dir ansteht, Gott ist mit dir und er wird dir den nötigen Schutz geben. Darum brauchst du dich nicht zu fürchten.

Du bist nicht zu jung oder zu alt für deinen Auftrag. Du bist exakt im perfekten Alter, um mutig deiner Bestimmung gemäß zu leben. Auch wenn du plötzlich schwierige Momente erlebst, Gott lässt dich in diesen Zeiten nicht alleine. Gott ändert nicht plötzlich seine Meinung, denn er ist immer derselbe. Darum sprich den oben stehenden Vers nochmals über deine Lebenssituation aus. Liebe dein Leben, denn Gott ist treu!

14. Dezember

*Alle Völker der Erde sollen
durch dich gesegnet werden.*

1. Mose 12,3b

Sprich diese Zusage heute in dein Leben hinein:

Alle Völker der Erde sollen durch mich DEIN NAME *gesegnet werden.*

**Jeder Christ hat das Privileg, auf dieser Welt Gottes Segen
auszuteilen.** Denkst du manchmal auch, du hättest nicht
gerade sehr viel Gutes, das du anderen Menschen weitergeben könntest? Dem ist nicht so. Gott hat seinen Segen und seine Liebe bereits in dich hineingelegt. Du bist
erfüllt mit Gottes Geist und mit seiner Kraft. Du musst
es nicht erst produzieren, denn Gott hat dich reich beschenkt. Jetzt kannst du Gottes Segen an deinen Partner, deine Familie, deine Arbeitskollegen, deine Nachbarn und deine Freunde weiterverschenken.

Ich ermutige dich heute, Menschen mit Gottes Segen
zu überraschen. Egal wo du dich auf dieser Welt befindest, du bist ein Segensträger des allmächtigen Gottes
und Menschen sollen sich nach einer Begegnung mit dir
besser fühlen. Glaube, dass heute Gottes kraftvoller Segen durch dich zu anderen Menschen fließen wird.

15. Dezember

So lehre uns denn zählen unsere Tage,
damit wir ein weises Herz erlangen!
Psalm 90,12 (ELB)

Sprich diese lebensverändernde Herausforderung heute in dein Leben hinein:

Lehre mich meine Tage zu zählen, damit ich DEIN NAME
ein weises Herz erlange!

Das Leben ist zu kurz, um es mit belanglosen Dingen zu verschwenden. Lass dich heute herausfordern, dein Leben zu überdenken. Vielleicht stehst du mitten im Leben und hast geniale Pläne für deine Zukunft. Dann ergreife deine Chance und bewege mit Gottes Weisheit die Welt zum Guten. Vielleicht hast du aber auch keine Träume mehr oder du bist vom Leben enttäuscht.

Dann lass dich heute von Gottes Weisheit füllen, denn dein Leben ist zu kurz, um frustriert zu sein. Gott will dir neue Perspektiven für ein sinnerfülltes Leben aufzeigen. Du hast einen Auftrag in dieser Welt und in deiner Gemeinde, den nur du ausführen kannst. Ich ermutige dich, jeden Tag in deinem Leben zu genießen. Lass dich von Gott gebrauchen, auf dieser Erde das Gute zu tun.

16. Dezember

*Zeige mir, was ich tun soll! Führe mich
auf sicherem Weg, meinen Feinden
zum Trotz. Psalm 27,11*

Sprich diese Bitte heute in deine Lebenssituation hinein:

*Zeige mir, was ich DEIN NAME tun soll! Führe mich auf
sicherem Weg, meinen Feinden DEINE GEGNER zum
Trotz!*

Gott ist heute bereit, dir den perfekten Weg für dein Leben zu zeigen. Selbst wenn dein Lebensweg momentan
unsicher erscheint oder Ängste dir Tag für Tag das Leben schwer machen, hat Gott doch einen guten und gebahnten Weg für dich. Auch wenn Menschen dich klein
machen oder dich täglich mit Vorwürfen bombardieren, hat Gott einen klaren Ausweg für dich. Er legt dir
eine sichere Spur, der du folgen kannst. Die Voraussetzung ist, dass du dir von Gott den Weg zeigen lässt, auch
wenn dieser vielleicht anders aussieht, als du es dir vorgestellt hast.

Lass dich heute ermutigen, nicht mehr selbst deinen
eigenen Weg zu suchen, sondern auf Gott zu hören und
zu entdecken, welche neuen Wege er für dich hat. Ich
bin überzeugt, diese Entscheidung wird dich in die Freiheit führen und du wirst eine tiefe Freude spüren.

17. Dezember

Hört nie auf, zu bitten und zu beten! Gottes Geist wird euch dabei leiten. Bleibt wach und bereit. Bittet Gott inständig für alle Christen. Epheser 6,18

Sprich diese Aufforderung heute in dein Leben hinein:

Ich DEIN NAME höre nie auf, zu bitten und zu beten! Gottes Geist wird mich dabei leiten. Ich DEIN NAME bleibe wach und bereit. Ich DEIN NAME bitte Gott inständig für alle Christen.

Aufgeben ist menschlich, dranbleiben ist göttlich! Kennst du Momente in deinem Leben, in denen du zum Beten einfach keine Lust und Kraft mehr hast? Du hast dein Gebetsanliegen schon so oft vor Gott gebracht, aber du kannst nicht die kleinste Veränderung erkennen? Gott hat einen anderen Zeitplan als wir Menschen. Er tut immer das Richtige zur rechten Zeit. Wir Menschen können nicht immer verstehen, wie Gott handelt, aber er tut mit Sicherheit das Richtige. Darum ermutige ich dich heute, im Gebet nicht aufzugeben. Bleibe dran! Wenn du bereits aufgegeben hast, dann fange wieder an. Gott nimmt jedes deiner Gebete sehr ernst und er wird etwas daraus machen. Schlafe nicht ein, sondern bleibe wach und rede mit Gott. Bete heute speziell für deine Freunde in der Kleingruppe und für deine Gemeinde. Liebe dein Leben, denn dein Gebet wird erhört.

18. Dezember

Was wir auch tun,
wir tun es aus der Liebe,
die Christus uns geschenkt hat.
2. Korinther 5,14a

Sprich heute diesen Vers über dein Leben aus:

Was ich DEIN NAME tue, tue ich aus der Liebe, die Chris-
tus mir geschenkt hat.

Eine reine Motivation bringt echte Erfüllung! Alles, was du
bist und was du hast, ist ein großartiges Geschenk von
Gott. Wie oft wollen wir Menschen doch durch unsere
guten Taten die Aufmerksamkeit auf uns lenken, weil wir
nach Liebe und Anerkennung streben? Dies löst aber nur
Stress und ungute Gefühle in unserem Leben aus.

Lass dich heute ermutigen, deine Herzenshaltung
zu überprüfen. Gott hat dich mit seiner Liebe reich beschenkt und dich als Kind Gottes zu seinem Erben er-
nannt. Alle deine Fähigkeiten und auch dein Besitz sind
Geschenke von Gott. Deine guten Taten auf dieser Erde
sind lediglich eine Antwort auf Gottes großartige Liebe.
Je mehr du Gottes Liebe zu dir erkennst, desto mehr wirst
du über einen Lebensstil nachdenken, der deiner als eines Kindes Gottes würdig ist, und für das Gute auf dieser
Welt kämpfen. Tue heute Gutes, weil Gott dich liebt!

19. Dezember

So spricht der Herr, euer Gott: Ich lehre euch, was gut für euch ist, und zeige euch den Weg, den ihr gehen sollt.
Jesaja 49,17b

Sprich diese Zusage heute in dein Leben hinein:

Gott lehrt mich DEIN NAME, *was gut für mich ist, und zeigt mir* DEIN NAME *den Weg, den ich gehen soll.*

Gott kennt jeden Schritt, der dich weiterbringt. Manchmal stehen wir Menschen vor Entscheidungen, die uns nicht leicht fallen. Wir fragen uns, welchen Weg wir einschlagen sollen. Gott kennt den besten Weg für dein Leben. Schon als er dich schuf, machte er sich Gedanken darüber, welches deine Bestimmung auf dieser Welt sein würde. Gott produziert seine Geschöpfe nicht einfach planlos. Gott hat einen guten Weg für dich.

Darum ermutige ich dich heute, auf ihn zu hören und seine Anweisungen zu befolgen. Ich bin überzeugt, dass Gott dir Wege eröffnen wird, von denen du nie zu träumen gewagt hättest. Liebe heute dein Leben, denn Gott wird dir den Weg zeigen – für deine Beziehungen, für deine Arbeit und für dein geistliches Leben. Erwarte heute eine klare Wegweisung von deinem Gott, der dich über alles liebt.

20. Dezember

Lieber eine einfache Mahlzeit mit guten Freunden, als ein Festessen mit Feinden!
Sprüche 15,17

Sprich diese Wahrheit heute in dein Leben hinein:

Lieber eine einfache Mahlzeit mit meinen guten Freunden, als ein Festessen mit Feinden!

Nicht dein Reichtum, sondern dein Herz bestimmt die Qualität deiner Freundschaften! Gerade vor Weihnachten können wir Menschen sehr schnell in Stress kommen, weil wir andere Menschen beschenken und verwöhnen wollen. Aber was macht eine Begegnung mit unseren Freunden und Familien zu einem schönen Ereignis, an das man sich gerne erinnert?

Ich ermutige dich heute, dein Herz an andere Menschen zu verschenken. Es muss nicht immer alles perfekt dekoriert sein oder aufwendig zubereitet werden. Gott sehnt sich danach, dass du anderen Menschen dein Herz zeigst, dass du die Menschen liebst. Verbreite eine Atmosphäre des Friedens, räume Jesus seinen rechtmäßigen Platz ein. Nimm dir Zeit, Menschen zuzuhören, sie zu umarmen und sie mit deinen Worten zu ermutigen. Liebe dein Leben, weil Jesus dir Frieden ins Herz brachte und du diesen Frieden austeilen darfst.

21. Dezember

Ihre Hand öffnet sie dem Elenden und
streckt ihre Hände dem Armen entgegen.
Sprüche 31,20 (ELB)

Sprich diese Weisheit heute in dein Leben hinein:

Ich DEIN NAME öffne meine Hand dem Elenden und
strecke meine Hände dem Armen entgegen.

Jede Umarmung, die du verschenkst, wird Leben verän-dern! Vielleicht kannst du dich heute an benachteiligte Menschen erinnern. In deinem nächsten Umfeld leben Menschen, die traurig, enttäuscht oder gar verbittert sind. Nicht alle Menschen haben eine Familie, die sie an Weihnachten besuchen können.

Lass dich heute ermutigen, diesen Menschen deine Hand zu reichen. Vielleicht hast du eigentlich keine Zeit dazu? Dann schaffe dir Freiraum. Öffne deine Augen und entdecke die Menschen, denen es nicht gut geht. Gott möchte ihnen durch dich begegnen. Liebe dein Leben, indem du andere Menschen umarmst und ihnen damit Wertschätzung entgegenbringst. Ich bin überzeugt: Wenn Menschen eine helfende Hand erleben, werden sie früher oder später auch Gott finden.

22. Dezember

Ihren Mund öffnet sie mit Weisheit und
freundliche Weisung ist auf ihrer Zunge.
Sprüche 31,26 (ELB)

Sprich diese Weisheit heute in dein Leben hinein:

Ich DEIN NAME öffne meinen Mund mit Weisheit und
freundliche Weisung ist auf meiner Zunge.

Wer göttliche Weisheit in seinen Mund legt, wird zum Wohlgeruch für seine Mitmenschen. Kennst du Zeiten in deinem Leben, in denen du genervt bist? In solchen Momenten fehlen dir die freundlichen Worte, du fühlst dich müde und die Arbeit wächst dir über den Kopf. Dabei läufst du Gefahr, andere Menschen mit giftigen Bemerkungen zu verletzen.

Ich ermutige dich heute, von Gott Weisheit zu empfangen. Lade Gottes Weisheit in deinen Mund und dein Herz ein. Du kannst Gottes kraftvolle Klugheit empfangen. Stelle deinen Mund jeden Tag unter Gottes Schutz, damit du seine Weisheit weitergeben kannst. Ich bin überzeugt, dieser Lebensstil wird enorm positive Auswirkungen auf deine Mitmenschen haben. Denn durch Gottes Weisheit in deinem Mund wirst du Menschen ermutigen, stärken und sie im Glauben weiterführen.

23. Dezember

Ich begriff, dass Gottes Werk
für immer bestehen wird.
Prediger 3,14a

Sprich diese Wahrheit heute in dein Leben hinein:

Ich DEIN NAME begreife, dass Gottes Werk für immer be-
stehen wird.

**Jede Party geht zu Ende, doch eine Beziehung zu Gott
bleibt für immer bestehen!** Wie oft freuen wir uns schon
weit im Voraus auf unseren Urlaub, auf ein schönes Fest
oder auf den Umzug in ein neues Haus. Und dann geht
all das Schöne wie im Flug vorbei. Alles, was du auf dieser Welt erlebst, ist vergänglich. Die Bibel spricht von
einem Hauch. Du bist gekommen, um wieder zu gehen.
Doch Jesus kam als Retter auf diese Welt, damit du für
alle Ewigkeit bei Gott leben kannst.

Im Himmel brauchst du nie mehr Abschied zu neh-
men. Der Himmel ist deine Heimat, in alle Ewigkeit.
Gott ist keine Eintagsfliege. Seine Worte bleiben ewig
bestehen. Darum genieße heute dein Leben, denn deine
Herzensbeziehung zu Gott vergeht niemals. Liebe dein
Leben, denn du bist für immer geliebt!

24. Dezember

Der Engel sagte: »Fürchtet euch nicht!
Ich verkünde euch eine Botschaft, die das
ganze Volk mit großer Freude erfüllt.«
Lukas 2,10

Sprich diese großartige Zusage heute in dein Leben hinein:

Der Engel sagte: »Fürchte dich DEIN NAME *nicht! Ich ver-*
künde dir DEIN NAME *eine Botschaft, die auch dich mit*
großer Freude erfüllt.«

Die Botschaft von Jesus bringt erfüllende Freude in jedes Herz! Der Weihnachtsstress liegt hinter dir und es wird Zeit, sich zu besinnen, worum es an Weihnachten wirklich geht. Gott machte dir mit der Geburt Jesu das größte Geschenk, das es überhaupt gibt: Er gab sein Liebstes, sein eigenes Kind, auf diese Erde, damit du und alle anderen Menschen gerettet werden können. Jesus kam als dein persönlicher Retter in den Stall nach Bethlehem.

Ich ermutige dich heute, dieses Geschenk zu feiern. Lass dich heute mit der Freude von Jesus anstecken und bringe diese Freudenbotschaft zu anderen Menschen. Auch heute kannst du deinen Nachbarn oder deinen Freunden die Liebe Gottes zeigen. Lade sie zu einem Weihnachtsgottesdienst ein und zeige ihnen Gottes Geschenk für sie. Liebe heute dein Leben, weil du einen persönlichen Retter hast.

25. Dezember

Fragt nach dem Herrn und rechnet
mit seiner Macht, wendet euch
immer wieder an ihn!
Psalm 105,4

Sprich diese Aufforderung heute in dein Leben hinein:

Ich DEIN NAME frage nach dem Herrn und rechne mit
seiner Macht, ich DEIN NAME wende mich immer wieder
an ihn!

Menschen, die mit Gott in Kontakt sind, werden seine Macht erleben! Wie oft vergessen wir doch, mit Gott im Gespräch zu bleiben! Der Alltag beschäftigt uns Menschen mit so vielen Dingen, die mit Gott überhaupt nichts zu tun haben. Selbst an Weihnachten können wir Gott vergessen, weil wir mit gutem Essen und Geschenken beschäftigt sind.

Ich ermutige dich heute, deinen Gott zu suchen. Nimm dir eine Auszeit und pflege deine Beziehung in aller Stille. Vielleicht planst du für das neue Jahr sogar spezielle Zeiten mit Gott. Ich bin überzeugt: Eine intensivierte Beziehung zu Gott wird deinen Geist, deine Seele und deinen Körper stärken. Rechne mit Gottes Macht, denn Gott will sich durch dich auf dieser Erde bekannt machen. Liebe dein Leben, denn Gott möchte kraftvoll durch dich wirken.

26. Dezember

Ja, Herr, du tust es: Du bietest mir Schutz, du bist meine Burg! Du wirst mich führen und leiten, wie du es versprochen hast! Psalm 31,4

Sprich diese Zusage heute in dein Leben hinein:

Ja, Herr, du tust es: Du bietest mir DEIN NAME *Schutz, du bist meine Burg! Du wirst mich* DEIN NAME *führen und leiten, wie du es versprochen hast!*

Gott wird dich sicher ans Ziel führen, denn er hat über dein Leben das letzte Wort! Kannst du auch manchmal nicht verstehen, warum Gott manche Dinge zulässt? Immer wieder geschehen Dinge, die du nicht nachvollziehen kannst. Doch Gottes Versprechen bleiben immer dieselben, weil sich Gott niemals verändert. Gott gewährt dir Schutz in seiner sicheren Burg. Dort kann dir keiner etwas anhaben, und sei er auch noch so stark, denn die stärkste Macht ist mit dir. Gott wird dir immer wieder einen neuen Weg aufzeigen und dich dabei leiten wie ein Navigationssystem.

Darum lass dich heute ermutigen. Gott will dich durchs Leben führen. Er ist das Wichtigste in deinem Leben. Ich bin überzeugt, dass du gesegnet sein wirst, wenn du bewusst in den Schutzmauern Gottes lebst. Liebe heute dein Leben, weil Gott deine Burg ist, in der du sicher wohnen kannst.

27. Dezember

Ja, auch ich weiß:
»Wer Gott ehrt und ihm gehorcht,
dem geht es gut.«
Prediger 8,12

Sprich diese Zusage heute in dein Leben hinein:

Ja, auch ich DEIN NAME *weiß: »Weil ich* DEIN NAME *Gott ehre und ihm gehorche, darum geht es mir gut.«*

Mit Gott zu leben, verbessert die Lebensqualität enorm!
Manchmal sehe ich, wie Menschen mit traurigem Gesicht und ohne Orientierung durchs Leben gehen. Woran kann sich ein Mensch festhalten, wenn er Gott nicht kennt? Du hast das Privileg, Gott zu kennen und in einer innigen Beziehung zu ihm zu leben. Du hast jederzeit eine Ansprechperson, die dich versteht, und du trägst die genialste Hoffnung in deinem Herzen.

Ich ermutige dich heute, dich ganz neu daran zu erinnern und dieses Glück zu feiern. Liebe heute dein Leben, denn du kennst einen Gott, der dein Leben kraftvoll und übernatürlich bereichert. Halte an seinen Anweisungen fest und erweise Gott mit deinem ganzen Leben Respekt. Vielleicht kannst du heute auf besondere Art und Weise Gott die Ehre geben. Zum Beispiel kannst du Gott sagen, was er dir bedeutet, oder ihn mit einem Anbetungslied ehren.

28. Dezember

Aber uns, Herr, wirst du Frieden schaffen, denn dir verdanken wir alles, was wir erreicht haben. Jesaja 26,12

Sprich diese Wahrheit heute in dein Leben hinein:

Aber mir DEIN NAME, Herr, wirst du Frieden schaffen, denn dir verdanke ich DEIN NAME alles, was ich erreicht habe.

Nur Gott allein kann uns Menschen in der Tiefe unseres Herzens wirklichen und echten Frieden schenken! Ehepaare streiten oft über Geld und Sex. Andere Menschen streiten, weil sie neidisch sind und auch haben möchten, was andere sich leisten können. Streiten ist menschlich und kommt in den besten Familien vor. Aber Dauerstreit zerstört Beziehungen. Gott hat für uns Menschen eigentlich ein Leben im Frieden vorgesehen. Diesen Frieden will Gott dir heute zurückgeben.

Darum ermutige ich dich, durch Gottes Kraft in deinen Beziehungen Frieden zu stiften. Entscheide dich bewusst, den Frieden zu suchen und gib Gott den nötigen Raum, damit er mit seinem kraftvollen Handeln zerstrittene Beziehungen heilen kann. Frieden schaffen kannst du niemals aus eigener Kraft. Nur Jesus kann deine Beziehungen wieder in Ordnung bringen. Liebe dein Leben, denn du kennst Jesus!

29. Dezember

Bei euch sind sogar die Haare
auf dem Kopf alle gezählt.
Matthäus 10,30

Sprich diese Zusage heute in dein Leben hinein:

Bei mir DEIN NAME *sind sogar die Haare auf dem Kopf*
alle gezählt.

In Gottes Augen bist du so kostbar, dass ihm sogar die Anzahl deiner Haare täglich bekannt ist. Kommt es dir auch manchmal so vor, als wäre Gott weit, weit weg? Oder denkst du, er sei eigentlich nicht wirklich daran interessiert, was du gerade machst? Gott ist jede Sekunde bei dir. Wenn dir gestern ein Haar ausfiel, kennt Gott heute doch die genaue Anzahl. Gott ist ständig mit dir beschäftigt. Er begleitet dich, ganz gleich vor welcher Herausforderung du stehst.

Darum ermutige ich dich heute, seine göttliche Gegenwart zu genießen und davon zu profitieren. Gott hat den genauen Durchblick, sowohl in deinem eigenen Leben als auch in der ganzen Welt. Er kennt alle Dinge bis in Detail. Auch ist er ständig auf dem aktuellsten Stand. Liebe dein Leben, weil dein Gott nicht nur die groben Linien kennt, sondern jedes kleinste Detail für wichtig hält.

30. Dezember

Alle, die sich zu Jesus Christus bekennen, müssen lernen, überall da zu helfen, wo es nötig ist. Denn sonst bleibt ihr Glaube fruchtlos. Titus 3,14

Sprich diese Herausforderung heute in dein Leben hinein:

Ich DEIN NAME bekenne mich zu Jesus Christus, darum will ich DEIN NAME lernen, überall da zu helfen, wo es nötig ist. Denn sonst bleibt mein Glaube fruchtlos.

Echter Glaube an Gott zeigt sich dann, wenn jemand bereit ist, auch unattraktive Arbeiten zu erledigen. Wie oft sind wir Menschen uns zu schade oder zu bequem, um die anstrengenden Arbeiten zu erledigen! Jesus pflegte einen anderen Lebensstil, indem er bei kranken, behinderten oder benachteiligten Menschen stehen blieb und sich um sie kümmerte. Jesus war bereit, seinen Jüngern das Frühstück zuzubereiten, er legte ihnen am frühen Morgen frischen Fisch auf den Grill.

Ich ermutige dich heute, zu helfen, wo Not am Mann ist. Jesus legt dir jeden Tag verschiedene Situationen vor die Füße, in denen Menschen deine Hilfe brauchen. Du kannst diese Möglichkeiten entweder übersehen oder anpacken. Dein Glaube soll nicht nur eine Kopfsache bleiben, sondern Frucht tragen. Voraussetzung dafür sind offene Augen, Füße, die gehen, und Hände, die anpacken.

31. Dezember

Die Güte des Herrn hat kein Ende, sein Erbarmen hört niemals auf, es ist jeden Morgen neu! Groß ist deine Treue, o Herr!
Klagelieder 3,22–23

Sprich diese Wahrheit heute in dein Leben hinein:

Die Güte des Herrn hat auch für mich DEIN NAME *kein Ende, sein Erbarmen hört niemals auf, es ist jeden Morgen neu! Groß ist deine Treue, o Herr!*

Niemals kündigt Gott seine Beziehung zu dir auf, er wartet jeden Morgen auf dich! Wieder geht ein Jahr zu Ende und mit dem neuen Jahr beginnt auch für dich ein neues Kapitel. Auch im neuen Jahr wird Gottes Gnade niemals aufhören, weil Gott selbst die Liebe ist. An jedem neuen Tag gibt er dir eine neue Chance, denn er ist gütig und barmherzig.

Darum ermutige ich dich dazu, alle Altlasten loszulassen und dich auf Gott auszurichten. Gott ist ein guter Gott, der dir durch Jesus längst vergeben hat. Tag für Tag möchte er dich mit seinem Segen beschenken. Auch im neuen Jahr wird er dir treu zur Seite stehen. Er wird dich niemals verlassen, denn sein Erbarmen kann nicht aufhören. Liebe heute dein Leben, denn du kennst einen Gott, der dich niemals fallen lässt.

SCHLÜSSEL ZUM ERFOLG

Glaube – während andere zweifeln.

Plane – während andere spielen.

Lerne – während andere schlafen.

Entscheide – während andere zögern.

Bereite dich vor – während andere tagträumen.

Beginne – während andere aufschieben.

Arbeite – während andere wünschen.

Spare – während andere verschwenden.

Höre hin – während andere sprechen.

Lächle – während andere seufzen.

Lobe – während andere kritisieren.

Halte durch – während andere aufgeben.

William Arthur Ward

BIBLIOGRAFIE

Die Bibel. Hoffnung für alle. Altes und Neues Testament. Basel: Brunnen, 2007.

Die Heilige Schrift. *Revidierte Elberfelder Bibel.* Witten: SCM R.Brockhaus, 2006.

Meyer, Joyce. *Guten Morgen, hier spricht Gott.* Hamburg: Joyce Meyer Ministries, 2011.

Ward, William Arthur. *Schlüssel zum Erfolg* in: Maxwell, John C. Ihr Traum auf dem Prüfstand. Kumhausen: entfalt media, 2010.

Karin Schmid

Buchautorin,
Rednerin und
Religionslehrerin

Anfragen als Sprecherin für eine
Konferenz, ein Frauenfrühstück
oder andere Events:
karin.schmid.mueller@gmx.ch

VEGETABILIS
WACHSE. WEITER.

Foto: istockphoto.com

Coaching für engagierte Menschen und Führungskräfte

Inselcoaching, Einzelcoaching und Seminare
mit Dan und Karin Schmid

www.vegetabilis.ch

LIEBE DEIN ZUHAUSE JEDEN TAG

365 ermutigende Dates mit Gott

Hektik und Beziehungsstress rauben uns allzu oft die Energie. Wer wünscht sich da nicht ein Zuhause voller Liebe und Geborgenheit, einen Ort, wo man sich zurücklehnen und Kraft tanken kann, eigene vier Wände, die einen Rückzugsort der Harmonie, Wertschätzung und Ermutigung bieten. Dieses Buch hilft dir, dein Zuhause mit Gottes wohltuender Gegenwart zu bereichern. Lass dich von Karin Schmids Gedanken inspirieren und erlaube Gott, dein Heim in eine Oase für die Seele zu verwandeln.

392 Seiten, gebunden, ISBN: 978-3-95933-020-6
Auch als E-Book erhältlich.

ENTDECKE FREUDE JEDEN TAG

50 ermutigende Dates mit Gott

Fragst du dich manchmal auch, wie und wo du echte Freude erleben kannst? Oder grübelst du darüber nach, wo deine Freude geblieben ist? In dieser Fortsetzung des Bestsellers »Liebe dein Leben jeden Tag« hat Karin Schmid für die Leser ein tägliches kleines Rendezvous mit Gott aus seinem Wort vorbereitet. An 50 Tagen lässt sich so die Freude wieder entdecken und neu erleben – denn Gottes Wort hat eine großartige Kraft und setzt in jedem Menschen Freude frei.

144 Seiten, gebunden, ISBN: 978-3-943597-43-1
Auch als E-Book erhältlich.

SEITE AN SEITE

Kostbare Beziehungen leben

Beziehungen sind das Wertvollste und Schönste, das es gibt – doch sie können auch scheitern und absterben, denn sie brauchen Pflege. Karin Schmid erklärt auf einfühlsame und ermutigende Weise, wie selbst aus Verletzungen und aus Hoffnungslosigkeit heraus wieder heile, erfrischende Beziehungen wachsen können – zu Gott, zu anderen und uns selbst.

144 Seiten, gebunden, ISBN: 978-3-943597-55-4
Auch als E-Book erhältlich.

AUFSTEHEN IST GÖTTLICH

*Wenn das Leben zur Hölle wird,
dann gibt es einen Ausweg!*

Verletzungen, Verlust, Verlassenheit – manchmal kann das Leben sehr düster werden, auch für Christen. Karin Schmid macht diese Erfahrung, als ihre Kinder sexuell missbraucht werden und die anschließende Aufarbeitung des Vergehens zum Spießrutenlauf wird. Doch mitten in der vermeintlichen Ausweglosigkeit begegnet ihr Gott ganz neu. Dieses Buch ist Balsam für verwundete Seelen, denn es weist den Weg zu Vergebung und Vertrauen.

160 Seiten, gebunden, ISBN: 978-3-943597-25-7
Auch als E-Book erhältlich.

DU BIST DIE ZUKUNFT

Werde, wer du bist
7 Schritte in eine bedeutungsvolle Zukunft

Die Zukunft zu gestalten, ist das kostbarste Privileg des Menschen. Du musst nicht das Leben eines anderen leben, sondern kannst zum Autor deiner eigenen Lebensgeschichte werden. Pastor Dan Schmid zeigt anhand biblischer Wahrheiten das ungeahnte Potenzial, das in jedem Menschen steckt, und wie jeder, unabhängig von seiner Lebenssituation, seinem Weg eine neue Richtung geben kann. Mit vertiefenden Fragen zum Selbststudium oder zur Anwendung in Kleingruppen.

458 Seiten, gebunden, ISBN: 978-3-943597-65-3
Auch als E-Book erhältlich.

Weitere Bücher von Karin Schmid
können direkt bestellt werden bei:
www.gracetoday.de